GUILHERME PEREGO DUNDI
HUGO SEFRIAN PEINADO

SUSTENTABILIDADE NA HABITAÇÃO DE INTERESSE SOCIAL:

ABORDAGEM A PARTIR DO SELO CASA AZUL

GUILHERME PEREGO DUNDI
HUGO SEFRIAN PEINADO

SUSTENTABILIDADE NA HABITAÇÃO DE INTERESSE SOCIAL:

ABORDAGEM A PARTIR DO SELO CASA AZUL

EDITORA CIÊNCIA MODERNA

Sustentabilidade na Habitação de Interesse Social: abordagem a partir do Selo Casa Azul

Editor: Paulo André P. Marques
Produção Editorial: Dilene Sandes Pessanha
Capa e Diagramação: Daniel Jara
Copidesque: Equipe Ciência Moderna

FICHA CATALOGRÁFICA

DUNDI, Guilherme Perego; PEINADO, Hugo Sefrian.

Sustentabilidade na Habitação de Interesse Social: abordagem a partir do Selo Casa Azul

Rio de Janeiro: Editora Ciência Moderna Ltda., 2019.

1. Engenharia Civil 2. Arquitetura 3. Urbanismo
I — Título

ISBN: 978-85-399-1013-7 CDD 624
720
711

Editora Ciência Moderna Ltda.
R. Alice Figueiredo, 46 – Riachuelo
Rio de Janeiro, RJ – Brasil CEP: 20.950-150
Tel: (21) 2201-6662/ Fax: (21) 2201-6896
E-MAIL: LCM@LCM.COM.BR
WWW.LCM.COM.BR

01/19

Agradecimentos

A Deus, por nos ter dado determinação e sabedoria para chegarmos até aqui.

Ao corpo docente do Departamento de Engenharia Civil da Universidade Estadual de Maringá (DEC/UEM) e do Programa de Pós-graduação em Engenharia Urbana (PEU/UEM), por nos possibilitarem uma formação de alta qualidade.

Em especial, ao prof. Dr. José Luiz Miotto, que nos levou ao estudo da sustentabilidade no âmbito da construção civil. Não estaríamos discutindo sustentabilidade com tanta ênfase se não fosse pelo seu empenho em difundir a temática e guiar os profissionais e pesquisadores ao seu redor.

Os autores

À minha família, pelo apoio e incentivo dedicados diante de minhas escolhas. Em especial, à minha mãe, Silvana Perego Dundi, que proporcionou a continuidade dos meus estudos até a conclusão da minha graduação em Engenharia Civil, além de todo o amor e determinação em dar o melhor a mim e ao meu irmão Henrique Perego Dundi.

Aos meus amigos e colegas que me deram suporte e que estiveram presentes em tantos momentos nesses últimos anos. Vocês foram essenciais nesta minha caminhada.

Guilherme Perego Dundi

À minha mãe, Maria Rita Sefrian de Souza Peinado, e ao meu pai, Carlos Peinado Jacob, por toda força, amor, carinho e condições dadas ao longo da minha vida e na realização de mais este projeto.

Aos meus irmãos, Marcos Sefrian Peinado e Elaine Sefrian Peinado, pelo companheirismo e pela amizade.

Hugo Sefrian Peinado

"- Alguma mulher forte se habilita a abrir esse vidro de palmito?
Luisa deu meio sorriso, levantou-se e foi. Não tinha erro: faquinha, ar, tampa aberta. A outra menina, surpresa, disse:
- Nossa. Nunca vi isso. Meu pai sempre me deu o vidro aberto.
E ela pensou enquanto voltava para o quarto: "O meu me deu o vidro fechado. O vidro fechado e asas"."

Pega lá uma chave de fenda
Ruth Manus (2015)

Dedicamos esta obra a todos, que por meio de pesquisas ou práticas profissionais, têm procurado contribuir com o desenvolvimento sustentável da construção civil brasileira.

Sumário

Capítulo 1

Introdução à Sustentabilidade na Habitação de Interesse Social

No Brasil, a fim de garantir os direitos sociais da população, a questão habitacional vem sendo discutida nos planos econômico, social e político. No entanto, esse assunto só passou a ser objeto de preocupação governamental na segunda metade do século XX, com a adoção da política desenvolvimentista, quando surgiram as primeiras iniciativas voltadas à temática habitacional (REIS, 2011).

Na década de 1960, a classe média foi atendida com a construção de imóveis residenciais com o auxílio de financiamentos de habitações por parte do Estado, através de recursos provenientes do Fundo de Garantia por Tempo de Serviço (FGTS). Posteriormente, edifícios residenciais foram executados para atender às demandas sociais das classes média e alta, por parte da iniciativa privada. Enquanto isso, a classe baixa se viu limitada à oferta de habitações, uma vez que a falta de programas públicos voltados a construções de casas populares não atraiu as empresas de construção civil para este segmento. Em razão disso e de outros fatores, o resultado foi um quadro alarmante de ocupações irregulares nas periferias, muitas vezes em áreas de riscos, em locais desprovidos de infraestrutura adequada. Visando atrair o mercado da construção civil para as classes baixas, surge em 2009, por parte do Governo Federal, o Programa Minha Casa Minha Vida (PMCMV), facilitando assim o acesso à moradia a essas pessoas. O programa é financiado pela Caixa Econômica Federal (CEF) mediante o cumprimento de algumas exigências, por exemplo, a renda familiar (REIS, 2011).

É de se reconhecer que o PMCMV permite que milhares de famílias consigam realizar o sonho da casa própria e que este programa tem um papel importante no desenvolvimento do mercado da construção civil. No entanto, junto ao aumento das construções dessas habitações, também crescem os impactos ambientais gerados. Na produção de habitações de interesse social (HIS) em larga escala, muitos aspectos voltados à qualidade de vida do usuário, da qualidade da edificação e do entorno deixaram de ser observados, dentre eles: requisitos de desempenho e aspectos voltados à sustentabilidade do ambiente construído. Os sistemas construtivos para HIS são geralmente adotados em função do menor custo de produção e da maior agilidade no processo de produção. Sendo assim, fica claro que existe a necessidade de se desenvolver projetos de HIS que sejam mais eficientes e sustentáveis, ou seja, que busquem soluções construtivas apropriadas em termos de desempenho sem deixar de lado as preocupações ambientais (FROENER, 2013).

Apesar do grande impacto gerado ao meio ambiente pela construção civil, observaram-se, no setor, medidas mais direcionadas e resultados mensuráveis relacionados à temática apenas a partir da década de 90 (JOHN; AGOPYAN, 2011). Em busca do aprimoramento do ambiente construído frente aos requisitos necessários a edificações, de modo que gerem menos impactos no meio ambiente, a CEF, em parceria com a Escola Politécnica da Universidade de São Paulo, Universidade Federal de Santa Catarina e Universidade Estadual de Campinas criou em 2010 o Selo Casa Azul, que busca incentivar o uso racional dos recursos naturais na construção de empreendimentos habitacionais, principalmente aqueles voltados para habitação de interesse social, além de reduzir o custo de manutenção dos edifícios e as despesas mensais de seus usuários, assim como conscientizar empreendedores e moradores sobre as vantagens presentes nas construções sustentáveis (JOHN; PRADO, 2010).

Nesse contexto, compete a essa bibliografia discutir a respeito da temática de construções sustentáveis e certificações ambientais destinadas à construção de edificações, dando ênfase no selo Casa Azul. O enfoque deste material é dado à sustentabilidade ambiental na produção de habitação de interesse social, uma vez que o mercado direcionado à HIS continua em expansão e, em função disso, os impactos ao meio ambiente têm crescido substancialmente. Além dos aspectos relacionados ao meio ambiente, pontua-se também o conforto do usuário, principalmente no que se refere ao conforto térmico, que integram aspectos importantes a serem considerados no projeto de uma habitação.

1.1 Habitação de Interesse Social

Uma moradia digna é um elemento essencial para uma vida adequada. O reconhecimento de que o direito à moradia deve ser assegurado como um direito humano compõe a Declaração Universal dos Direitos Humanos (1948), no artigo 25, que diz que "todo ser humano tem direito a um padrão de vida capaz de assegurar a si e à sua família saúde, bem-estar, inclusive alimentação, vestuário, habitação, (...) e os serviços sociais indispensáveis (...)" (UNICEF Brasil, 1948, p.3). Segundo Mastrodi e Alves (2016), essa premissa integrou também o Pacto dos Direitos Sociais, Econômicos e Culturais (1966), a Recomendação Geral n. 4 do Comitê das Nações Unidas para os Direitos Sociais, Econômicos e Culturais (1991) e a Declaração de Istambul sobre Assentamentos Humanos (1996), também conhecida como Agenda Habitat II, que, segundo Mastrodi e Alves (2016, p. 32), "tratou do direito à moradia como mínimo essencial para que se possa ter uma vida digna".

Junto à saúde, à educação e à justiça, uma moradia é essencial para o cidadão. A falta de uma residência regularizada impede o direito a um endereço, o que implica no aumento do número de sem-teto no país. No Brasil, estima-se que mais de 80% das moradias foram executadas na base da autoconstrução: residências que tiveram sua concepção proveniente de pessoas que em posse de um lote, obtido formal ou informalmente, decidem construir por conta própria com os recursos disponíveis, em muitos casos, com mão de obra familiar, de amigos ou ainda contratada. Na maioria dos casos, o planejamento urbano e a realidade ambiental local são deixados de lado. Somando-se a isto, existe a falta de conhecimento daqueles que constroem essas habitações em termos de conforto, segurança e custos para concluir a obra, o que acaba por gerar habitações feitas na base do improviso (ARRUDA; CUNHA; MEDEIROS, 2007).

O conceito de HIS surgiu nas décadas de 70 e 80, quando o Banco Nacional da Habitação (BNH) adotava essa terminologia para se referir aos seus programas de financiamento. No entanto, atualmente esse conceito está relacionado principalmente à habitação popular, habitação de baixo custo e habitação para população de baixa renda (SILVA et al., 2012).

Um grande propulsor para o aumento da oferta de HIS observado no Brasil foi o PMCMV, criado pelo governo federal em março de 2009. Com o programa, foi possível alocar recursos do Orçamento Geral da União em maiores proporções no segmento residencial popular, incentivando a iniciativa privada a investir na produção de HIS por meio da redução de tributos, de custas cartorárias e de seguros prestamistas (garantia de que a inadimplência poderá ser evitada, no caso de morte ou invalidez ou desemprego do segurado), bem como medidas para a regularização fundiária (TEDESCHI, 2010). A respeito dessa temática, Silva et al. (2012) aponta a importância da atuação do governo no mercado habitacional, uma vez que as políticas públicas voltadas a esse setor acabam por influenciar a oferta e demanda de moradias.

Pires (2015) expõe que, na regulamentação do PMCMV, são apresentadas as regras do programa e as diretrizes ao Poder Executivo quanto a regulamentação do Programa Nacional de Habitação Urbana (PNHU). Essa iniciativa do Governo Federal possibilita incentivos e isenções através de empréstimos facilitados à população de baixa renda, para construção das HIS. Além disso, o PMCMV busca estimular a industrialização do mercado da construção e a adequação ao Programa Brasileiro de Qualidade e Produtividade do Habitat (PBQP-h), por meio de financiamento da cadeia produtiva (SILVA, 2010).

As HIS também são uma forma do poder público aplicar a sua função social de garantir o direito de uso do solo urbano, de maneira digna, à população de baixa renda, não somente se restringindo em ser um produto que tem seu valor de produção e consumo. Com o PMCMV, o Governo Federal pretendia investir cerca de R$ 34 bilhões de reais na construção de novas habitações para população com renda de até três salários mínimos (SILVA et al., 2012).

Gomes (2005) expõe que é crescente o investimento em políticas públicas voltadas a melhorar os problemas no âmbito do déficit habitacional brasileiro. A questão de infraestrutura também recebe incentivos com o Programa de Aceleração do Crescimento (PAC), criado em 2007 pelo Governo Federal, o qual está voltado em desenvolver os setores de rodovias, hidrovias, ferrovias, portos, aeroportos, saneamento e recursos hídricos (SILVA et al., 2012).

Pesquisas apontam que os investimentos do governo têm contribuído para diminuir o problema de moradia no país. Em 2010, o déficit habitacional brasileiro chegava a mais de 6,9 milhões de famílias, enquanto que, em 2014, este valor caiu para 6,2 milhões. Desta forma, tal déficit apresentou uma queda de 2,8% ao ano, no período analisado (FIESP, 2016).

Dada a alta demanda por HIS e o investimento do setor público e privado na produção dessas habitações, tem ficado evidente que preocupações quanto aos aspectos ambientais e ao desempenho de edificações não integram a concepção dos projetos de HIS na maioria das vezes. Esse fato, conforme destacado por Lucini (2003), aliado à baixa qualidade construtiva das edificações e ao não conhecimento das necessidades dos futuros moradores, faz com que muitas dessas edificações, voltadas ao público de baixa renda, apresentem falhas de desempenho severas, tais como falta de estanqueidade em esquadrias, desempenho térmico insatisfatório, soluções construtivas e materiais inadequados, dentre diversos outros problemas. Além disso, geram um ônus maior ao meio ambiente, por não contemplar aspectos voltados à sustentabilidade, tal como utilizar materiais duráveis e tecnologias construtivas que gerem menos resíduos e poluentes durante sua produção e transporte.

Segundo John (2010a), o projeto de uma habitação deve ser elaborado de maneira a aproveitar as condições bioclimáticas e geográficas locais, buscar alternativas construtivas que visem minimizar os impactos ambientais, propiciar a existência de áreas permeáveis e arborizadas, implantar técnicas e sistemas que busquem o uso eficiente de água e energia, assim como promover a gestão de resíduos de maneira correta. A edificação deve se apresentar como duradoura e permitir-se adaptar às necessitadas atuais e futuras de seus moradores, buscando o bem-estar dos mesmos. Algumas características das edificações, como arranjos físicos inapropriados, excesso de calor ou ruído, radiação e iluminação inadequadas, dentre outras, acabam por prejudicar o bem-estar do usuário de uma habitação (ABRANTES, 2004). Com base nessas prerrogativas, deve-se pensar: Os projetos de edificações estão sendo elaborados de forma a atender aos requisitos do usuário e a gerar menos impactos ao meio ambiente?

Villa e Vasconcellos (2014) apontam também que os principais problemas encontrados nas propostas de inovação tecnológica aplicadas à produção de

HIS no Brasil são: a ausência de construções com qualidade tecnológica e de seus materiais; a baixa qualidade espacial das unidades, com espaços mal articulados e que não permitem alterações ou ampliações; a periferização dessas habitações e a falta de maior relação com a cidade; e a negligência ao ignorar as transformações ocorridas nos grupos familiares e as reais necessidades dos moradores.

Sendo assim, é fundamental que profissionais da área de construção civil, empresários e setor público entendam a necessidade da busca pela otimização dos projetos de HIS, que devem não apenas suprir o déficit habitacional de famílias de baixa renda, mas também serem elaborados de maneira mais sustentáveis, minimizando os impactos ambientais já na fase de concepção do projeto, bem como ao longo da vida útil da edificação. Tal otimização pode ser parcialmente assegurada quando o projeto atende aos requisitos presentes nas certificações ambientais, nesse caso, mais especificamente, no Selo Casa Azul e, também, nas diretrizes de desempenho da ABNT NBR 15575: 2013.

Capítulo 2

Sustentabilidade na Construção Civil

O homem começou a dar os primeiros passos como construtor a partir do momento em que deixa de morar em cavernas e busca criar o seu próprio abrigo. Os materiais utilizados por ele eram aqueles encontrados na região em que residia, principalmente a madeira, a pedra e o solo, os quais eram trabalhados com o auxílio de ferramentas rudimentares. Os tempos passaram, a população cresceu, o desenvolvimento tecnológico junto à urbanização e outros fatores, implicaram na necessidade de construir edificações e infraestrutura para atender a demanda do homem moderno: morar, trabalhar, estudar e realizar atividades de lazer (MIOTTO, 2013).

Miotto (2013) destaca que manter todo o setor da construção civil implica em uma grande demanda por matérias-primas, as quais, ao serem extraídas da natureza, provocam profundas transformações no meio ambiente. Como exemplo disso têm-se as atividades de mineração que causam intensas mudanças na cobertura vegetal na região de extração, consomem volumes alarmantes de água e principalmente geram resíduos em grandes quantidades que causam ainda mais impactos ambientais.

Em termos de impactos ambientais na construção civil, outro fato a se somar é a emissão de poluentes responsáveis pelo efeito estufa. Torgal e Jalali (2010) apresentam que o setor é responsável por 30% das emissões de carbono na atmosfera. Além disso, o consumo de matérias-primas na indústria da construção é o maior que em qualquer outra atividade econômica, sendo aproximadamente 3.000 Mt/ano (quase 50% do total de matéria-prima consumida em massa).

Uma parcela representativa dos materiais utilizados na construção civil sofre processos de calcinação. Dentre eles tem-se o cimento, o aço, o alumínio, o vidro, entre outros. A queima de combustíveis para a produção desses materiais aumenta os problemas ambientais por resultarem na emissão de enormes quantidades de CO_2 (dióxido de carbono) e outros gases poluentes (MIOTTO, 2013). Pesquisas apontam que para a produção de cada tonelada de clínquer, mais de 600kg de dióxido de carbono são gerados (FIEB, 2015).

> (...) o impacto ambiental da construção civil depende de toda uma enorme cadeia produtiva: extração de matérias-primas; produção e transporte de materiais e componentes; concepção e projetos; execução (construção), práticas de uso e manutenção e, ao final da vida útil, a demolição/desmontagem, além da destinação dos resíduos gerados ao longo da vida útil (AGOPYAN; JOHN, 2011, p. 14).

A geração de resíduos agrava os impactos ambientais provocados pelo setor. Tais resíduos são provenientes de perdas ocorridas ao longo do processo de construção ou de demolição. O descarte irregular desses materiais resulta em grandes problemas no meio urbano, tais como: contaminação do leito de rios e canais; atrapalham o tráfego em vias públicas; degradam a paisagem das cidades e; contribuem ainda mais para a geração de gás carbônico gerado por veículos pesados responsáveis pelo transporte desses resíduos (FIEB, 2015).

Para Miotto (2013), vale salientar também a grande quantidade de energia elétrica e água potável consumidas pela edificação, ao longo de todo o período de uso da mesma.

A partir da presente discussão, é possível perceber os reflexos causados ao meio ambiente em função das diversas atividades que envolvem o setor da construção civil, sendo, portanto, justificável a busca por medidas que colaborem na atenuação dos efeitos negativos causado por este setor ao planeta.

2.1 Aspectos Históricos

Na década de 60, conforme reportam Agopyan e John (2011), começou-se a identificar evidências de que o modelo de desenvolvimento vigente não estava adequado ao conceito atualmente conhecido como "desenvolvimento sustentável". Na década de 1970, a crise energética desencadeada pelo embargo do petróleo da Organização dos Países Exportadores de Petróleo (OPEP) motivou o desenvolvimento de alternativas para economia de energia de edifícios em países desenvolvidos, o que resultou na avaliação de materiais pelo conceito de energia incorporada (SILVA, 2003; AGOPYAN; JOHN, 2011).

Portanto, observa-se, segundo relata a bibliografia, que a partir da década de 1960, em algumas iniciativas no cenário da busca pelo "desenvolvimento sustentável" – o qual viria a ser conceituado apenas na década de 1980 – se deu o início da discussão a respeito da exploração desordenada do ambiente pelo homem, focalizando o desenvolvimento econômico e o crescimento da preocupação global quanto aos objetivos do desenvolvimento e limitações ambientais. A partir desse período, as discussões foram voltadas ao desenvolvimento de diversas iniciativas direcionadas à avaliação e maximização da eficiência energética de edifícios, o que culminou no surgimento e na difusão dos conceitos de projeto ecológico (*green design*) na década de 1990 (SILVA, 2003; AGOPYAN; JOHN, 2011).

2.1.1 Conferências e Iniciativas

Dentre as grandes conferências e publicações realizadas para discussão da temática ambiental e desenvolvimento, merecem destaque: a publicação do livro *Silent Spring* de Rachel Carson em 1962 nos Estados Unidos; a fundação do Clube de Roma em 1968; a Conferência das Nações Unidas sobre o Ambiente Humano (*UN Conference on Human Environment*), realizada em Estocolmo em 1972; o Relatório da Comissão Mundial de Meio Ambiente e Desenvolvimento[1] (*WCED - World Commission on Environmental and Development)* apresentado em 1987; a Rio 92, conferência das Nações Unidas realizada no Rio de Janeiro em 1992, o protocolo de Quioto de 1997 e a Rio + 20, realizada no Rio de Janeiro em 2012.

Até a década de 1960, conforme destaca Dias (2009), os problemas oriundos

[1] Também conhecida como Comissão Brundtland, em homenagem à Gro Harlem Brundtland, coordenadora dos trabalhos desenvolvidos e Primeira-Ministra da Noruega no período (SILVA, 2003).

da relação entre o homem e o meio ambiente eram abordados de forma superficial. Assim, em 1962, foi publicado o livro *Silent Spring* (Primavera Silenciosa), de autoria de Rachel Carson, considerado um marco no histórico das discussões a respeito do meio ambiente, o qual expunha os perigos do uso do inseticida DDT. Segundo Dias (2009), o livro agiu de modo a mobilizar a sociedade de diversos países, nos anos seguintes, à intensa inspeção de terras, rios, mares e ares, preocupados com os danos causados ao meio ambiente.

No ano de 1968, educadores, cientistas, industriais e funcionários dos governos de dez países estiveram reunidos em Roma (Itália), no intuito de discutir o futuro da humanidade. Dessa reunião surgiu o Clube de Roma, uma organização informal com o objetivo de promover o entendimento dos componentes que formam o sistema global, quais sejam, esfera econômica, política, natural e social, além de chamar a atenção dos responsáveis por decisões de alto alcance de todo o mundo, possibilitando a promoção de novas iniciativas e planos de ação (DIAS, 2009; MIOTTO, 2013). O relatório resultante dessa reunião, conforme destaca Miotto (2013), conhecido como Relatório do Clube de Roma ou Relatório Meadows, tratou de problemas relacionados ao desenvolvimento da humanidade no que se refere às temáticas de energia, poluição, saneamento, saúde, meio ambiente, tecnologia e crescimento populacional.

Na Conferência das Nações Unidas sobre o Ambiente Humano, em 1972, em Estocolmo, conhecida como Conferência de Estocolmo, focou-se na premissa de que as questões ambientais deveriam se tornar objeto de políticas socioeconômicas, em nível nacional e internacional, uma vez que a proteção e o melhoramento do meio ambiente humano afetam o bem-estar das nações e o desenvolvimento econômico de todos os países, ou seja, pautou-se na expectativa de que poderia haver ajuda mútua entre países a fim de cumprirem suas parcelas de ajuda ao planeta. Ainda, nessa conferência, enfatizou-se que, nos países em desenvolvimento, a maioria dos problemas ambientais estava sendo motivado pelo subdesenvolvimento. Tal colocação se deu de modo a incitar esses países a se desenvolverem, salvaguardando e melhorando o meio ambiente (SILVA, 2003; MIOTTO, 2013).

Em 1987, no Relatório da Comissão Mundial de Meio Ambiente e Desenvolvimento (comissão criada em 1983), foi cunhada a definição de desenvolvimento sustentável, qual seja (WCED, 1987, p. 37): "Desenvolvimento que atenda as necessidades da geração atual sem comprometer a habilidade das gerações futuras atenderem as suas próprias necessidades". Conforme destaca o Relatório, os objetivos de desenvolvimento econômico e social devem ser balizados em termos da sustentabilidade, tanto em países desenvolvidos como em desenvolvimento (WCED, 1987).

De acordo com Silva (2003), a partir desses relatórios e conferências, houve estímulo ao desenvolvimento de pesquisas por agências governamentais, instituições de pesquisa e pelo setor privado de diversos países, as quais objetivavam a redução dos impactos de edifícios ao meio ambiente, dando enfoque em estratégias para atenuação do uso de recursos não renováveis, economia de energia e redução na geração de resíduos de construção.

A partir da década de 80, conforme destacam Silva (2003) e Dias (2009), passaram a ser definidas metas ambientais em convenções globais como as de Montreal em 1987, do Rio de Janeiro em 1992 e de Quioto em 1997. Segundo Silva (2003), a meta do desenvolvimento sustentável recebeu relevância e comprometimento global com a Convenção-Quadro das Nações Unidas sobre Mudança do Clima (*United Nations Conference on Environment and Development* - UNCED), no Rio de Janeiro, em 1992, vinte anos depois da reunião de Estocolmo, resultando no consenso de que as estratégias de desenvolvimento sustentável deveriam integrar aspectos ambientais[2] em planos e políticas de desenvolvimento. Foi, desse modo, publicada a Agenda 21 (UNITED NATIONS, 1992), um plano de ação global que propunha uma visão de longo prazo para estabelecer o equilíbrio entre as necessidades econômicas e sociais e os recursos naturais do planeta para o século XXI. Na própria UNCED, a Agenda 21 foi assinada por 179 governos (BRASIL, 2013), levando, a partir de então, todos os setores da sociedade ao processo de reinterpretação da Agenda 21 nos seus contextos específicos, em função das agendas locais e setoriais, conforme destaca Silva (2003).

Em 2012, no Rio de Janeiro, integrando o grupo das principais conferências

[2] Aspectos ambientais compreendem contaminação do ar, das águas e dos solos, geração de resíduos (sólidos, líquidos ou emissões atmosféricas), consumo de energia e de recursos naturais, poluição sonora e impactos sobre ecossistemas (ANTUNES; CORDEIRO, 2011).

mundiais relacionadas à conscientização quanto à preservação do meio ambiente, foi realizada a Conferência das Nações Unidas sobre Desenvolvimento Sustentável, conhecida como Rio + 20, no intuito de discutir a renovação do compromisso político das nações com o desenvolvimento sustentável e fazer uma avaliação quanto aos avanços atingidos desde a Rio 92.

2.2 Conceituando Sustentabilidade

Aspectos relativos à sustentabilidade podem ser aplicados em todos os tipos de edificações, desde empreendimentos de alto padrão até residências populares. Sachs (1993) apresenta cinco diretrizes que compõem o conceito de sustentabilidade, especificamente na produção das habitações de baixo custo, com o intuito de propor soluções saudáveis e confortáveis, construídas com um preço acessível e com impactos sociais minimizados:

- **Sustentabilidade social**: busca a redução das desigualdades sociais, preconizando uma sociedade com melhor distribuição de rendas e bens;

- **Sustentabilidade econômica**: mostra que a eficiência econômica deveria ser quantificada em termos macrossociais, e não somente através de critérios macroeconômicos de rentabilidade empresarial;

- **Sustentabilidade ecológica ou ambiental**: se preocupa com a racionalização de recursos esgotáveis e danosos ao meio ambiente, redução na geração de resíduos, implementação reciclagem dos materiais, conservação de energia e implementação de políticas de proteção ambiental;

- **Sustentabilidade geográfica ou espacial**: preconiza um equilíbrio na configuração rural e urbana, através da redução das concentrações urbanas e das atividades econômicas, além de defender a proteção de ecossistemas frágeis para proteção da biodiversidade;

- **Sustentabilidade cultural**: buscando uma continuidade cultural, valorizando as raízes endógenas com a busca de soluções que contemplem as especificidades locais.

Keeler e Burke (2010), bem como Agopyan e John (2011), apresentam o conceito do tripé da sustentabilidade, o qual mostra a integração entre ambiente, economia e sociedade. A **sustentabilidade ambiental** se preocupa com o capital natural de um empreendimento ou sociedade, buscando alternativas que amenizem ou compensem os impactos ao meio ambiente, principalmente no que se refere à emissão de CO_2 presente nos processos produtivos. A **sustentabilidade econômica**, por sua vez, está focada nos temas ligados à produção, distribuição e consumo de bem e serviços. Por fim, a **sustentabilidade social** busca tratar do capital humano de um empreendimento, comunidade, sociedade na sua totalidade, dando atenção não somente a salários justos aos funcionários e a adequação trabalhista, mas também às questões de capacitação profissional e bem-estar dos mesmos (LASSU, 2017).

2.2.1 Construções sustentáveis

A construção civil é uma atividade historicamente considerada como "suja", conforme destacam Agopyan e John (2011), em função de consumir muitos recursos naturais, gerar grandes quantidades de resíduos, provocar transtornos como poeira e ruídos, além de representar a atividade humana com maior impacto sobre o meio ambiente. No entanto, segundo Silva (2003), esse setor foi considerado uma indústria com problemas de sustentabilidade apenas após meados da década de 1990. As interpretações mais relevantes da Agenda 21 para o setor da construção civil foram: (1) a *Agenda Habitat II*, assinada na Conferência das Nações Unidas realizada em Istambul, em 1996, *(2)* a *CIB5 Agenda 21 on Sustainable Construction*, de 1999, a qual compreende, dentre outros, medidas para redução de impactos aplicando-se alterações no modo como os edifícios são projetados, construídos e gerenciados ao longo do tempo; e *(3)* a *CIB/UNEP Agenda 21 for sustaninable construction in developing countries* de 2002 (SILVA, 2003; AGOPYAN; JOHN, 2011).

Ao longo dos anos, o conceito de construções sustentáveis foi sofrendo transformações e abrangendo mais fatores. A princípio, nos anos 70, conforme já referenciado, em decorrência da crise do petróleo, houve uma maior preocupação na necessidade de economizar energia nas edificações. Em função disso, ocorreu a valorização das medidas e instalações que resultavam em um menor consumo de energia no contexto das edificações sustentáveis. Com o tempo, os interesses deixaram de ser apenas com relação ao consumo de energia, sendo que as construções sustentáveis passaram a ser entendidas como algo mais abrangente, englobando conceitos de ciclo de vida, geração de resíduos pelos materiais de construção, conservação do solo e da água, qualidade do ar e do ambiente interno (AGOPYAN; JOHN, 2011; MIOTTO, 2013).

A prática de desenvolver técnicas construtivas e sistemas mais eficientes, que busquem minimizar os impactos ambientais, tem recebido maior importância na atualidade, frente à realidade que o planeta se encontra. Já é um consenso que o exercício de projetar de maneira sustentável é uma temática abrangente que afeta a tomada de decisões em uma série de fatores como: consumo de energia, recursos naturais e qualidade ambiental. Especificamente, com relação aos recursos naturais, é preciso fazer seu uso com eficiência, pois, atualmente já se ultrapassa em 23% a capacidade do planeta de recuperá-los. Esse aspecto vale ser destacado, uma vez que o setor da construção civil é responsável por boa parte do consumo de recursos naturais, com cerca de três bilhões de toneladas anualmente (40% das matérias-primas consumidas em todo o mundo) (ABRÃO, 2014; KEELER; BURKE, 2010).

Miotto (2013) ressalta que uma forma de conceituar as edificações sustentáveis é recorrer às normas publicadas pelo sistema ISO (*International Organization for Standardization*), tais como a norma ISO 21930 (com revisão publicada em 2017) – Sustentabilidade em edifícios e obras de engenharia civil – Regras básicas para a declaração ambiental de produtos e serviços de construção – e a norma ISO 15392 (2008) – Sustentabilidade na construção civil – Princípios gerais. O Comitê Técnico nº 59 da ISO expõe o seguinte conceito:

> Edificação sustentável é aquela que pode manter moderadamente ou melhorar a qualidade de vida e harmonizar-se com o clima, a tradição, a cultura e o ambiente na região, ao mesmo tempo em que conserva a energia e os recursos, recicla materiais e reduz as substâncias perigosas dentro da capacidade dos ecossistemas locais e globais, ao longo do ciclo de vida do edifício (ISO/TC 59/SC3 N 459).

Keeler e Burke (2010), mostram que, mesmo não sendo possível solucionar todos os problemas ambientais, uma edificação sustentável deve atender minimamente a uma série de premissas, são essas:

a. se preocupar com a geração de resíduos desde a demolição de construções existentes e limpeza do terreno, bem como os oriundos da execução da obra e até os provenientes da etapa de uso da edificação;

b. trazer conceitos de eficiência na utilização de recursos:

   - incentivar a recuperação dos recursos naturais, diminuir os impactos de mineração e do extrativismo na produção de materiais,

   - tanto na manufatura de materiais, na construção e utilização da edificação, deve se preocupar com a minimização do consumo de solo, água e energia,

   - buscar o baixo consumo de energia no transporte de materiais ao terreno,

   - trabalhar de maneira lógica na cadeia de produção de materiais;

c. pensar no consumo energético eficiente nos sistemas de calefação, refrigeração, iluminação e força, buscando reduzir as emissões de carbono;

d. oferecer um ambiente saudável aos usuários:

   - controlar a emissão de compostos orgânicos voláteis, evitando o uso de materiais de construção e limpeza com essa composição,

   - minimizar o uso de equipamentos que não tenham um controle eficiente da produção de partículas,

- controlar a entrada de poluentes externos pela filtragem do ar, ventilação e capachos adequados,

- incorporar a conexão com o exterior, fornecendo ventilação natural, iluminação diurna e vistas para o ambiente externo.

Capítulo 3

Certificações Ambientais de Produtos e Empreendimentos

Rotulagem ambiental ou, como comumente conhecida, selo ou certificação ambiental, segundo Truffer, Markard e Wustenhagen (2001), Banerjee e Solomon (2003) e Bratt et al. (2011), pode ser definida como uma informação ambiental relevante sobre um produto disponível aos consumidores, apresentada por meio de um rótulo (selo) no produto. Conforme destacam Banerjee e Solomon (2003), os produtos podem ser rotulados com base em uma ampla gama de considerações ambientais, tais como: matéria-prima reciclada, biodegradabilidade, emissões tóxicas, geração de resíduos, danos à fauna, dentre outros. Os autores ainda enfatizam que o processo de rotulagem ambiental tem amplas implicações para os consumidores, empresas e governo, uma vez que contribui para o processo de tomada de decisões a respeito da seleção de produtos, compra, utilização e descarte.

Deste modo, como salientam Banerjee e Solomon (2003), rótulos ambientais são ferramentas baseadas em um mercado promissor que têm por objetivo melhorar o desempenho ambiental de produtos por meio da escolha do consumidor, o qual terá parâmetros de análise e comparação para a tomada de decisões quanto ao produto. Segundo os autores, a rotulagem ambiental, no que se refere a aspectos ambientais, não se caracteriza como um acontecimento novo, no entanto, no que se refere à eficiência energética e à sustentabilidade, é um fenômeno considerado recente.

Conforme destacam Barbieri (2007) e Antunes e Cordeiro (2011), os selos ou rótulos ambientais, classificados em três tipos pela família de normas ISO 14.000, têm por objetivo informar ao público consumidor sobre as características benéficas ao meio ambiente presentes no produto ou serviço oferecido, tais como biodegradabilidade, retornabilidade, uso de material reciclado, eficiência energética, dentre outros.

O Rótulo tipo I, apresentado pela ISO 14024:1999, representa os rótulos criados por entidades independentes (ou de terceira parte), aplicáveis aos produtos que apresentam determinados padrões ambientais desejáveis. Basicamente, os Rótulos do tipo I são criados por programas voluntários de terceira parte baseados em critérios múltiplos, sendo que, para a concessão e uso do rótulo, o produto deverá atender aos critérios estabelecidos na categoria. A ISO 14024:1999 também ressalta que esses rótulos devem ter sua criação fundamentada na Avaliação do Ciclo de Vida do produto, com o fim de que todos os impactos ambientais sejam avaliados ao longo do processo, evitando análises incoerentes (BARBIERI, 2007).

O Rótulo tipo II, tratado pela norma ISO 14021:2016, refere-se às reivindicações de autodeclaração, sem certificação independente ou com uma certificação feita por produtores, comerciantes, distribuidores ou por quem se beneficia de tal reivindicação, para informar aos consumidores as qualidades ambientais de seus produtos ou serviços, ou seja, esta caracteriza-se como uma afirmação, por meio de texto ou símbolo estampado, o qual informa a qualidade ambiental do produto ou serviço. Esse tipo de rótulo, diferentemente do Rótulo tipo I, muitas vezes não é elaborado com o estabelecimento de critérios objetivos, ambientalmente significativos, mensuráveis e verificáveis, o que pode acabar culminado em declarações falsas e enganosas ao consumidor. Destaca-se que a ISO 14021:2016 especifica que autodeclarações devem ser verificáveis, específicas e claras, referindo-se a aspectos relevantes do produto ou serviço em relação às qualidades ambientais no intuito de prover informações relevantes para processo de decisão dos consumidores (BARBIERI, 2007).

O Rótulo tipo III, apresentado pela ISO 14025:2006, também concedido e licenciado por entidades de terceira parte, traz informações sobre dados ambientais dos produtos, quantificados de acordo com um conjunto de parâmetros previamente selecionados e baseados na avaliação de ciclo de vida. No entanto, diferentemente do Rótulo tipo I, a concessão do Rótulo tipo III não está vinculada ao alcance ou superação de parâmetros previamente selecionados, mas aos atributos ambientais do produto ou serviço concernentes a esses parâmetros, os quais deverão ser comunicados de modo a facilitar ao consumidor compará-los com outros produtos similares. Como exemplos de

Rótulos tipo III, Barbieri (2007) destaca o selo norte-americano *Energy Star* e o brasileiro Procel.

Os princípios gerais para todos os tipos de rótulos e declarações encontram-se na ISO 14020:2000. Segundo a ISO 14020:2000, rótulos e declarações ambientais devem apresentar informações que sejam verificáveis, precisas, relevantes e não enganadoras sobre aspectos ambientais de produtos e serviços e, ainda, não devem ser criados ou adotados com objetivo de criar obstáculos desnecessários ao comércio internacional, mas com o intuito de incentivar a procura e a oferta desses produtos e serviços que causem menos impactos ambientais.

3.1 Certificações Ambientais no Contexto da Construção Civil

Métodos de avaliação ambiental são ferramentas de aferição que visam identificar e evidenciar informações ambientais relevantes sobre um produto/ serviço, as quais são comumente expressas por meio de selos ou rótulos. Apesar de muitas vezes tratadas como certificações de sustentabilidade no meio técnico e científico, entende-se que este termo esteja incorreto para a maioria dos selos observados no mercado, uma vez que eles consideram apenas os aspectos relacionados aos impactos ambientais, deixando de lado ou em segundo plano aspectos econômicos e sociais (que integram o tripé da sustentabilidade).

Basicamente todos os métodos de avaliação ambiental mundiais foram elaborados para se adequarem a um território específico, ou seja, esses métodos de avaliação, em função de uma diversidade de razões que contemplam, dentre outras, as necessidades locais, não são completamente aplicáveis a todas as localidades (ALYAMI; REZGUI, 2012).

Alyami e Rezgui (2012) destacam que alguns fatores ambientais podem dificultar o uso direto de qualquer método de avaliação ambiental existente em locais/regiões/países diferentes daqueles para os quais foram elaborados, dentre os quais, citam:

- Condições climáticas;
- Características geográficas;
- Potencial de ganho de energia renovável;
- Consumo de recursos (como água e energia);
- Materiais e técnicas de construção empregados;
- Valorização imobiliária;
- Política governamental;
- Valorização de patrimônio histórico;
- Crescimento populacional;
- Consciência pública.

Agopyan e John (2011), ao referenciarem as certificações *Démarche HQE* (francesa), *BREEAM* (inglesa) e *LEED* (estadunidense), ressaltam que essas metodologias de avaliação ambientais foram desenvolvidas de acordo com uma agenda de seus países de origem e que, desse modo, não abordam problemas ambientais graves presentes na realidade brasileira tais como perdas de materiais em canteiros de obras e informalidade no setor da construção civil. Portanto, de forma geral, é possível observar que há a necessidade de criação e implementação de ferramentas de avalição ambiental de edificações que estejam adequadas à realidade brasileira.

Ali e Al Nsairat (2009) e Bueno e Rossignolo (2010) corroboram a premissa destacada, enfatizando que a pesquisa para o desenvolvimento de diretrizes para a criação de certificações de desempenho ambiental deve ser direcionada ao contexto nacional e, certamente, deve partir da discussão comparativa das principais certificações existentes, proporcionando uma análise crítica quanto aos aspectos positivos e negativos de sua aplicabilidade.

Nesse contexto, duas certificações brasileiras devem ser destacadas, quais sejam: Processo AQUA, da Fundação Vanzolini, e selo Casa Azul, da Caixa Econômica Federal. A primeira, por se fundamentar na metodologia francesa *Démarche HQE*, tem sofrido críticas quanto à sua não adequabilidade no contexto nacional. A segunda, desenvolvida especificamente para o mercado residencial brasileiro, corresponde a uma iniciativa bem-intencionada, no entanto, ainda sem o embasamento de estudos técnicos sólidos necessários relacionados à construção sustentável (AGOPYAN; JOHN, 2011).

Agopyan e John (2011) destacam que, não apenas no Brasil, como também em outros países, tem havido grande proliferação de certificações ambientais, principalmente em função do seu uso como ferramenta de publicidade. Essa disseminação de ferramentas de avaliação ambiental tem resultado em confusão e incertezas para o consumidor, uma vez que o objetivo de uma certificação ou selo, ainda segundo os autores, seria de permitir que leigos identificassem produtos com as características desejáveis evidenciadas por meio do selo/certificação. Desse modo, Agopyan e John (2011) defendem o aprimoramento de certificações existentes, já criadas à luz da realidade local, com base em estudos técnicos sólidos, no intuito de evitar a proliferação indiscriminada de certificações e a existência de ferramentas de avaliação que não apresentem reais contribuições voltadas às construções sustentáveis.

3.1.1 Certificações ambientais para edificações

A realização de todas as atividades humanas requer grande aplicação de recursos naturais e de energia, o que se intensifica em função de fatores como a busca por melhores condições de vida, os altos níveis de crescimento econômico, a expansão urbana e a industrialização contínua (DAKWALE; RALEGAONKAR; MANDAVGANE, 2011; ALYAMI; REZGUI, 2012). Assim, segundo enfatizam Alyami e Rezgui (2012), com base nas crescentes evidências do aquecimento global, das mudanças climáticas, da escassez de recursos, dentre outros, tem-se observado o aumento da necessidade de implementar ações imediatas no intuito de dirimir consequências potencialmente graves para as gerações futuras, principalmente em países em desenvolvimento, os quais, conforme destacam os autores, possuem altos níveis de emissão de CO_2.

As etapas de construção (produção de materiais, transporte e a construção propriamente dita), uso e manutenção e, ao final da vida útil da edificação, a demolição e a disposição dos resíduos, são os processos que compõem o ciclo de vida das edificações. Tais etapas se caracterizam por consumir energia e recursos em cada um dos estágios que as envolvem. Conforme destaca Emmanuel (2004), os edifícios são responsáveis por um sexto do consumo mundial de água doce, um quarto do uso de madeira e dois quintos de outros materiais e de energia. Portanto, no intuito de melhorar o desempenho ambiental global dos edifícios, deve-se buscar alternativas que resultem na redução da demanda de energia, economia de recursos naturais e redução nas emissões de CO_2 e outros gases na atmosfera (DAKWALE; RALEGAONKAR; MANDAVGANE, 2011; TAE; BAEK; SHIN, 2011).

Os problemas ambientais gerados pelos processos que envolvem a produção das edificações podem ser atribuídos à ausência de instrumentos de avaliação ambiental capazes de diagnosticar ambientes construídos, no intuito de encaminhá-los às melhores práticas de planejamento, execução, uso, manutenção, demolição e disposição final (TAE; BAEK; SHIN, 2011; ALYAMI; REZGUI, 2012). Dessa forma, conforme destacam Alyami e Rezgui (2012), um esquema para a medição do desempenho ambiental dos edifícios se torna essencial. Observa-se significativo esforço mundial no desenvolvimento de sistemas elaborados para aferir o desempenho ambiental dos edifícios, tal como se contempla em estudos elaborados por Silva et al. (2002), Silva (2003), Silva (2007), Grace (2008), Haapio e Viitaniemi (2008), Ali e Al Nsairat (2009), Dakwale, Ralegaonkar e Mandavgane (2011), Alyami e Rezgui (2012) e Sharifi e Murayama (2013).

No que se refere ao setor da construção civil, segundo Brito, Vittorino e Akutsu (2008), as certificações ambientais do produto partem da premissa de que um edifício com alto desempenho ambiental deve gerar pouco impacto ao meio ambiente, propiciando boas condições de conforto e salubridade aos usuários.

Dessa forma, esses processos de avaliação se consolidaram e, de modo geral, se dão por meio de processos de certificação voluntária, com grande abrangência temática, destacando os aspectos que representam os maiores desafios ambientais locais. Essas certificações visam encorajar a demanda do mercado por níveis superiores de desempenho ambiental e, por sua vez, devem permitir a um leigo identificar edificações (produtos) com características desejáveis, que as diferencie no mercado (SILVA, 2003; BRITO; VITTORINO; AKUTSU, 2008; AGOPYAN; JOHN, 2011; ALYAMI; REZGUI, 2012).

Grande parte dos sistemas de avaliação ambiental de edifícios fundamenta-se em indicadores de desempenho que conferem uma pontuação técnica em função do grau de atendimento aos requisitos referentes aos aspectos construtivos, climáticos e ambientais, dando enfoque ao interior da edificação, ao seu entorno próximo e à sua relação com a cidade e com o meio ambiente global (BRITO; VITTORINO; AKUTSU, 2008; ALYAMI; REZGUI, 2012).

Conforme John (2010a) e Alyami e Rezgui (2012), os vários métodos de avaliação utilizados na certificação de edificações possuem alguns aspectos conceituais em comum, quais sejam: impactos do empreendimento no meio urbano, materiais e resíduos, uso racional da água em busca de economia da água potável, energia e emissões atmosféricas e conforto e salubridade do ambiente interno.

Assim, segundo Silva (2007) e Brito, Vittorino e Akutsu (2008), dados os indicadores ambientais, cada certificação – de diferentes instituições, que compreendem desde ferramentas de apoio ao projeto até instrumentos de avaliação pós-ocupação – estabelece as importâncias relativas dos diversos aspectos avaliados nos processos, evidenciando as diferenças entre as ponderações estabelecidas, ou seja, os critérios dentro de uma certificação são elaborados e sua ponderação se dá de acordo com as características pertinentes ao local de aplicação. Desta forma, conforme Agopyan e John (2011), certificações importadas, mesmo que tenham sofrido processo de adaptação, não refletem de forma adequada as características e necessidades de uma região ou país, fazendo com que sua efetividade seja reduzida. Ainda, Bratt et al. (2011), corroborado por Dendler (2013), expõem sua preocupação no sentido de que o número de certificações ambientais tem aumentado rapidamente e, em muitos casos, não ficam claros quais os objetivos e o que está incluso nos critérios da certificação, o que acaba resultando em crescente confusão e desconfiança em rótulos ambientais por parte dos usuários, por não conseguirem diferenciá-las facilmente.

3.1.1.1 Certificações ambientais para edificações ao redor do mundo

Os principais países europeus, além dos Estados Unidos, Canadá, Austrália, Japão e, mais recentemente, Jordânia, Catar e Brasil, possuem sistemas de avaliação e classificação de desempenho ambiental de edifícios, dentre os quais, destacam-se os mais relevantes (SILVA, 2007; ALI; AL NSAIRAT, 2009; JOHN; PRADO, 2010; MIRANDA, 2013; GEERTS, 2014; QSAS, 2014;

PEINADO, 2014):

- Internacional: SBTool
- Alemanha: DGNB e EPIQR
- Austrália: Green Star e Nabers
- Austria: Comprehensive Renovation
- Brasil: AQUA, PROCEL EDIFICA e Casa Azul
- Canadá: BEPAC e BREEAM Canadá
- Catar: QSAS
- China: HK-BEAM (Hong Kong)
- Dinamarca: BEAT
- Estados Unidos: LEED, MSDG e Green Global
- Finlândia: PromissE
- França: HQE e Certification Habitat & Environnement
- Japão: CASBEE e BEAT
- Jordânia: SABA
- Noruega: EcoProfile
- Reino Unido: BREEAM e PROBE
- Suécia: EcoEffects e Environmental Status of Building

3.1.2 Avaliação do Ciclo de Vida na construção de edifícios

Conforme destacam Silva (2003) e Barbieri (2007), a Avaliação do Ciclo de Vida (ACV), do inglês *Life-Cycle Assessment* (LCA), é um instrumento de gestão ambiental aplicável a bens e serviços que tem por objetivo identificar os aspectos ambientais de um bem ou serviço (contemplando todos os seus componentes) desde a origem dos recursos no meio ambiente, passando por etapas intermediárias tais como beneficiamento, transporte, estocagem, uso, manutenção, até a disposição final dos resíduos dos materiais e energia. Os autores destacam que, em função de analisar a complexa interação de um sistema (bem ou serviço) com o ambiente ao longo de todo o seu ciclo de vida, a ACV ficou também conhecida pela expressão "do berço ao túmulo" (*cradle to grave*). Ortiz, Castells e Sonnemann (2009) e Silvestre, Brito e Pinheiro (2014) ressaltam que, em função de se considerar ou não o fim da vida (*end-of-life*) de um recurso, os limites de um estudo de ACV podem também ser definidos pela expressão "do berço ao portão" (*cradle to gate*), o qual considera apenas a extração e processamentos de matérias- primas e a produção do bem, ou também pela expressão "do berço ao berço" (*cradle to cradle*), que vai além dos aspectos de estudo do "berço ao túmulo", incluindo também a reutilização, recuperação e/ou reciclagem do recurso.

Segundo Silva (2003), o conceito da ACV foi definido pela Sociedade de Toxicologia e Química Ambiental (SETAC – *Society for Environmental Toxicology and Chemistry*) em 1991 e, posteriormente, foi consolidado na série de normas ISO 14.000 em 1996.

Atualmente, uma das normas em vigor que trata da ACV é a ISO 14040:2006, a qual estabelece que a Avaliação do Ciclo de Vida compreende quatro etapas, quais sejam: (1) definição do escopo, (2) construção do inventário do ciclo de vida, (3) avaliação do impacto e (4) interpretação de dados. Na etapa 1 é estabelecido o objetivo do estudo, sua abrangência e respectivos limites. Na etapa 2 estudam-se os fluxos de energia e materiais para a identificação e quantificação do consumo de recursos naturais (*inputs* ambientais) e as emissões e disposições no ar, água e solo (*outputs* ambientais) associados ao produto durante seu ciclo de vida. Na etapa 3 os fluxos de recursos e emissões e disposições identificados na etapa anterior são caracterizados segundo uma série definida de indicadores de impactos ambientais, tais como: energia incorporada, emissões, consumo de recursos, potencial para reciclagem e toxidade. Na etapa 4 são confrontados os dados resultantes com os objetivos propostos na etapa 1.

Segundo Silva (2003) e Antunes e Cordeiro (2011), o emprego da ACV na construção civil tem uma série de finalidades, dentre as quais citam-se:

- A seleção de materiais cujo impacto ambiental seja o menor possível;
- O uso de recursos projetuais que aprimorem a relação edificação/meio externo;
- O entendimento da natureza global e as consequências das atividades humanas sobre o ambiente;

- A apresentação de relações que venham a nortear escolhas durante o projeto, construção, vida útil e disposição final da construção/edificação (demolição e reformas).

Antunes e Cordeiro (2011) destacam que o emprego da Avaliação do Ciclo de Vida é de extrema importância, uma vez que este auxilia na melhora dos aspectos ambientais do produto em vários pontos do ciclo de vida, além de contribuir com a tomada de decisões mediante indicadores de desempenho ambiental e com a esquematização de rótulos ambientais. Reza, Sadiq e Hewage (2011) enfatizam que a metodologia ACV para sistemas de construção auxilia na tomada de decisão de quais são as alternativas mais sustentáveis entre as opções disponíveis de produtos ou processos.

Portanto, verifica-se que é importante a compreensão e aplicação da ACV para elaboração de ferramentas de avaliação ambiental, uma vez que a ACV se caracteriza como um indicador que refletirá os reais impactos causados pela edificação/ sistema/ material avaliado.

No entanto, segundo Corrêa (1998) e Rodrigues et al. (2008), a aplicação de ACV é complexa, pois se concentra em todas as dimensões críticas do impacto ambiental, tais como consumo de energia, quantificação do uso de matérias-primas ou emissão de substâncias, o que resulta em enorme quantidade de dados no processo de avaliação. Ainda, o emprego dessa metodologia, segundo Corrêa (1998), é oneroso financeiramente, uma vez que compreende a compilação de um inventário de todos os impactos ambientais associados ao produto e ao seu processo produtivo, avaliação do inventário e valoração dos impactos encontrados.

Agopyan e John (2011) destacam que não existe sistema de certificação de edifícios *green building* que esteja unicamente baseado na ACV, uma vez que, conforme destaca Silva (2003), há limitação dos dados pesquisados nas bases de dados validadas, mesmo nas internacionais. No momento, segundo Agopyan e John (2011), as únicas ferramentas de certificação que estão mais próximas de ter seus critérios baseados apenas em dados de um inventário de ACV são a ferramenta inglesa BREEAM, que é parcialmente baseada em dados de ACV, e a ferramenta francesa *Démarche HQE*, que incentiva a tomada de decisão fundamentada em declaração ambiental de produto.

Mesmo considerando que as bases internacionais de ACV apresentem dados suficientes que respaldem a formulação de ferramentas de avaliação ambiental, conforme destacam Silva et al. (2002), é inconsistente avaliar impactos de materiais e processos adotados no Brasil, considerando-se a utilização de uma base de dados estrangeiros para a determinação desses impactos ambientais, uma vez que a avaliação ambiental deve se dar à luz das prioridades, condições e limitações locais. Miotto (2013) realça que a utilização de dados de ACV de bases estrangeiras aplicando-os ao contexto brasileiro pode gerar dificuldades na interpretação e levar a conclusões equivocadas.

Capítulo 4

Selo Casa Azul

O Selo Casa Azul (SCA) é uma certificação ambiental para edificações que tem como objetivo reconhecer projetos e empreendimentos que estão preocupados com a redução dos impactos ambientais, pela avaliação de critérios vinculados à qualidade urbana, projeto e conforto, eficiência energética, conservação de recursos materiais, gestão da água e práticas sociais (CAIXA, 2010).

O SCA, primeiro selo ambiental de projetos disponível no Brasil elaborado já para a realidade da construção habitacional brasileira, busca a otimização dos recursos naturais e os benefícios sociais, de modo a contribuir com a solução de problemas globais através de soluções locais (CAIXA, 2010).

Brasileiro (2013), ao analisar projetos financiados pelo MCMV que foram certificados pelo selo Casa Azul, destaca que é possível implantar a certificação com baixo custo, ou seja, a edificação apresentará custo de produção um pouco acima daquele observado caso ela não atendesse aos requisitos do selo. Partindo dessa premissa, adotar o SCA permite alternativas sustentáveis para projeto de habitação popular no país sem grande aumento nos custos de produção.

Para conhecer o SCA e/ou obter a certificação, foi desenvolvido o guia "Selo Casa Azul: boas práticas para habitação mais sustentável" de John e Prado (2010), o qual é dividido em duas partes. A primeira parte expõe "alguns dos principais impactos socioambientais da cadeia produtiva da construção, e, em consequência, as necessidades de transformação do setor com vistas à sustentabilidade" (JOHN; PRADO, 2010, p. 7), bem como os critérios e os procedimentos de avaliação do SCA e o processo de definição da agenda do empreendimento. Já a segunda parte conta com capítulos relacionados aos principais desafios da agenda de construção sustentável que estruturam o SCA (CAIXA, 2010).

4.1 Pré-requisitos Gerais de Projeto

O Selo pode ser aplicado a empreendimentos habitacionais apresentados à CEF para financiamento ou nos programas de repasse. São "as empresas construtoras, o Poder Público, empresas públicas de habitação, cooperativas, associações e entidades representantes de movimentos sociais" (CAIXA, 2010, p. 21) que podem se candidatar voluntariamente ao SCA.

Para a concessão do Selo, a CEF faz verificações na fase de viabilidade técnica do empreendimento, quanto ao atendimento dos critérios estabelecidos, estimulando, assim, a adoção de práticas voltadas à sustentabilidade dos empreendimentos habitacionais. O projeto candidato ao SCA deve atender às regras dos programas operacionalizados pela CEF, conforme a linha de financiamento ou produto de repasse. É necessária a apresentação de alguns documentos obrigatórios como: "projetos aprovados pela Prefeitura, declaração de viabilidade de atendimento das concessionárias de água e energia, alvará de construção, licença ambiental e demais documentos necessários à legalização do empreendimento" (CAIXA, 2010, p. 22).

Outras exigências aos projetos candidatos ao Selo são: atendimento às regras da Ação Madeira Legal, apresentar o Documento de Origem Florestal (DOF) e fornecimento de documentação que comprove o volume, espécies e destinação final das madeiras utilizadas na obra; em termos de acessibilidade, o empreendimento deve respeitar a ABNT NBR 9050: 2015, além de prever o atendimento ao percentual mínimo de unidades habitacionais adaptadas; e respeitar todas as normas da ABNT específicas em termos de elaboração de projeto, serviços e materiais utilizados no empreendimento (CAIXA, 2010).

4.2 Categorias do Selo Casa Azul

O selo Casa Azul apresenta três níveis de gradação, conforme apresentado no Quadro 4.1, de acordo com os números de ações adotadas pelo empreendimento.

Quadro 4.1 – Níveis de gradação do Selo Casa Azul

Gradação	Atendimento Mínimo
Bronze	19 critérios obrigatórios
Prata	19 critérios obrigatórios e mais 6 de livre escolha
Ouro	19 critérios obrigatórios e mais 12 de livre escolha

Fonte: CAIXA (2010)

Cada nível de gradação apresenta uma logomarca diferente (Figura 4.1). Essa simbologia poderá ser utilizada, por empreendimentos que receberem o Selo, em materiais publicitários (folders, placa da obra, anúncios de jornais, revista, dentre outros) e, após a conclusão da obra, será permitida a instalação de uma placa metálica de acordo com a gradação obtida pelo projeto (CAIXA, 2010).

Figura 4.1 – Logomarca do selo Casa Azul **níveis** Ouro, Prata e Bronze, respectivamente

Fonte: CAIXA (2010)

O SCA tem uma metodologia que define seis categorias de interesse socioambiental a serem consideradas na avalição de empreendimentos interessados na obtenção do Selo, as quais são descritas a seguir (JOHN; PRADO, 2010):

- **Qualidade urbana:** Avalia se o empreendimento está inserido em uma região que apresenta infraestrutura que oferece qualidade, bem-estar, segurança e saúde a seus habitantes, além de analisar os impactos causados entre projeto e vizinhança.

- **Projeto e Conforto:** Se preocupa com o planejamento e concepção do projeto do empreendimento. Está voltado principalmente para: adaptação da construção com relação às questões bioclimáticas, características físicas e geográficas do terreno, bem como a previsão de espaços para usos específicos.

- **Eficiência Energética:** Busca o uso racional e eficiente de energia através de práticas que incentivem o uso de dispositivos de baixo consumo.

- **Conservação de Recursos Materiais:** Trata de conceitos relacionados a reduzir a perda de materiais e geração de resíduos, bem como evitar o uso de materiais de baixa qualidade, melhorando o desempenho e controlando o desperdício de recursos naturais e financeiros.

- **Gestão da Água:** Objetiva desenvolver o gerenciamento e reduzir o consumo de água na unidade habitacional e no empreendimento como um todo.

- **Práticas Sociais:** Trata de incentivar a sustentabilidade do empreendimento com ações que envolvam os diversos agentes que apresenta alguma ligação com a elaboração do projeto, construção e ocupação da habitação, promovendo a consciência ambiental e a redução das desigualdades sociais.

4.2.1 Critérios que compõem as categorias do SCA

Nas seis categorias do SCA são distribuídos 53 critérios importantes à promoção da sustentabilidade em empreendimentos habitacionais, típicos do Brasil, os quais são apresentados de forma resumida nos Quadros 4.2 a 4.8.

Quadro 4.2 – Categorias e percentuais de participação do selo Casa Azul

Categorias	Total de critérios	Participação (%)	Critérios obrigatórios
Qualidade Urbana	5	9,43%	2
Projeto e Conforto	11	20,75%	5
Eficiência Energética	8	15,09%	3
Conservação de Recursos Materiais	10	18,87%	3
Gestão da Água	8	15,09%	3
Práticas Sociais	11	20,75%	3

Fonte: John e Prado (2010)

Quadro 4.3 – Categoria 1. Qualidade Urbana

Critério	Obrigatório
1.1 Qualidade do Entorno - Infraestrutura	x
1.2 Qualidade do Entorno - Impactos	x
1.3 Melhoria do Entorno	
1.4 Recuperação de Áreas Degradadas	
1.5 Reabilitação de Imóveis	

Fonte: Adaptado de CAIXA (2010)

Quadro 4.4 – Categoria 2. Projeto e Conforto

Critério	Obrigatório
2.1 Paisagismo	x
2.2 Flexibilidade de Projeto	
2.3 Relação com a Vizinhança	
2.4 Solução Alternativa de Transporte	
2.5 Local para Coleta Seletiva	x
2.6 Equipamentos de Lazer, Sociais e Esportivos	x
2.7 Desempenho Térmico - Vedações	x
2.8 Desempenho Térmico - Orientação ao Sol e Ventos	x
2.9 Iluminação Natural de Áreas Comuns	
2.10 Ventilação e Iluminação Natural de Banheiros	
2.11 Adequação às Condições Físicas do Terreno	

Fonte: Adaptado de CAIXA (2010)

Quadro 4.5 – Categoria 3. Eficiência Energética

Critério	Obrigatório
3.1 Lâmpadas de Baixo Consumo - Áreas Privativas	obrigatório p/ HIS - até 3 s.m.
3.2 Dispositivos Economizadores - Áreas Comuns	x
3.3 Sistema de Aquecimento Solar	
3.4 Sistemas de Aquecimento à Gás	
3.5 Medição Individualizada - Gás	x
3.6 Elevadores Eficientes	
3.7 Eletrodomésticos Eficientes	
3.8 Fontes Alternativas de Energia	

Fonte: Adaptado de CAIXA (2010)

Quadro 4.6 – Categoria 4. Conservação de Recursos Materiais

Critério	Obrigatório
4.1 Coordenação Modular	
4.2 Qualidade de Materiais e Componentes	x
4.3 Componentes Industrializados ou Pré-fabricados	
4.4 Formas e Escoras Reutilizáveis	x
4.5 Gestão de Resíduos de Construção e Demolição (RCD)	x
4.6 Concreto com Dosagem Otimizada	
4.7 Cimento de Alto-Forno (CPIII) e Pozolânico (CP IV)	
4.8 Pavimentação com RCD	
4.9 Facilidade de Manutenção da Fachada	
4.10 Madeira Plantada ou Certificada	

Fonte: Adaptado de CAIXA (2010)

Quadro 4.7 – Categoria 5. Gestão da Água

Critério	Obrigatório
5.1 Medição Individualizada - Água	x
5.2 Dispositivos Economizadores - Sistema de Descarga	x
5.3 Dispositivos Economizadores - Arejadores	
5.4 Dispositivos Economizadores - Registro Regulador de Vazão	
5.5 Aproveitamento de Águas Pluviais	
5.6 Retenção de Águas Pluviais	
5.7 Infiltração de Águas Pluviais	
5.8 Áreas Permeáveis	x

Fonte: Adaptado de CAIXA (2010)

Quadro 4.8 – Categoria 6. Práticas Sociais

Critério	Obrigatório
6.1 Educação para a Gestão de RCD	x
6.2 Educação Ambiental dos Empregados	x
6.3 Desenvolvimento Pessoal dos Empregados	
6.4 Capacitação Profissional dos Empregados	
6.5 Inclusão de trabalhadores locais	
6.6 Participação da Comunidade na Elaboração do Projeto	
6.7 Orientação aos Moradores obrigatório	x
6.8 Educação Ambiental dos Moradores	
6.9 Capacitação para Gestão do Empreendimento	
6.10 Ações para Mitigação de Riscos Sociais	
6.11 Ações para a Geração de Emprego e Renda	

Fonte: Adaptado de CAIXA (2010)

Para a obtenção do Selo na categoria "bronze", não basta que o empreendimento atenda a todos os critérios obrigatórios, este também não poderá ultrapassar o valor de avaliação da unidade habitacional apresentado no Quadro 4.9. Caso o empreendimento apresente um valor superior ao limite estabelecido de acordo com a localidade, este deverá se enquadrar, no mínimo, no nível prata.

Quadro 4.9 – Limites de Avaliação e localidades para o Selo Casa Azul **nível bronze**

Localidades	**Valor de Avaliação da Unidade Habitacional**
Distrito Federal; cidades de São Paulo e Rio de Janeiro; municípios com população igual ou superior a 1 milhão de habitantes integrantes das regiões metropolitanas dos Estados de São Paulo e Rio de Janeiro.	Até R$ 130.000,00
Municípios com população igual ou superior a 250 mil habitantes; região Integrada do Distrito Federal e Entorno – RIDE/DF nas demais regiões metropolitanas e nos municípios em situação de conturbação com as capitais estaduais (exceto Rio de Janeiro e São Paulo).	Até R$ 100.000,00
Demais municípios.	Até R$ 80.000,00

Fonte: Adaptado de CAIXA (2010)

4.3 Concessão do Selo Casa Azul

Cabe ao proponente ao SCA cumprir todos os itens previstos no projeto, de acordo com as especificações apresentadas e aprovadas pela CEF, além de implantar as práticas sociais previstas e divulgar aos usuários os itens incorporados ao empreendimento, além de atuar na orientação de moradores quanto manutenção, reposição e uso dos dispositivos/equipamentos (CAIXA, 2010).

Concomitantemente à análise de viabilidade técnica da proposta, serão realizadas verificações quanto ao atendimento dos critérios apresentados. Sendo possível nessa fase, o proponente realizar ajustes necessários na documentação para o atendimento aos critérios, caso necessário (CAIXA, 2010).

Posteriormente à aprovação do projeto, será emitida uma certificação apresentando o nível alcançado pelo empreendimento: bronze, prata ou ouro. A única despesa para a concessão do SCA é uma taxa calculada de acordo com o número de unidades do empreendimento, cobrada na fase de análise do projeto. No entanto, atualmente, esta taxa está limitada no valor de R$328,00 (CAIXA, 2010).

Capítulo 5

Projeto de Habitação de Interesse Social: Abordagem a partir do Selo Casa Azul

O projetar de maneira sustentável é o mesmo que projetar de maneira integrada. Para isto, é preciso que todos os participantes encarem o projeto de maneira holística (tratando o projeto como um todo), entendendo que cada tomada de decisão tem inúmeras consequências e não apenas um efeito isolado. Isso demanda atenção dos profissionais envolvidos em relação a todas as inter-relações entre materiais, elementos e sistemas. O projeto integrado direciona a tomada de decisões no que se refere às questões de consumo de energia, uso dos recursos naturais e à qualidade ambiental (JOHN; 2010a).

Conforme apresentado por Lamberts e Triana (2010), as soluções de projeto devem ser elaboradas pensando em uma interação controlada entre ambiente externo e interno, principalmente no que se remete ao desempenho da edificação, levando-se em consideração o conforto (térmico, lumínico e acústico) dos moradores do empreendimento e a interação com a vizinhança. Existem vários condicionantes relativos ao entorno da edificação que podem ser trabalhados, buscando evitar o uso de dispositivos artificiais para o controle da temperatura do ar no ambiente, por exemplo.

5.1 Diretrizes Gerais de Projeto com Foco na Sustentabilidade Ambiental e Desempenho Térmico

Visando propiciar um maior conforto térmico com menor consumo de energia, deve-se fazer o estudo bioclimático do local de instalação do empreendimento, dando atenção a direção dos ventos, temperatura, umidade, orientação solar, disponibilidade de iluminação natural e a necessidade de perda ou ganho de calor solar, na habitação, nas diferentes épocas do ano ou durante todo o seu período. É possível então trabalhar estas informações em benefício do projeto, pensando na forma, na orientação da edificação, no tamanho de aberturas, nos materiais a serem adotados e na manutenibilidade dos sistemas, dentre outros (CORBELLA; YANNAS, 2003; LAMBERTS; TRIANA, 2010).

Em virtude da grande extensão do território brasileiro, o país foi dividido em oito regiões bioclimáticas (Figura 5.1), conforme trata a ABNT NBR 15220-3: 2005 – Desempenho térmico de edificações – Parte 3: Zoneamento bioclimático brasileiro e diretrizes construtivas para habitações unifamiliares de interesse social. Para cada uma delas é definido o dia típico de inverno e o dia típico de verão, estabelecidos com base na temperatura e umidade relativa do ar, velocidade do vento e radiação solar incidente para o dia mais frio e para o dia mais quente do ano respectivamente, segundo a média observada num número representativo de anos.

Figura 5.1 – Zoneamento bioclimático brasileiro

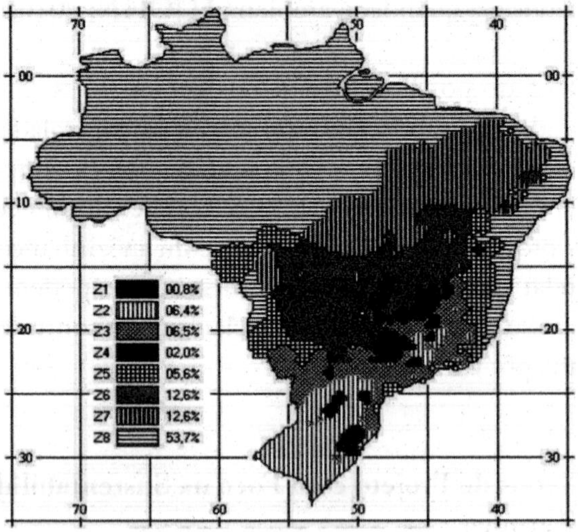

Fonte: ABNT NBR 15220-3: 2005

Segundo Lamberts e Triana (2010), as Zonas Bioclimáticas (Z) classificadas pela ABNT NBR 15220: 2005 como Zona 1 (Z1), Zona 2 (Z2), ..., Zona 8 (Z8) são caracterizadas conforme segue:

a. **Z1** (Curitiba, Lages, Caxias do Sul): climas mais frios no sul do País com invernos mais acentuados e maior necessidade de aquecimento nesse período;

b. **Z2** (Itapeva, Piracicaba) e **Z3** (São Paulo, Maringá, Londrina): predominantemente ao sul e sudeste, respectivamente, consideram ainda verão e inverno de forma acentuada;

c. **Z4** (São Carlos), **Z5** (São Francisco do Sul) e **Z6** (Campo Grande): também apresentam diferenças entre estratégias para verão e inverno, porém muito menos acentuadas, sendo que na zona 4 ainda se considera importante o aquecimento solar passivo da edificação para inverno, enquanto nas zonas 5 e 6 não é mais recomendada esta estratégia;

d. **Z7** (Cuiabá, Goiás) e **Z8** (Belém, Rio Branco, Salvador, João Pessoa): representadas principalmente pelo Nordeste e Norte do País, apresentam necessidade de estratégias somente para o verão ao longo do ano todo.

A ABNT NBR 15220-3: 2005 estabelece algumas recomendações a serem seguidas por projetistas de habitações, buscando otimizar o desempenho térmico das edificações, através de sua melhor adequação climática. Tais diretrizes são apresentadas na Tabela 5.1

Tabela 5.1 – Recomendações de Projeto frente ao zoneamento bioclimático

Zona Bioclimática / Estação		ESTRATÉGIA
1	INVERNO	B) AQUECIMENTO SOLAR PASSIVO – a edificação deve ser implantada com orientação solar adequada, de modo a garantir a insolação dos cômodos de permanência prolongada (salas e dormitórios).
		C) VEDAÇÕES INTERNAS PESADAS (INÉRCIA TÉRMICA) – a adoção de paredes internas pesadas pode contribuir para manter o interior da edificação aquecido. Obs.: o condicionamento passivo será insuficiente durante o período mais frio do ano.

Tabela 5.1 – Recomendações de Projeto frente ao zoneamento bioclimático (continuação)

Zona Bioclimática / Estação		ESTRATÉGIA
2	INVERNO	B) AQUECIMENTO SOLAR PASSIVO – a edificação deve ser implantada com orientação solar adequada, de modo a garantir a insolação dos cômodos de permanência prolongada (salas e dormitórios).
		C) VEDAÇÕES INTERNAS PESADAS (INÉRCIA TÉRMICA) – a adoção de paredes internas pesadas pode contribuir para manter o interior da edificação aquecido. Obs.: o condicionamento passivo será insuficiente durante o período mais frio do ano.
	VERÃO	J) VENTILAÇÃO CRUZADA – a edificação deve ser implantada, considerando-se os ventos predominantes e os obstáculos do entorno, de modo a garantir a ventilação cruzada nos cômodos de permanência prolongada (salas e dormitórios).
3	INVERNO	B) AQUECIMENTO SOLAR PASSIVO – a edificação deve ser implantada com orientação solar adequada, de modo a garantir a insolação dos cômodos de permanência prolongada (salas e dormitórios).
		C) VEDAÇÕES INTERNAS PESADAS (INÉRCIA TÉRMICA) – a adoção de paredes internas pesadas pode contribuir para manter o interior da edificação aquecido.
	VERÃO	J) VENTILAÇÃO CRUZADA – a edificação deve ser implantada, considerando-se os ventos predominantes e os obstáculos do entorno, de modo a garantir a ventilação cruzada nos cômodos de permanência prolongada (salas e dormitórios).
4	INVERNO	B) AQUECIMENTO SOLAR PASSIVO – a edificação deve ser implantada com orientação solar adequada, de modo a garantir a insolação dos cômodos de permanência prolongada (salas e dormitórios).
		C) VEDAÇÕES INTERNAS PESADAS (INÉRCIA TÉRMICA) – a adoção de paredes internas pesadas pode contribuir para manter o interior da edificação aquecido.
	VERÃO	H) RESFRIAMENTO EVAPORATIVO e MASSA TÉRMICA PARA RESFRIAMENTO – o resultado pode ser obtido por meio do uso de vegetação, fontes de água ou outros recursos que permitam a evaporação da água diretamente no ambiente que se deseja resfriar.
		J) VENTILAÇÃO SELETIVA (nos períodos quentes em que a temperatura interna seja superior à externa).
5	VERÃO	J) VENTILAÇÃO CRUZADA – a edificação deve ser implantada, considerando-se os ventos predominantes e os obstáculos do entorno, de modo a garantir a ventilação cruzada nos cômodos de permanência prolongada (salas e dormitórios).
	INVERNO	C) VEDAÇÕES INTERNAS PESADAS (INÉRCIA TÉRMICA) – a adoção de paredes internas pesadas pode contribuir para manter o interior da edificação aquecido.

Tabela 5.1 – Recomendações de Projeto frente ao zoneamento bioclimático (continuação)

Zona Bioclimática / Estação		ESTRATÉGIA
6	VERÃO	H) RESFRIAMENTO EVAPORATIVO e MASSA TÉRMICA PARA RESFRIAMENTO – o resultado pode ser obtido por meio do uso de vegetação, fontes de água ou outros recursos que permitam a evaporação da água diretamente no ambiente que se deseja resfriar.
		J) VENTILAÇÃO SELETIVA (nos períodos quentes em que a temperatura interna seja superior à externa).
	INVERNO	C) VEDAÇÕES INTERNAS PESADAS (INÉRCIA TÉRMICA) – a adoção de paredes internas pesadas pode contribuir para manter o interior da edificação aquecido.
7	VERÃO	SOMBREAMENTO DE FACHADAS – o sombreamento é recomendável nas fachadas e aberturas para esta zona. D.1 – a edificação deve ser implantada com orientação solar adequada, de modo a garantir que os cômodos de permanência prolongada (salas e dormitórios) não estejam voltados para a face oeste; ou D.2 – deve ser garantido o sombreamento das fachadas no caso de existência de cômodos de permanência prolongada (salas e dormitórios) voltados para a face oeste. Dicas: utilização de brises, varandas, beirais, pergolados, vegetação, anteparos, marquises ou outros recursos.
		H) RESFRIAMENTO EVAPORATIVO e MASSA TÉRMICA PARA RESFRIAMENTO – o resultado pode ser obtido por meio do uso de vegetação, fontes de água ou outros recursos que permitam a evaporação da água diretamente no ambiente que se deseja resfriar.
		J) VENTILAÇÃO SELETIVA (nos períodos quentes em que a temperatura interna seja superior à externa).
8	VERÃO	J) VENTILAÇÃO CRUZADA PERMANENTE – a edificação deve ser implantada, de modo a garantir a ventilação cruzada permanente nos cômodos de permanência prolongada (salas e dormitórios). Dicas: utilização de bandeiras com veneziana sobre as portas e janelas, forro ventilado. Obs.: o condicionamento passivo será insuficiente durante as horas mais quentes. SOMBREAMENTO DE FACHADAS – o sombreamento é recomendável nas fachadas e aberturas para esta zona. D.1 – a edificação deve ser implantada com orientação solar adequada, de modo a garantir que os cômodos de permanência prolongada (salas e dormitórios) não estejam voltados para a face oeste; ou D.2 – deve ser garantido o sombreamento das fachadas no caso de existência de cômodos de permanência prolongada (salas e dormitórios) voltados para a face oeste. Dicas: utilização de brises, varandas, beirais, pergolados, vegetação, anteparos, marquises ou outros recursos.

Fonte: Adaptado de ABNT NBR 15220-3 (2005)

Visando aplicar os conceitos de sustentabilidade na concepção do projeto de uma habitação, a seguir, são apresentados alguns princípios aplicáveis nas diversas áreas do projeto integrado de edificações.

5.1.1 Isolamento térmico

Sattler (2007) explica que o isolamento térmico da edificação busca manter ou excluir o calor quando necessário. Algumas propostas de adequação à realidade climática local são as que seguem:

a. coberturas verdes evitam variações bruscas de temperatura através de uma camada de solo com vegetação, combinando isolamento térmico e resfriamento evaporativo;

b. cobertura com suas maiores áreas voltadas para o sul, nas regiões intertropicais, abaixo do Equador, a fim de diminuir a densidade da radiação solar incidente.

5.1.2 Massa térmica

As vedações refletem diretamente no desempenho térmico da habitação. Deste modo, deve-se pensar nos fatores que o influenciam, tais como: cor, tipo de material, tamanho e tipo de vidros e aberturas (LAMBERTS; TRIANA, 2010).

Sattler (2007) apresenta que é preciso utilizar elementos construtivos com a devida capacidade térmica, que possibilitem um melhor controle da temperatura no inverno, quando as paredes, com o devido sistema construtivo, permitem reter calor durante o dia e reemiti-lo para o interior durante a noite. Algumas técnicas a serem utilizadas:

a. alvenaria de tijolos cerâmicos, de pedra ou terra crua (adobe, taipa, entre outros.);
b. cobertura vegetal (camada de solo com vegetação);
c. piso de alta inércia.

5.1.3 Aspectos de ventilação

Lamberts e Triana (2010) apontam que estratégias de ventilação da edificação podem ser adotadas priorizando a penetração dos ventos (regiões quentes-úmidas) ou então o seu bloqueio (em geral, nas zonas frias, temperadas e quente-secas). Sattler (2007), por sua vez, levanta possibilidades que permitam diminuir a temperatura no interior da edificação no verão e promover a qualidade do ar interior no inverno:

a. uso de portinholas móveis nos beirais e cumeeira de coberturas: ventilação no espaço entre forro e telhado, nos períodos de verão, e camada de ar estática isolante nos períodos de inverno;

b. maiores aberturas de ventilação na direção dos ventos predominantes de verão;

c. ventilação cruzada;

d. aberturas na parte superior da parede mais alta, permitindo a saída do ar quente no verão.

5.1.4 Elementos de sombreamento

Cada local de implantação de um empreendimento apresenta diferentes necessidades de sombreamento, de acordo com a zona bioclimática e a latitude. Locais quentes necessitam de sombreamento o ano todo, já em locais frios, este sombreamento deve ser seletivo, permitindo incidência da radiação nos períodos mais frios. Sattler (2007) bem como Lamberts e Triana (2010) apresentam algumas técnicas a serem empregadas nos projetos de habitações:

a. uma possível estratégia para se aplicar a insolação seletiva é, na medida do possível, efetuar a implantação da construção com sua maior dimensão no sentido norte-sul;

b. trabalhar com o paisagismo, principalmente nas fachadas norte e oeste;

c. fazer uso de brises, beirais alongados ou pergolados, projetados de acordo com a incidência dos raios solares, impedindo a incidência de radiação no verão e permitindo a sua passagem no inverno.

5.1.5 Iluminação natural

Lamberts e Triana (2010) apresentam a importância da exposição à luz natural para ativar diversas funções fisiológicas nos seres humanos. Sattler (2007) salienta também que a iluminação natural afeta a sensação de bem-estar do usuário na edificação, o que justifica a busca por esquadrias projetadas para atender a esse quesito. A seguir são apresentadas algumas técnicas de projeto visando a iluminação natural:

a. iluminação zenital que pode ser projetada pensando também em questões de ventilação;

b. iluminação direcionada aos locais de trabalho, visando diminuir os gastos com iluminação geral.

Keeler e Burke (2010), no entanto, alertam que edificações habitacionais, em virtude do tamanho reduzido, normalmente já apresentam iluminação adequada proveniente das janelas, tendo uma necessidade mínima ou nula de luz elétrica durante o dia. Sendo assim, em edificações habitacionais, a introdução de luz diurna acima do necessário, em virtude de janelas e claraboias superdimensionadas, pode acabar por aumentar o consumo de energia, em vez de gerar economias. Janelas e claraboias muito grandes, nesse caso, podem deixar o ambiente muito quente no verão e perder calor no inverno. Com isso, a iluminação natural diurna, em termos de eficiência energética, é mais adequada para estratégias de edificações comerciais.

5.1.6 Energia solar

Keeler e Burke (2010), apresentam técnicas sustentáveis para o uso da energia solar:

a. sistemas de aquecimento solar da água, reduzindo o consumo de energia elétrica ou gás natural;

b. uso de energia fotoelétrica.

5.1.7 Uso e conservação da água

Keeler e Burke (2010) mostram que é possível pensar em maneiras de economizar água no momento do projeto da habitação, além de minimizar os impactos no escoamento de águas pluviais. A seguir são abordadas algumas medidas que visam a eficiência no uso e conservação da água:

a. projetar visando a preservação e a proteção de córregos, pântanos e também a vegetação preexistente;

b. manter os padrões de drenagem natural da topografia na definição do projeto do terreno;

c. implantar áreas permeáveis nos empreendimentos, inclusive através de coberturas verdes, mantendo a água pluvial no próprio terreno, diminuindo assim o volume de escoamento;

d. fazer uso da canalização estratégica do percurso de águas pluviais;

e. pensar na água da chuva como recurso, e não, como dejeto, buscando seu uso, por exemplo, para fins não potáveis como irrigação de plantas e descarga de bacias sanitárias;

f. uso de chuveiros, torneiras, lavadoras, bacias sanitárias, entre outros, com consumo eficiente da água.

5.1.8 Materiais e sistemas construtivos

Keeler e Burke (2010) apontam vários recursos a serem utilizados em edificações integradas, em termos de materiais e sistemas construtivos. A seguir são abordados alguns destes:

a. diminuir a quantidade de matéria-prima usada em materiais, produtos ou sistemas de produção (exemplo: paredes em concreto aparente, apenas com tratamento em *stain*, conservando recursos);

b. implantação de componentes reutilizáveis, que permitam a flexibilidade ou a adaptabilidade;

c. projetar já pensando na desconstrução, diminuindo os impactos no momento de demolição ou reforma;

d. uso de componentes pré-fabricados, diminuindo impactos e perdas na construção, além de apresentarem melhor qualidade;

e. pensar na durabilidade, tanto em termos de materiais com ciclo de vida elevado, como em técnicas construtivas que evitem a degradação precoce dos elementos da construção.

5.1.9 Entorno da edificação

As questões externas à edificação, como ruas, padrões fundiários, sistemas de transporte e padrões regionais de assentamento, também contextualizam o projeto no nível da edificação. Sendo assim Keeler e Burke (2010), também abordam algumas questões que refletem a sustentabilidade nesse âmbito:

a. seleção e planejamento do local do empreendimento, pensando em questões de urbanização;

b. construir em áreas já urbanizadas;

c. recuperação e reocupação de áreas degradas como: áreas industriais, bases militares, postos de gasolina, entre outros;

d. implantação de empreendimentos perto dos sistemas de trânsito pré-existentes;

e. promover o uso misto do solo (habitacional e comercial), evitando a necessidade de percorrer grandes distâncias para atender às necessidades diárias;

f. projetar de maneira sensível à natureza pré-existente;

g. evitar a ocupação de terras agrícolas produtivas;

h. reutilizar edificações históricas abandonadas.

5.2 Estudo da Aplicação dos Requisitos de Sustentabilidade do Selo Casa Azul em Projeto Arquitetônico de Habitação de Interesse Social

Ao analisar os 53 critérios que compõem o selo Casa Azul, identificam-se 11 critérios diretamente relacionados ao projeto arquitetônico de uma edificação, os quais são apresentados no Quadro 5.1.

Quadro 5.1 – Requisitos do SCA que remetem ao projeto arquitetônico de habitações

Categoria		Critério
1.	Qualidade Urbana	Nenhum
2.	Projeto e Conforto	2.1 Paisagismo (obrigatório)
		2.2 Flexibilidade de Projeto
		2.3 Relação com a vizinhança
		2.7 Desempenho Térmico - Vedações (obrigatório)
		2.8 Desempenho Térmico - Orientação ao Sol e Ventos (obrigatório)
		2.9 Iluminação Natural de Áreas Comuns
		2.10 Ventilação e Iluminação Natural de Banheiros
		2.11 Adequação às Condições Físicas do Terreno
3.	Eficiência Energética	Nenhum
4.	Conservação de Recursos Materiais	4.1 Coordenação Modular
		4.9 Facilidade de Manutenção da Fachada
5.	Gestão da Àgua	5.8 Áreas Permeáveis (obrigatório)
6.	Práticas Sociais	Nenhum

Fonte: Os autores (2018)

De modo a compreender cada um dos critérios relacionados ao projeto arquitetônico de habitações, procede-se a um exemplo de adequação de projeto de HIS em empreendimento característico do Programa Minha Casa, Minha Vida (PMCMV).

5.2.1 Descrição do projeto de estudo

O projeto base para a realização deste estudo foi um conjunto habitacional localizado na cidade de Maringá – PR entregue no ano de 2012. Na Figura 5.2, é ilustrada a indicação do empreendimento.

Figura 5.2 – Indicação do empreendimento

Fonte: Adaptado de *Google Earth* (2018)

O conjunto habitacional, que faz parte do PMCMV, é composto por 175 casas, totalizando 7.337,75 m^2 de área construída. Além das casas, a obra também englobou a execução dos passeios públicos e dos muros de contenção e divisa executados em todas as divisas de lotes, exceto no alinhamento predial, além dos serviços de terraplanagem. O projeto da edificação é mostrado na Figura 5.3 e a tabela de esquadrias na Tabela 5.2

Figura 5.3 – Planta baixa original, tabela de esquadrias, locação e situação esquemática

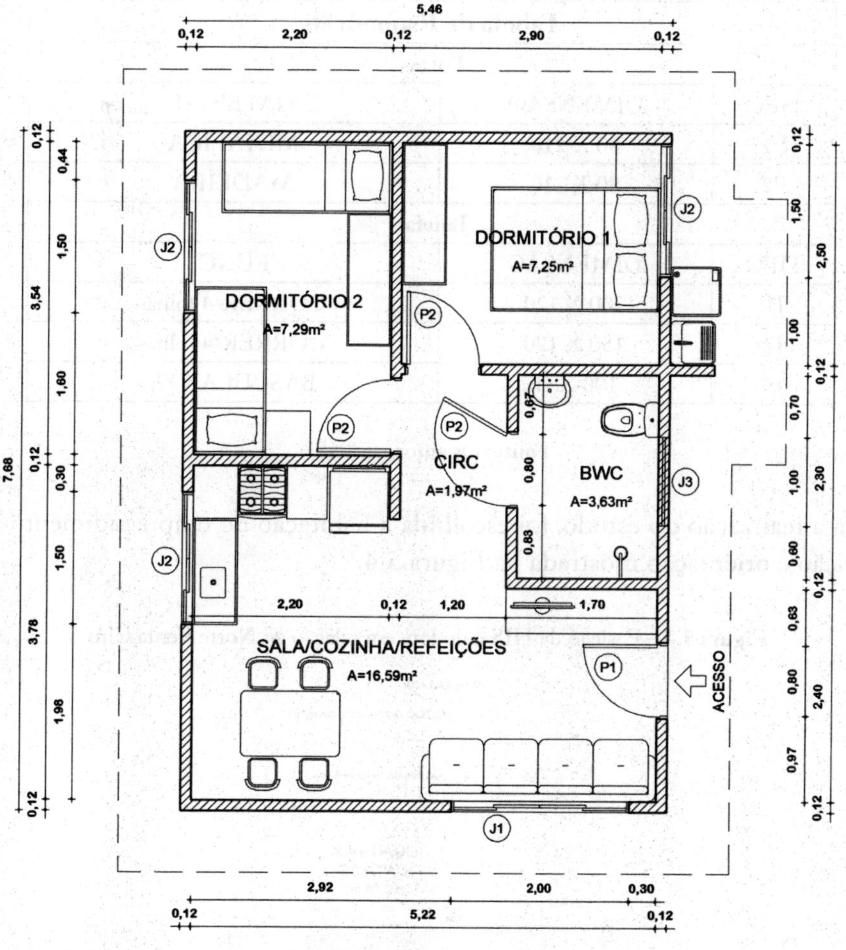

Fonte: Os autores (2018)

Tabela 5.2 – Esquadrias da edificação

Tabela de Esquadrias		
Portas		
TIPO	DIMENSÃO	MATERIAL
P1	80 X 210	METÁLICA
P2	80 X 210	MADEIRA
Janelas		
TIPO	DIMENSÃO	FUNC.
J1	200 X 120	CORRER/4 folhas
J2	150 X 120	CORRER/4 folhas
J3	100 X 60	BASCULANTE

Fonte: Os autores (2018)

Para a realização do estudo, foi escolhida a habitação do empreendimento na posição e orientação mostrada na Figura 5.4.

Figura 5.4 – Posição da HIS e do lote em relação ao Norte Verdadeiro

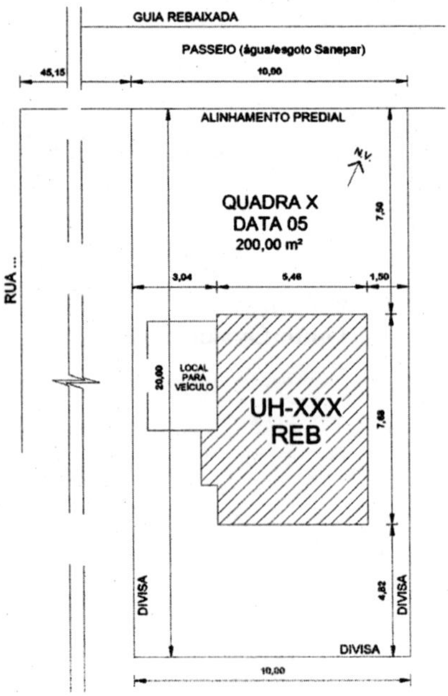

Fonte: Os autores (2018)

Apresenta-se na Figura 5.5 a identificação das fachadas das habitações do empreendimento.

Figura 5.5 – Identificação das fachadas das habitações

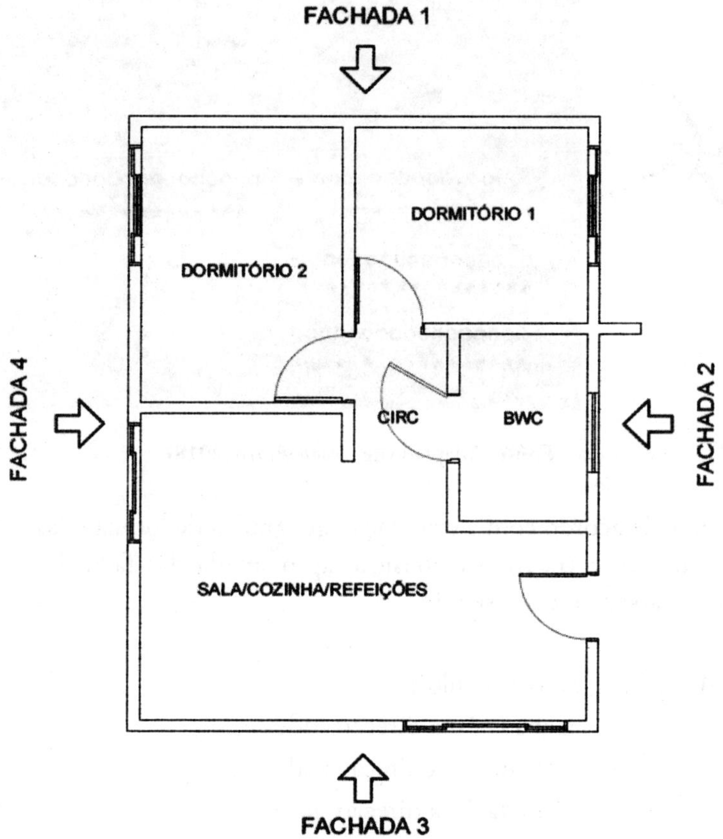

Fonte: Os autores (2018)

O empreendimento conta com residências locadas em três orientações diferentes, representadas pelos símbolos: círculo ("o"), asterisco ("*") e traço ("-"), conforme observa-se na Figura 5.6. Ressalta-se que a posição e orientação da habitação, apresentadas no Anexo A, são as mesmas das residências ilustradas na cor amarela.

Figura 5.6 – Orientação das residências

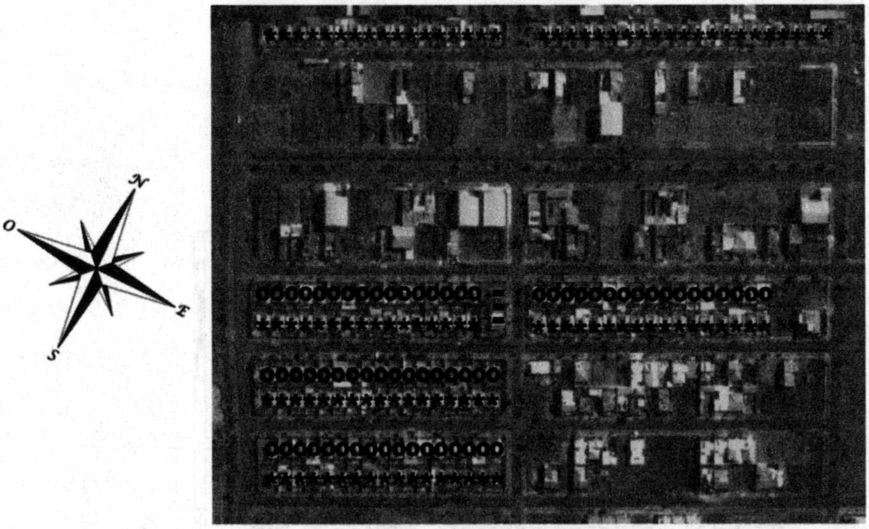

Fonte: Adaptado de *Google Earth* **(2018)**

Desta forma, de acordo com a orientação geográfica de locação das habitações (círculo, asterisco e traço), a disposição aproximada das fachadas, conforme Figura 5.5, é apresentada a seguir:

a) habitação "o" (círculo):
   - fachada 1 na direção sudeste,
   - fachada 2 na direção sudoeste,
   - fachada 3 na direção noroeste,
   - fachada 4 na direção nordeste;

b) habitação "*" (asterisco):
   - fachada 1 na direção noroeste,
   - fachada 2 na direção sudoeste,
   - fachada 3 na direção sudeste,
   - fachada 4 na direção nordeste;

c) habitação "-" (traço):
   - fachada 1 na direção sudoeste,

- fachada 2 na direção noroeste,
- fachada 3 na direção nordeste,
- fachada 4 na direção sudeste.

Todas as habitações seguem o mesmo padrão, sendo residências com um pavimento em alvenaria, com área total de 41,93 m^2, em terrenos de 200 m^2, em sua maioria. Tais habitações foram construídas com estrutura de concreto armado com laje, fechamentos verticais internos e externos em alvenaria convencional, pisos cerâmicos e forro de PVC nos beirais, além de contarem com aquecimento da água do chuveiro por meio de energia solar.

5.2.2 Considerações quanto aos critérios do selo Casa Azul relacionados ao projeto arquitetônico da HIS em análise

Para continuidade desse estudo, são apresentadas as análises da HIS em estudo em relação aos 11 critérios do SCA que remetem diretamente ao projeto arquitetônico de uma habitação, indicados no Quadro 5.1, que são: paisagismo, flexibilidade de projeto, relação com a vizinhança, desempenho térmico - vedações, desempenho térmico - orientação ao sol e ventos, iluminação natural de áreas comuns, ventilação e iluminação natural de banheiros, adequação às condições físicas do terreno, coordenação modular, facilidade de manutenção da fachada e áreas permeáveis.

5.2.2.1 Paisagismo

O paisagismo se aplica como alternativa sustentável ao resfriamento ou ao aquecimento passivo da edificação, contribuindo para a redução dos gastos com energia, minimizando o fenômeno das ilhas de calor nos centros urbanos, auxiliando no controle de emissão de gases do efeito estufa, além de contribuir para o resgate e/ou manutenção da flora e da fauna urbana (LAMBERTS; TRIANA, 2010).

O projeto arquitetônico, que serviu como base de elaboração deste trabalho, não apresentava nenhum indício do uso de elementos paisagísticos no empreendimento. Possivelmente, foi previsto o plantio de árvores nas calçadas públicas, porém não foram disponibilizados documentos que permitiram realizar esta análise. Para a conformidade quanto a este critério, de caráter obrigatório no SCA, seria necessário que o empreendimento adotasse o uso de elementos paisagísticos que propiciem adequada interferência às partes da edificação, visando melhorar o desempenho térmico através do uso de arborização e/ou cobertura vegetal.

Como alternativa ao conjunto habitacional em estudo, por estar na Zona bioclimática 3, na qual é interessante o uso da estratégia do aquecimento solar passivo no inverno (Tabela 5.1), tem-se o plantio estratégico de vegetação com folhas caducas, as quais permitem a passagem de sol no inverno e o sombreamento no verão (LAMBERTS; TRIANA, 2010). A Figura 5.7 apresenta algumas espécies de árvores que perdem parcialmente ou totalmente suas folhas nos meses mais frios do ano. Tais árvores já são utilizadas na arborização urbana de Maringá e poderiam ser utilizadas no empreendimento em estudo, principalmente visando a proteção contra os raios solares nas fachadas norte e oeste das edificações, como exposto na Figura 5.8, que traz a representação esquemática da planta de arborização para as residências indicadas com "o" na Figura 5.6.

Figura 5.7 – Espécie de árvores sugeridas

Fonte: Os autores (2018)

Figura 5.8 – Planta de arborização das casas indicadas com "o"

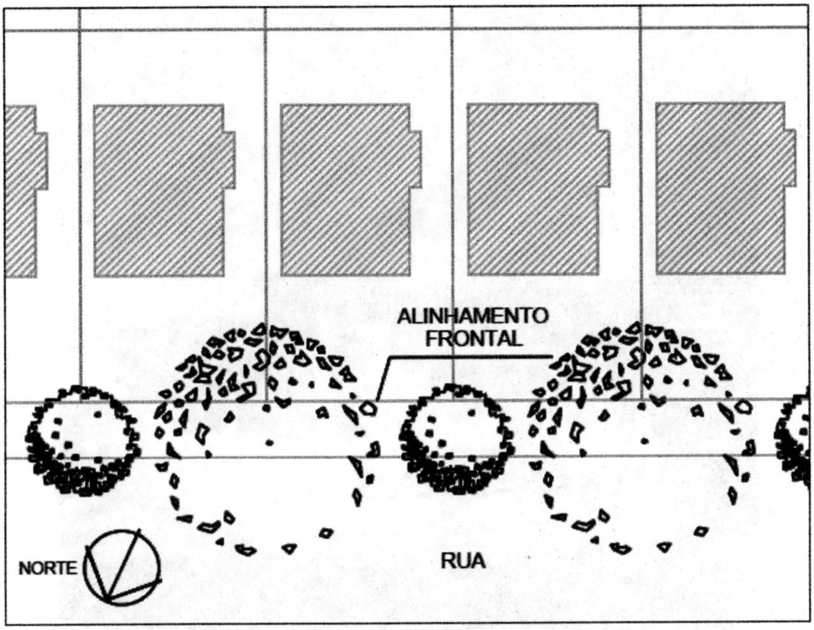

Fonte: Os autores (2018)

As residências que não apresentarem a mesma orientação indicada na Figura 5.8, ou seja, as habitações indicadas com "*" e "-" na Figura 5.6, podem receber pergolados com vegetação nas fachadas de interesse, mais especificamente visando a proteção da janela do Dormitório 1 (Figura 5.5), a qual encontra-se na fachada sudoeste da habitação indicada com a cor azul e na fachada noroeste na habitação indicada com a cor vermelha (LAMBERTS; TRIANA, 2010). A Figura 5.9 ilustra o sistema de sombreamento através de pergolado com vegetação.

Figura 5.9 – Proteção por meio de pergolado com vegetação

Fonte: LabEEE (2010)

O uso de sombreamento e insolação será discutido de forma mais aprofundada no item 5.2.2.5, no qual é feita a análise do conjunto habitacional quanto à orientação solar.

5.2.2.2 Flexibilidade de projeto

A flexibilidade de projeto é tratada no contexto de se permitir o aumento da versatilidade da edificação por meio de modificações de projeto e/ou futuras ampliações, adaptando-se às novas necessidades do usuário. Essa é uma estratégia muito relevante, principalmente quando se tratam de HIS, nas quais é comum os moradores realizarem obras de adaptação e ampliação.

Sendo assim, é importante pensar, desde a fase inicial de projeto da habitação, nas possíveis ampliações e modificações que possam ocorrer, a fim de facilitar a sua implantação e minimizar a geração de resíduos. Para isto devem ser consideradas as implicações estruturais (posição e suporte de carga dos elementos estruturais) e nos sistemas hidráulico e elétrico, bem como na ventilação e iluminação natural dos ambientes (LAMBERTS; TRIANA, 2010). Nesse contexto, são apresentados nas Figuras 5.10 e 5.11 dois pré-projetos, com possíveis alternativas de ampliação para as habitações em estudo, nos quais foram consideradas as dimensões do terreno para a elaboração das sugestões de aumento da residência.

Figura 5.10 – Possibilidade de ampliação da HIS em estudo

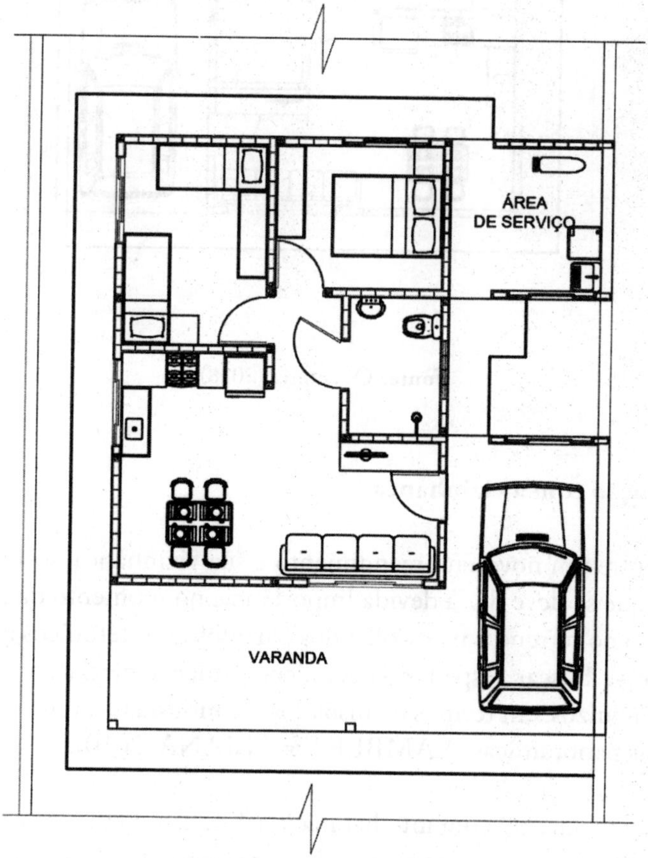

Fonte: Os autores (2018)

Figura 5.11 – Possibilidade de ampliação da HIS em estudo

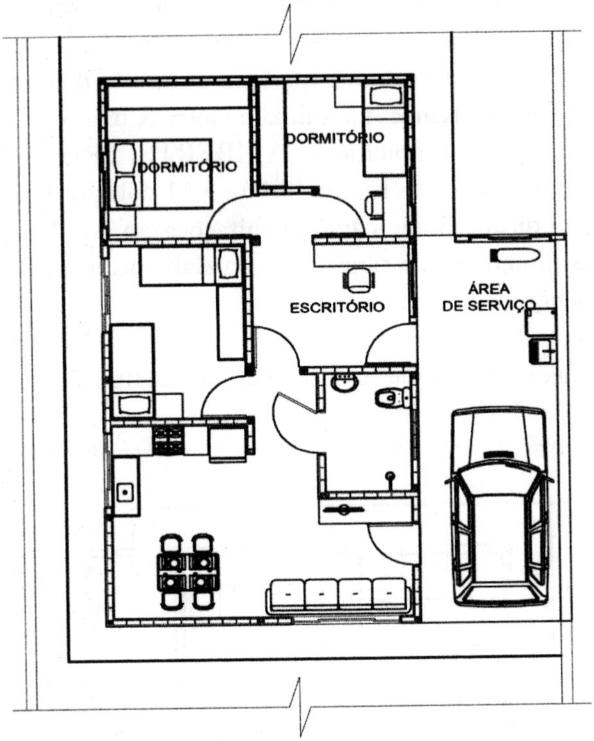

Fonte: Os autores (2018)

5.2.2.3 Relação com a vizinhança

A relação entre um novo empreendimento e sua vizinhança, seja edificada ou não, é algo que se deve dar a devida importância no momento da implantação da edificação no terreno e na escolha dos partidos arquitetônicos a serem adotados. Deve-se buscar respeitar as condições atuais em relação à vizinhança, sem gerar prejuízos, em termos de insolação, luminosidade, ventilação, privacidade e vistas panorâmicas (LAMBERTS; TRIANA, 2010).

Como as residências do conjunto habitacional de estudo são térreas, com cerca de 4 metros de altura (até o topo da cobertura), não causaram nenhum tipo de impacto negativo às demais em seu entorno no que se refere à insolação, luminosidade, ventilação, privacidade e vistas panorâmicas. No entanto, nota-se que esse é um importante critério aplicado principalmente às edificações com vários pavimentos, por apresentarem uma maior possibilidade de causarem interferências sobre as edificações vizinhas.

5.2.2.4 Desempenho térmico - vedações

O critério Desempenho térmico relativo às vedações, de caráter obrigatório no SCA, tem o intuito de proporcionar ao usuário condições de conforto térmico de acordo com a zona bioclimática do empreendimento, por meio do controle da ventilação e da radiação solar que ingressa pelas aberturas ou que é absorvida pelas vedações externas da edificação (LAMBERTS; TRIANA, 2010).

No ano de 2014, foi realizada uma revisão nos indicadores do SCA com o objetivo de atualizar e adequar a metodologia às normas e diretrizes voltadas à elaboração de projetos habitacionais. Tal adequação foi necessária, pois alguns critérios de avaliação ficaram muito restritivos quando comparados à norma de desempenho de edificações habitacionais (ABNT NBR 15575: 2013) e ao Procel Edifica Residencial. O desempenho térmico de vedações foi um dos itens que sofreu alterações (CAIXA, 2014).

5.2.2.4.1 Considerações a respeito do desempenho térmico de edificações a partir da ABNT NBR 15575: 2013

O desempenho térmico de uma habitação é algo que depende das características do local do empreendimento, tais como: topografia, temperatura e umidade do ar, direção e velocidade do vento. Outros fatores que também influenciam neste desempenho são aqueles oriundos da própria edificação (materiais constituintes, número de pavimentos, dimensões dos cômodos, pé direito, orientação da fachada, entre outros). No entanto, a questão do conforto térmico em uma edificação depende de outros fatores, tais como ventilação do ambiente, a qual sofre grande influência do posicionamento e dimensões de aberturas de janelas (CBIC, 2013).

O nível de satisfação ou insatisfação do usuário irá depender muito do tipo de atividades que estão sendo realizadas no interior do imóvel, quantidade de mobília, tipo de vestimentas do mesmo, idade, sexo, condições fisiológicas e psicológicas, bem como do número total de ocupantes do ambiente. Sendo assim, no que se refere ao conforto térmico, sempre se estará referindo a uma condição média, que atende à maioria das pessoas expostas a uma determinada condição (CBIC, 2013; CORBELLA; YANNAS, 2003).

Conforme exposto pela ABNT NBR 15220-2: 2005, existem dois importantes indicadores utilizados para a análise do desempenho térmico de uma edificação:

a. transmitância térmica (U): dada pelo inverso da resistência térmica, é caracterizado por ser o fluxo de calor que atravessa a área unitária de um componente ou elemento quando existe um gradiente térmico de 1°K entre suas faces opostas, sendo o fluxo expresso em Watts/m^2.°K;

b. capacidade térmica (CT): quantidade de calor por área unitária, expressa em kJ/ m^2.°K, necessária para variar em uma unidade a temperatura de um componente ou elemento.

Os cálculos para se determinar qual a U e CT, bem como valores das propriedades físicas necessárias para os cálculos, são apresentados na ABNT NBR 15220-2: 2005. Para as tipologias construtivas mais usuais de paredes e coberturas em diversas configurações, são apresentados valores de U e CT tabelados no Anexo D da mesma Norma.

Especificamente com relação ao desempenho térmico da edificação, a ABNT NBR 15575-1: 2013 apresenta dois procedimentos:

a. procedimento 1: é uma avaliação simplificada e estabelece um procedimento normativo, sendo que apresenta requisitos e critérios para sistemas de vedação e coberturas, conforme apresentado pela ABNT NBR 15575-4: 2013 (requisitos para os sistemas de vedações verticais internas e externas) e ABNT NBR 15575-5: 2013 (Requisitos para os sistemas de coberturas). Para os casos em desempenho térmico insatisfatório, o projetista deverá realizar uma análise segundo o método da simulação computacional, apresentado no item 11.2 da ABNT NBR 15575-1: 2013;

b. procedimento 2: este por sua vez é mais detalhado e se encontra descrito no Anexo A da ABNT NBR 15575-1: 2013, tendo apenas caráter informativo, apresentando a realização de medições em edificações ou protótipos construídos, não se sobrepondo aos procedimentos descritos no item anterior.

Para uma melhor compreensão dos procedimentos referentes à análise das paredes e da cobertura, estes dois são apresentados no diagrama da Figura 5.12.

Figura 5.12 – Métodos alternativos de avaliação do desempenho térmico

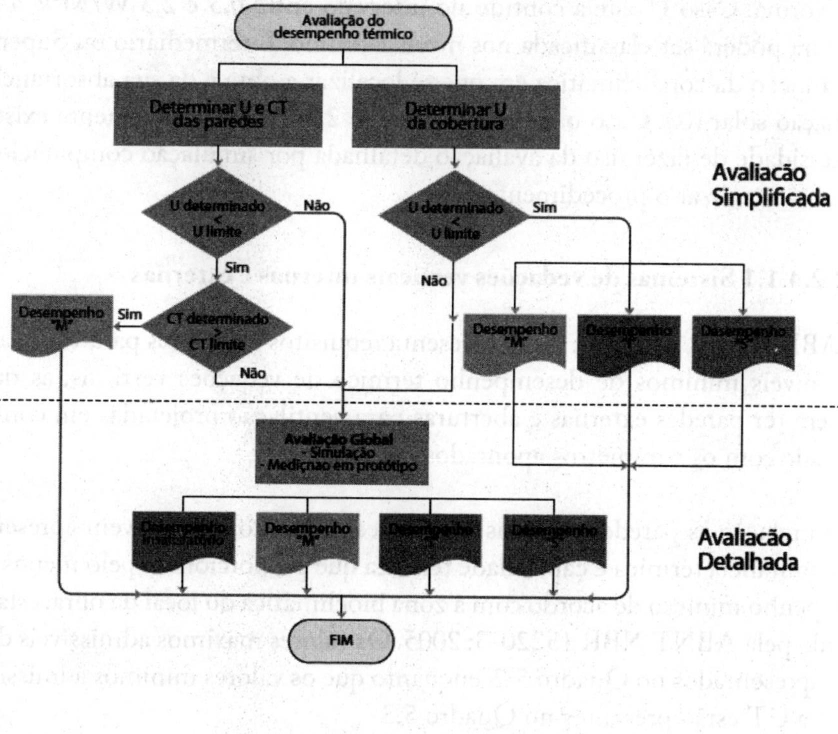

Fonte: Adaptado de CBIC (2013)

Conforme então o que será apresentado no item 5.2.2.4.1.1, com relação às paredes externas, os valores de U e CT (obtidos de ensaios ou da norma ABNT NBR 15220-3: 2005) são confrontados com os limites expostos pela Norma. Caso ocorram simultaneamente $U \leq U_{limite}$ e $CT \geq CT_{limite}$, considera-se que a parede atende ao nível Mínimo de desempenho. Caso não se verifique qualquer uma das desigualdades apresentadas, ou mesmo no caso desejar-se classificar o sistema de paredes nos níveis intermediário (I) ou superior (S) trazidos pela ABNT NBR 15575: 2013, há a necessidade de proceder-se à avaliação detalhada por simulação computacional ou pelo procedimento 2 (medições em edificações ou protótipos construídos).

Por outro lado, com relação à cobertura, consoante ao que será apresentado no item 5.2.2.4.1.2, o valor de U também é confrontado com as exigências da Norma. Caso U esteja contido no intervalo entre 0,5 e 2,3 W/M^2k, a cobertura poderá ser classificada nos níveis Mínimo, Intermediário ou Superior, em função da zona climática em que se localizar a obra e da sua absortância à radiação solar (α). Caso o valor de U supere 2,3 W/M^2k, novamente existe a necessidade de fazer uso da avaliação detalhada por simulação computacional ou então realizar o procedimento 2.

5.2.2.4.1.1 Sistemas de vedações verticais internas e externas

A ABNT NBR 15575-4: 2013 apresenta requisitos e critérios para verificação dos níveis mínimos de desempenho térmico de vedações verticais, as quais devem ter paredes externas e aberturas para ventilação projetadas em conformidade com os parâmetros apontados.

Com relação às paredes externas do empreendimento, estas devem apresentar transmitância térmica e capacidade térmica que proporcionem pelo menos desempenho mínimo de acordo com a zona bioclimática do local da obra, estabelecido pela ABNT NBR 15220-3: 2005. Os valores máximos admissíveis de U são apresentados no Quadro 5.2, enquanto que os valores mínimos admissíveis para a CT estão presentes no Quadro 5.3.

Quadro 5.2 – Transmitância térmica de paredes externas

Transmitância Térmica (U) W/m².K		
Zonas 1 e 2	**Zonas 3, 4, 5, 6, 7 e 8**	
$U \leq 2{,}5$	$\alpha^a \leq 0{,}6$	$\alpha^a > 0{,}6$
	$U \leq 3{,}7$	$U \leq 2{,}5$
α^a é absortância à radiação solar da superfície externa da parede.		

Fonte: ABNT NBR 15575-4 (2013)

Quadro 5.3 – Capacidade térmica de paredes externas

Capacidade térmica (CT) kJ / m².K	
Zona 8	**Zonas 1,2, 3, 4, 5, 6 e 7**
Sem exigência	≥ 130

Fonte: ABNT NBR 15575-4 (2013)

Existem paredes que apresentam em sua composição materiais isolantes térmicos de condutividade térmica menor ou igual a 0,065 W/(m.K) e resistência térmica maior que 0,5 (m^2.K)/W. Nesses casos o cálculo da capacidade térmica deve ser feito desprezando-se todos os materiais voltados para o ambiente externo, posicionados a partir do isolante ou espaço de ar (ABNT NBR 15575-4: 2013).

Os ambientes de permanência prolongada da habitação, ou seja, salas e dormitórios, devem apresentar aberturas para ventilação com áreas que atendam à legislação específica do local da obra, incluindo Códigos de Obras, Códigos Sanitários e outros. No caso de não existir exigências de ordem legal, para o local de implantação da obra, devem ser adotados os valores indicados no Quadro 5.4.

Quadro 5.4 – Área mínima de ventilação em dormitórios e salas de estar

Nível de desempenho	Aberturas para Ventilação (A)	
	Zonas 1 a 7	Zona 8
	Aberturas médias	Aberturas grandes
Mínimo	A ≥ 7% da área de piso	A ≥ 12 % da área de piso REGIÃO NORTE DO BRASIL A ≥ 8 % da área de piso REGIÃO NORDESTE E SUDESTE DO BRASIL
Nota: nas zonas de 1 a 6 as áreas de ventilação devem ser passíveis de serem vedadas durante o período de frio.		

Fonte: ABNT NBR 15575-4 (2013)

Na análise do projeto arquitetônico, deve ser considerada, para cada ambiente de longa permanência, a relação apresentada na Equação 1.

$$A = 100 \cdot \left(\frac{AA}{AP} \right) \quad [\%] \qquad \text{Equação 1}$$

em que:

- AA : área efetiva de abertura de ventilação do ambiente;
- AP : é a área de piso do ambiente.

No cálculo da área efetiva de abertura de ventilação do ambiente, somente são consideradas as aberturas que permitam a livre circulação do ar, devendo ser descontadas as áreas de perfis, vidros e de qualquer outro obstáculo; nesta área não são computadas as áreas de portas internas. No caso de cômodos dotados de portas-balcão ou semelhantes, na fachada da edificação, toda a área aberta resultante do deslocamento da folha móvel da porta é computada (ABNT NBR 15575-4: 2013).

5.2.2.4.1.2 Sistemas de coberturas

Na parte 5 da ABNT NBR 15575: 2013 encontram-se dispostos os requisitos e critérios para verificação dos níveis mínimos de desempenho térmico de coberturas, apresentando os valores para transmitância térmica e absortância à radiação solar que proporcionem um desempenho térmico apropriado para cada zona bioclimática.

No Quadro 5.5 são apresentados os valores máximos admissíveis para a transmitância térmica das coberturas (desempenho mínimo), considerando fluxo térmico descendente, em função das zonas bioclimáticas.

Quadro 5.5 – Critérios de coberturas quanto à transmitância térmica

<table>
<tr><th colspan="5">Transmitância térmica (U)
W/m^2K</th></tr>
<tr><th>Zonas 1 e 2</th><th colspan="2">Zonas 3 a 6</th><th colspan="2">Zonas 7 e 8</th></tr>
<tr><td rowspan="2">U ≤ 2,30</td><td>$\alpha \leq 0,6$</td><td>$\alpha > 0,6$</td><td>$\alpha \leq 0,4$</td><td>$\alpha > 0,4$</td></tr>
<tr><td>U ≤ 2,3</td><td>U ≤ 1,5</td><td>U ≤ 2,3 FV</td><td>U ≤ 1,5 FV</td></tr>
<tr><td colspan="5">α é absorbância à radiação solar da superfície externa da cobertura.</td></tr>
<tr><td colspan="5">Nota: O fator de ventilação (FV) é estabelecido na ABNT NBR 15220-2.</td></tr>
</table>

Fonte: ABNT NBR 15575-5 (2013)

Nos casos em que o projeto de cobertura prevê a existência de isolamento térmico, este deve fazer referência às normas brasileiras pertinentes.

A norma também apresenta em seus anexos valores de transmitância térmica para os níveis intermediário e superior de coberturas, além do nível mínimo, conforme apresentado no Quadro 5.6.

Quadro 5.6 – Critérios e níveis de desempenho de coberturas quanto à U

Transmitância térmica (U) W/m²K					
Zonas 1 e 2	**Zonas 3 a 6**		**Zonas 7 e 8 1)**		**Nível**
$U \le 2,3$	$\alpha^{1)} \le 0,6$	$\alpha^{1)} > 0,6$	$\alpha^{1)} \le 0,4$	$\alpha^{1)} > 0,4$	M
	$U \le 2,3$	$U \le 1,5$	$U \le 2,3$ FV	$U \le 1,5$ FV	
$U \le 1,5$	$\alpha^{1)} \le 0,6$	$\alpha^{1)} > 0,6$	$\alpha^{1)} \le 0,4$	$\alpha^{1)} > 0,4$	I
	$U \le 1,5$	$U \le 1,0$	$U \le 1,5$ FV	$U \le 1,0$ FV	
$U \le 1,0$	$\alpha^{1)} \le 0,6$	$\alpha^{1)} > 0,6$	$\alpha^{1)} \le 0,4$	$\alpha^{1)} > 0,4$	S
	$U \le 1,0$	$U \le 0,5$	$U \le 1,0$ FV	$U \le 0,5$ FV	
1) Na zona bioclimática 8 também estão atendidas coberturas com componentes de telhas cerâmicas, mesmo que a cobertura não tenha forro.					
Nota: O fator de ventilação (FV) é estabelecido na ABNT NBR 15220-2: 2005					

Fonte: ABNT NBR 15575-5 (2013)

5.2.2.4.2 Critérios trazidos pelo SCA em relação ao desempenho térmico de vedações

Como o empreendimento em estudo se encontra na zona bioclimática 3 (ZB3), para habitações compreendidas nesta região, o SCA, posteriormente às adequações realizadas em 2014, apresenta os parâmetros de desempenho térmico exigidos às vedações (paredes externas e cobertura) expressos na Tabela 5.3. Os critérios trazidos quanto às aberturas para ventilação, iluminação e sombreamento estão dispostos no Quadro 5.7.

Tabela 5.3 – Desempenho térmico de vedações (ZB3)

Paredes Externas		Cobertura
Transmitância Térmica (U)	**Capacitância Térmica (CT)**	**Transmitância Térmica (U)**
$U < 3,7$ se $\alpha < 0,6$	$CT > 130$	$U < 2,30$ se $\alpha < 0,6$
ou $U < 2,5$ se $\alpha > 0,6$		ou $U < 1,5$ se $\alpha > 0,6$

Fonte: Adaptado de Lamberts e Triana (2010)

Quadro 5.7 – Desempenho térmico de aberturas (ZB3)

Ventilação e Iluminação	Sombreamento
Abertura ≥ 7 % da área de piso	Obrigatória proteção nos dormitórios com dispositivo de controle que permita insolação no inverno e abertura total da área para iluminação

Fonte: Lamberts e Triana (2010)

Constata-se, então, que, com exceção da exigência quanto ao sombreamento nos dormitórios (analisado no item 5.2.2.5.), os parâmetros apresentados pelo SCA, em termos de desempenho das vedações, atualmente são os mesmos trazidos pela avaliação simplificada (procedimento normativo) da ABNT NBR 15575: 2013, em se tratando dos sistemas de vedações verticais externas e sistemas de cobertura, este último no nível de desempenho mínimo exigido pela norma.

5.2.2.4.2.1 Verificação do sistema de vedações verticais externas

O projeto em estudo apresenta paredes internas e externas executadas com blocos cerâmicos de seis furos, com revestimento argamassado e pintura em ambas as faces. Sendo assim, sua configuração e propriedades térmicas são apresentadas na Figura 5.13.

Figura 5.13 – Variáveis térmicas do sistema de vedação vertical

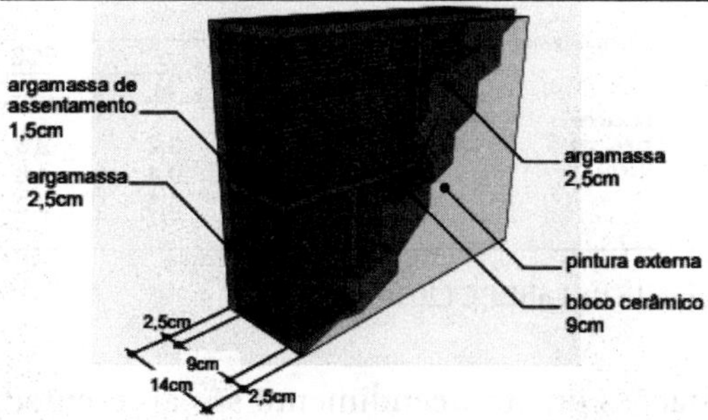

Descrição:

Argamassa interna (2,5cm)
Bloco cerâmico (9,0 x 14,0 x 24,0 cm)
Argamassa externa (2,5cm)
Pintura externa (α)

U	C_T	α	FCS
[W/(m²K)]	[kJ/m²K]	[-]	[-]
2,59	145	0,2 0,4 0,8	2,1 4,1 8,3

Fonte: Adaptado de LabEEE (2010)

Com esta configuração de paredes, obtém-se um valor de transmitância térmica de 2,59 W/m^{2}K e capacidade térmica de 145 kJ/m^{2}K. Portanto, cumprindo com as exigências da ABNT NBR 15575-4: 2013 (Quadro 5.3 e 5.4), essa tipologia atende ao nível mínimo de desempenho térmico de paredes, uma vez que o empreendimento encontra-se na zona bioclimática 3 e as edificações receberam pintura em tons claros de verde, azul, amarelo ou rosa (α < 0,6). Na Figura 5.14, são indicadas outras composições de paredes que poderiam ser utilizadas para o presente projeto. Importa destacar a necessidade de que os blocos cerâmicos, o revestimento em argamassa e a pintura atendam aos parâmetros especificados, quais sejam: espessura, dimensões, cores, dentre outros, uma vez que variações nesses parâmetros interferem no desempenho do sistema e, portanto, no seu atendimento aos requisitos de desempenho exigidos.

Figura 5.14 – Outras composições de paredes que poderiam ser utilizadas

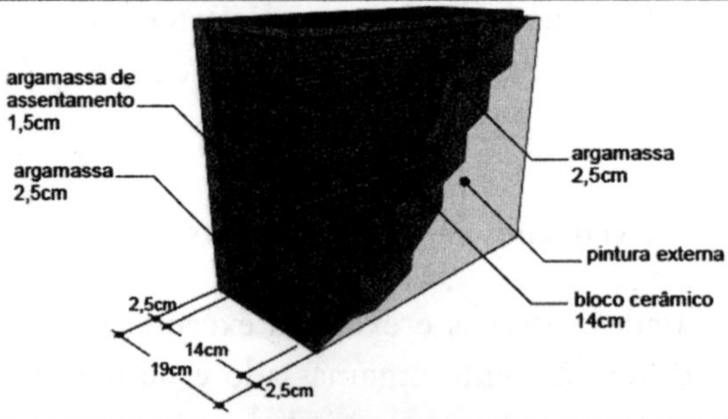

Descrição:

Argamassa interna (2,5cm)
Bloco cerâmico (14,0 x 19,0 x 29,0cm)
Argamassa externa (2,5cm)
Pintura externa (α)

U	C_T	α	FCS
[W/(m²K)]	[kJ/m²K]	[-]	[-]
1,98	156	0,2 0,4 0,8	1,6 3,2 6,3

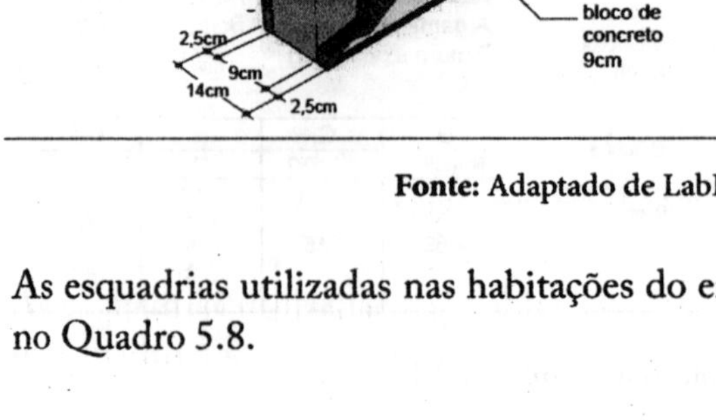

Descrição:

Argamassa interna (2,5cm)
Bloco de concreto (9,0 x 19,0 x 39,0cm)
Argamassa externa (2,5cm)
Pintura externa (α)

U	C_T	α	FCS
[W/(m²K)]	[kJ/m²K]	[-]	[-]
2,86	203	0,2 0,4 0,8	2,3 4,6 9,2

Fonte: Adaptado de LabEEE (2010)

As esquadrias utilizadas nas habitações do empreendimento são apresentadas no Quadro 5.8.

Quadro 5.8 – Esquadrias

PORTAS			
Tipo	Dimensões	Material	Ambiente
P1	80 X 210	Metálica	Sala
P2	80 X 210	Madeira	Dormitórios / BWC
JANELAS			
TIPO	DIMENSÕES	FUNC.	AMBIENTE
J1	200 X 120	Correr / 4 folhas	Sala
J2	150 X 120	Correr / 4 folhas	Cozinha / Dormitórios
J3	100 X 60	Basculante / 3 folhas	BWC

Fonte: Os autores (2018)

Analisando-se a planta baixa das residências do empreendimento, constata--se que as habitações possuem a sala e a cozinha conjugadas, sendo que a sala apresenta janela do tipo J1 e a cozinha, bem como os dormitórios, dispõem de janelas do tipo J2, enquanto o banheiro recebeu uma janela basculante do tipo J3 (3 folhas, sendo duas móveis). A Figura 5.15 ilustra os dois modelos de janelas utilizados (correr e basculante). Nota-se, também, que todas as portas apresentam as mesmas dimensões (80 x 210 cm), sendo que as portas internas são de madeira, enquanto a porta da sala é metálica.

Figura 5.15 – Modelos de janelas

Janela de correr | Janela basculante

Fonte: Adaptado de Sasazaki (2017)

Para obras no munício de Maringá-PR, a Lei Complementar N. 910/2011, Seção V, Art. 26, apresentava os vãos úteis mínimos para ventilação de ambientes. No entanto, essa lei complementar foi substituída pela Lei Complementar N. 1045/2016, que não apresenta índices para esse cálculo.

Desta forma, será adotado como parâmetro de área mínima de ventilação o valor de 7% da área do piso do cômodo para ambientes de permanência prolongada (salas e dormitórios), valor apresentado pela ABNT NBR 15575-4: 2013, conforme foi indicado no Quadro 5.4.

A Tabela 5.3 mostra os valores da área efetiva de ventilação das esquadrias das habitações do projeto de estudo, os quais foram obtidos de acordo com as recomendações presentes no item 5.2.2.4.1.1 do presente estudo.

Tabela 5.3 – Área efetiva de ventilação das esquadrias

Esquadria	Área Efetiva de Abertura de Ventilação (M^2)
P1	1,68
J1	1,06
J2	0,78
J3	0,36

Fonte: Os autores (2018)

Conforme exposto na Tabela 5.4, todos os ambientes de permanência prolongada da residência apresentaram tamanho de abertura de ventilação maior que o mínimo de 7% da área do piso do cômodo, preconizado pela ABNT NBR 15575-4: 2013. Ressalta-se que se optou por realizar a análise em conjunto da sala com a cozinha devido à disposição destes ambientes na planta da edificação (sala e cozinha conjugadas).

Tabela 5.4 – Análise da abertura de ventilação

Ambiente	Área de Piso (M^2)	Área Efetiva Total de Abertura de Ventilação (M^2)	%
Dormitório 1	7,25	0,78 (J2)	10,8%
Dormitório 2	7,79	0,78 (J2)	10,1%
Sala / Cozinha	16,59	3,53 (P1 + J1 + J2)	21,3%

Fonte: Os autores (2018)

5.2.2.4.2.2 Verificação do sistema de cobertura

Com relação ao tipo de cobertura, segundo o projeto arquitetônico disponibilizado, as habitações do empreendimento foram executadas com lajes pré-moldadas com lajotas cerâmica e telhas cerâmicas ou de concreto. No caso do uso de telhas cerâmicas, a configuração e as propriedades térmicas do sistema são apresentadas na Figura 5.16.

Figura 5.16 – Variáveis térmicas do sistema de cobertura

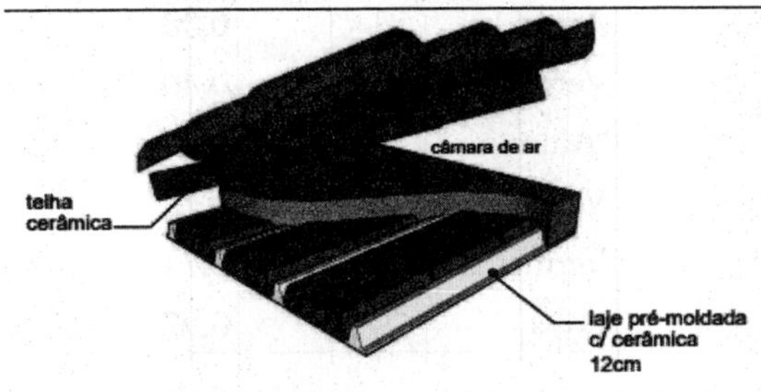

Descrição:

Laje pré-moldada 12cm (concreto 4cm + lajota cerâmica 7cm + argamassa 1cm)
Câmara de ar (> 5,0 cm)
Telha cerâmica

U [W/(m²K)]	C_T [kJ/m²K]	α [-]	FCS [-]
1,79	185	0,2	1,4
		0,4	2,9
		0,8	5,7

Fonte: Adaptado de LabEEE (2010)

Com esta configuração de cobertura, obtém-se um valor de transmitância térmica de 1,79 W/m^2K. Analisando o Quadro 5.5, correspondente aos quesitos apresentados pela ABNT NBR 15575-5: 2013, percebe-se que esta configuração de cobertura não atende aos parâmetros apresentados, se forem utilizadas telhas de barro na cor natural (vermelha), pois esse tipo de telha apresenta absortância (α) entre 0,75 e 0,80, conforme disposto na Tabela 5.5, o que evidencia a necessidade de transmitância térmica menor ou igual a 1,50 W/m^2K.

Tabela 5.5 – Absortância (α) para radiação solar

Tipo de Superfície		α
Chapa de alumínio (nova e brilhante)		0,05
Chapa de alumínio (oxidada)		0,15
Chapa de aço galvanizada (nova e brilhante)		0,25
Caiação nova		0,12 / 0,15
Concreto aparente		0,65 / 0,80
Telha de barro (vermelha)		0,75 / 0,80
Tijolo aparente		0,65 / 0,80
Reboco claro		0,30 / 0,50
Revestimento asfáltico		0,85 / 0,98
Vidro incolor		0,06 / 0,25
Vidro colorido		0,40 / 0,80
Vidro metalizado		0,35 / 0,80
Pintura:	Branca	0,20
	Amarela	0,30
	Verde clara	0,40
	"Alumínio"	0,40
	Verde escura	0,70
	Vermelha	0,74
	Preta	0,97

Fonte: Adaptado de ABNT 15220 (2005)

Akutsu (2009) mostra que o uso de telhas brancas ou pintadas de branco tem resultados térmicos comprovados e de baixo custo, principalmente no caso de telhas de fibrocimento. No entanto, a mesma autora afirma que telhas cerâmicas apresentam poros que absorvem água, que, ao evaporar, rouba calor. Desta forma, para telhas cerâmicas, deve-se utilizar aquelas naturalmente mais claras para não perder suas propriedades e benefícios em função da camada de tinta resultante da pintura. A Figura 5.17 ilustra dois tipos de telhas cerâmicas, a vermelha (cor escura) e a branca (cor clara).

Figura 5.17 – Telhas cerâmica (vermelha e branca)

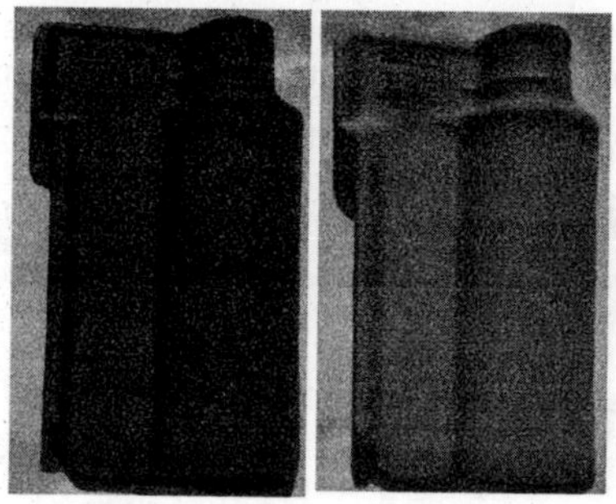

Fonte: Os autores (2018)

Desta maneira, para que o projeto das habitações esteja em conformidade com este quesito, deve-se fazer uso de telhas cerâmicas de cores mais claras que resultarão em valores de $\alpha \leq 0,6$, para as quais a ABNT NBR 15575-5: 2013 permite transmitância térmica máxima de 2,3 W/m^2K, ou seja, valor acima da transmitância térmica do sistema de cobertura adotado.

Como ilustrado na Figura 5.18, as residências do empreendimento de estudo receberam telhas de cor clara, o que mostra que as habitações foram executadas em conformidade com este quesito.

Figura 5.18 – Sistema de cobertura das habitações

Fonte: A construtora (2017)

Além da composição de cobertura apresentada, poderiam ser adotadas outras composições com telhas cerâmicas, de cores claras ($\alpha \leq 0{,}6$), ou então telhas de fibrocimento pintadas de branco, conforme apresentado respectivamente nas Figuras 5.19 e 5.20.

Figura 5.19 – Coberturas com telhas cerâmicas

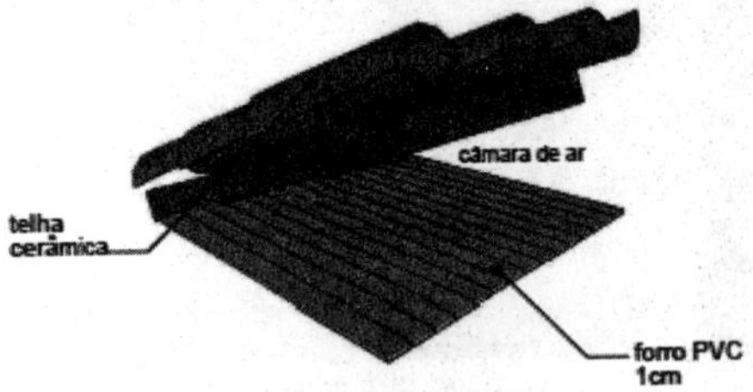

Descrição:

Forro PVC (1,0cm)
Câmara de ar (> 5,0 cm)
Telha cerâmica

U [W/(m²K)]	C_T [kJ/m²K]	α [-]	FCS [-]
1,75	21,4	0,2 0,4 0,8	1,4 2,8 5,6

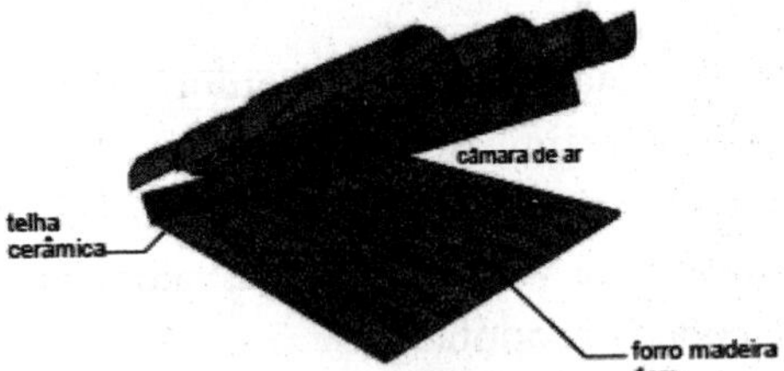

Descrição:

Forro madeira (1,0cm)
Câmara de ar (> 5,0 cm)
Telha cerâmica

U [W/(m²K)]	C_T [kJ/m²K]	α [-]	FCS [-]
2,02	26,4	0,2 0,4 0,8	1,6 3,2 6,4

Descrição:

Descrição:

Laje pré-moldada 12cm (concreto 4cm + EPS 7cm + argamassa 1cm)
Câmara de ar (> 5,0 cm)
Telha cerâmica

U [W/(m²K)]	C_T [kJ/m²K]	α [-]	FCS [-]
1,52	150	0,2 0,4 0,8	1,2 2,4 4,9

Fonte: Adaptado de LabEEE (2010)

Figura 5.20 – Coberturas com telhas de fibrocimento

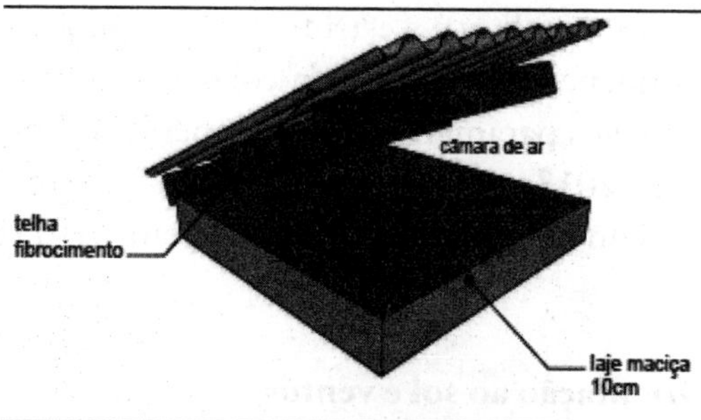

Descrição:

Laje maciça (10,0cm)
Câmara de ar (> 5,0 cm)
Telha fibrocimento

U	C_T	α	FCS
[W/(m²K)]	[kJ/m²K]	[-]	[-]
		0,2	1,6
2,06	232,8	0,4	3,3
		0,8	6,6

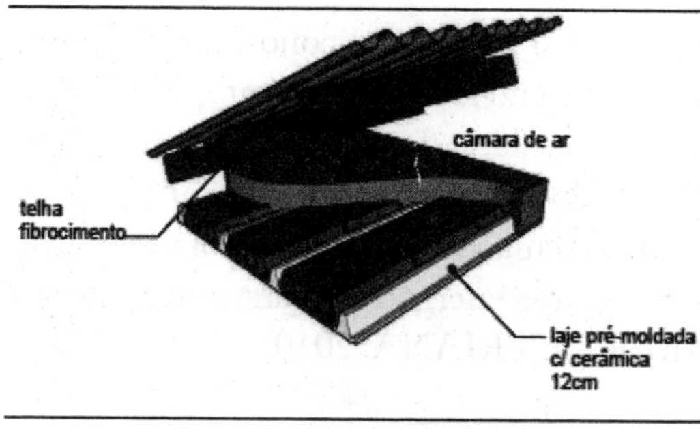

Descrição:

Laje pré-moldada 12cm (concreto 4cm + lajota cerâmica 7cm + argamassa 1cm)
Câmara de ar (> 5,0 cm)
Telha fibrocimento 0,8cm

U	C_T	α	FCS
[W/(m²K)]	[kJ/m²K]	[-]	[-]
		0,2	1,4
1,80	180	0,4	2,9
		0,8	5,8

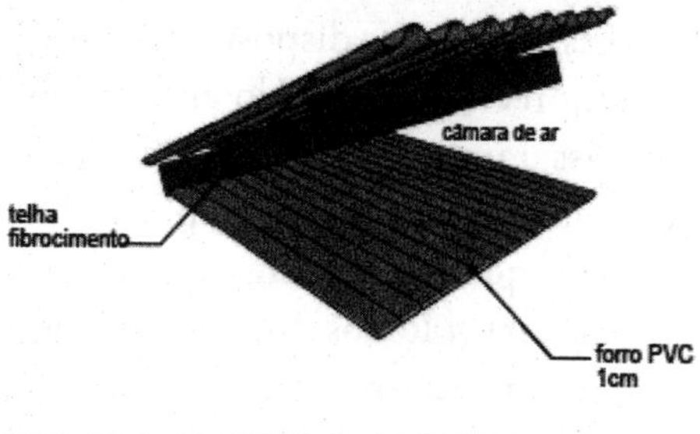

Descrição:

Forro PVC (1,0cm)
Câmara de ar (> 5,0 cm)
Telha fibrocimento

U	C_T	α	FCS
[W/(m²K)]	[kJ/m²K]	[-]	[-]
		0,2	1,4
1,76	15,8	0,4	2,8
		0,8	5,6

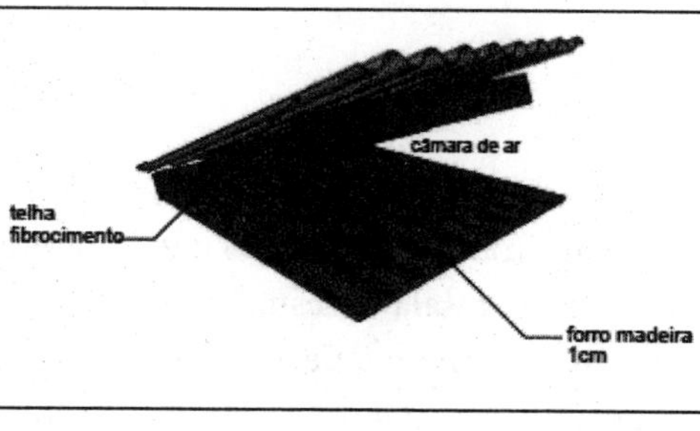

Descrição:

Forro madeira (1,0cm)
Câmara de ar (> 5,0 cm)
Telha fibrocimento

U	C_T	α	FCS
[W/(m²K)]	[kJ/m²K]	[-]	[-]
		0,2	1,6
2,02	20,8	0,4	3,2
		0,8	6,4

Fonte: Adaptado de LabEEE (2010)

A ABNT NBR 15220-2: 2005 destaca também a utilização de lâmina de alumínio polido como subcobertura (entre as telhas e a estrutura do telhado), que em conjunto com telhas de barro (independentemente da cor) ou de fibrocimento e forro de madeira, atenderiam aos parâmetros de desempenho térmico exigidos pela ABNT NBR 15575-5: 2013 e, portanto, seriam configurações de sistemas de cobertura que poderiam ser empregadas no projeto das HIS em análise.

5.2.2.5 Desempenho térmico - Orientação ao sol e ventos

Estratégias de projeto podem proporcionar ao usuário condições de conforto térmico, de acordo com a zona bioclimática do local de implantação do empreendimento, considerando-se a orientação solar e dos ventos dominantes, além das interferências de elementos físicos do entorno, sejam eles construídos ou naturais. Tais estratégias permitem não só mais conforto aos moradores, como também possibilita a diminuição dos gastos energéticos para resfriamento ou aquecimento da habitação (LAMBERTS; TRIANA, 2010).

Anterior às mudanças ocorridas no SCA, em 2014, o indicador desse critério, de caráter obrigatório, era o atendimento às estratégias dispostas na Tabela 5.1, de acordo com a zona bioclimática do empreendimento. No entanto, em decorrência das alterações, tais estratégias passaram a ser opcionais, ficando obrigatória somente a adoção de orientação solar adequada para empreendimentos localizados nas zonas bioclimáticas 1, 2 e 3, que não poderão ter cômodos de longa permanência (dormitórios e sala de estar) voltados diretamente para face Sul. Para as demais zonas bioclimáticas, recomenda-se a adoção de elementos de sombreamento nos empreendimentos com cômodos de longa permanência voltados para a face oeste.

5.2.2.5.1 Orientação em relação ao sol

Constata-se que as habitações do empreendimento em estudo não apresentam cômodos de longa permanência (dormitórios e sala de estar) voltados diretamente para a face Sul. Tal exigência do SCA remete à necessidade de garantir insolação nestes cômodos durante o período de inverno, quando é recomendada a estratégia de aquecimento solar passivo nas habitações da região de estudo, conforme foi apresentado na Tabela 5.1.

Por meio do *software* Revit (AUTODESK, 2016), foi possível identificar em quais horários do dia as faces das habitações, nas três orientações diferentes (habitação "o", "*" e "-"), estavam sujeitas à insolação. A Figura 5.21 apresenta os resultados obtidos para o dia de menor incidência solar no ano de 2017, o solstício de inverno, no qual constatou-se a incidência solar em pelo menos uma parede dos cômodos de permanência prolongada em algum período do dia. Sendo assim, o conjunto habitacional está em conformidade em relação ao SCA no que se refere à orientação solar.

Figura 5.21 – Análise solar – solstício de inverno (21/06/2017)

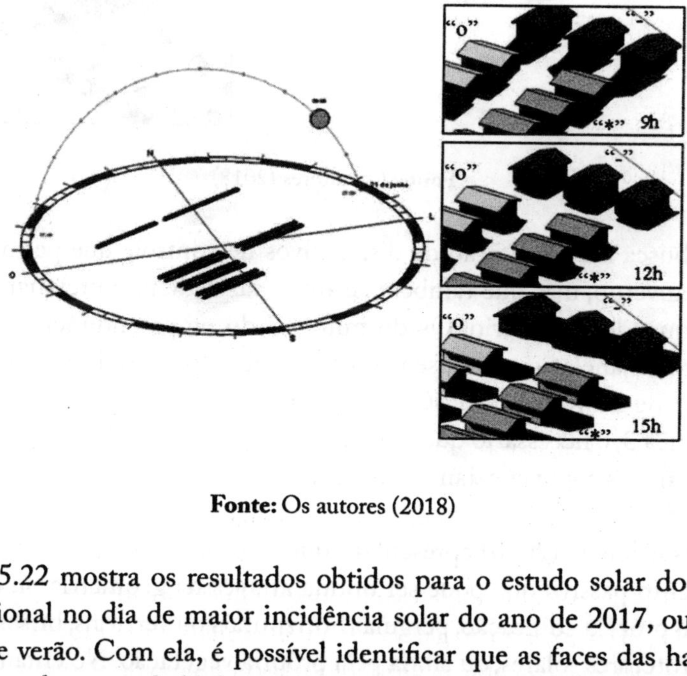

Fonte: Os autores (2018)

A Figura 5.22 mostra os resultados obtidos para o estudo solar do conjunto habitacional no dia de maior incidência solar do ano de 2017, ou seja, no solstício de verão. Com ela, é possível identificar que as faces das habitações recebem grande quantidade de insolação ao longo do dia, surgindo a necessidade de proteção de suas aberturas. Esta estratégia bioclimática é exigida pelo SCA nos dormitórios das residências, conforme apresentado anteriormente no Quadro 5.7.

Figura 5.22 – Análise solar – solstício de verão (21/12/2017)

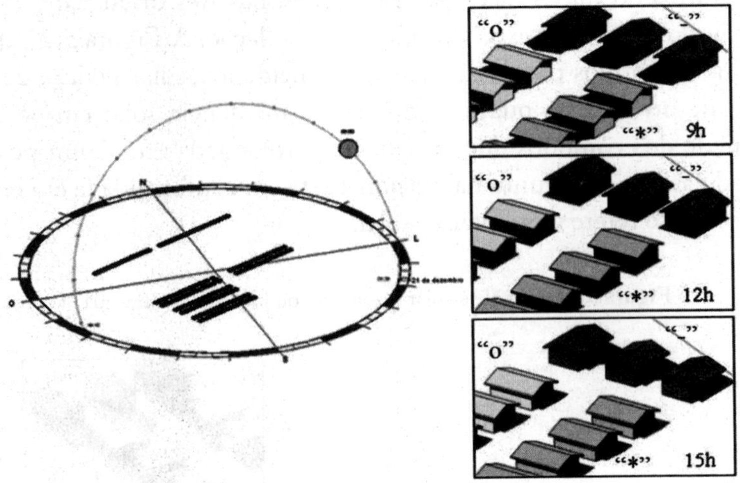

Fonte: Os autores (2018)

O SCA busca a implantação de dispositivos de controle que permitam insolação no inverno, mas que também sejam capazes de proporcionar o sombreamento quando necessário. Os dormitórios do empreendimento em estudo contam com janelas simples, sem proteção quanto à insolação. Desta forma, para estar de acordo com o SCA, em termos de sombreamento para a zona bioclimática 3, é necessário que as janelas dos dormitórios (J2) sejam substituídas por janelas com venezianas (J3), por exemplo.

Lamberts e Triana (2010) apresentam que o sombreamento é uma técnica de resfriamento passivo que pode ser obtida através da geometria ou de componentes da própria edificação, pérgulas horizontais ou verticais, brises externos e outros protetores solares, ou ainda pela própria vegetação. No entanto, os mesmos autores expõem que existe uma maior flexibilidade no uso do conjunto janela/veneziana, pois com ele permite-se iluminação, ventilação, estanqueidade à água e sombreamento seletivo quando necessário, sendo que o uso de veneziana para ambientes de maior permanência se mostra como uma estratégia muito explorada no setor residencial.

5.2.2.5.2 Orientação aos ventos

Em termos de ventilação, Galvani et al. (1999) constataram que, na cidade de Maringá, a direção predominante dos ventos diurnos é a Nordeste, enquanto os noturnos é a Sudeste (de janeiro a maio e de outubro a dezembro) e a Leste (de julho a setembro).

Por meio do software Fluxovento (CARVALHO; MARTHA; TEIXEIRA, 2005; CARVALHO; MARTHA, 2015), foi possível identificar o comportamento do fenômeno da ventilação cruzada na habitação (recomendação trazida pela ABNT NBR 15220-3: 2005 para o verão na ZB3) em suas três diferentes orientações de implantação (habitação "o", "*" e "-"), conforme já exposto na Figura 5.6. Os resultados obtidos pelo software são apresentados nas Figuras 5.23, 5.24 e 5.25. A título de exemplificação, optou-se por realizar a análise dos ventos diurnos predominantes (Nordeste), nas habitações do conjunto habitacional.

Figura 5.23 – Ventilação cruzada – Habitação "o"

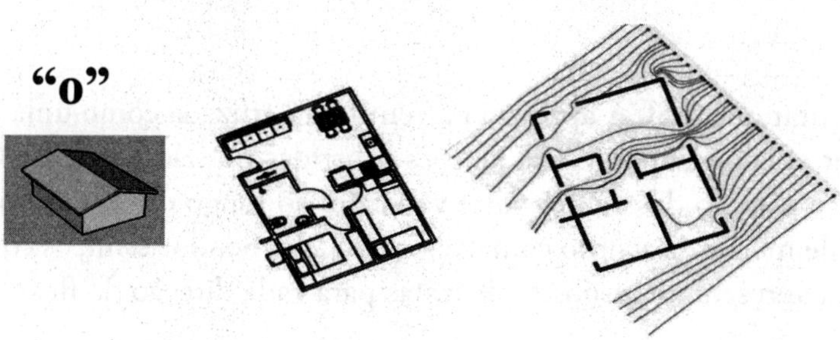

Fonte: Os autores (2018)

Figura 5.24 – Ventilação cruzada – Habitação "*"

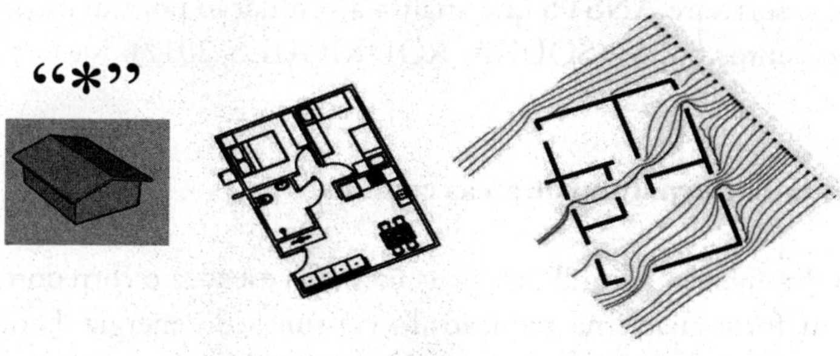

Fonte: Os autores (2018)

Figura 5.25 – Ventilação cruzada – Habitação "-"

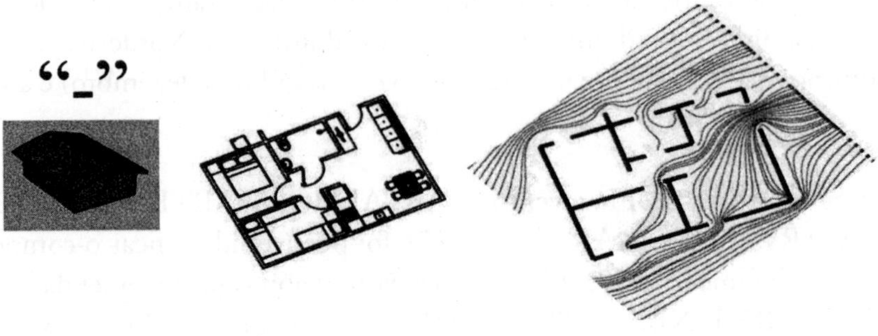

Fonte: Os autores (2018)

Pela observação das linhas de fluxo de ventilação, foi possível constatar que os moradores das habitações dispõem de ventilação natural nos ambientes quando portas e janelas se encontram abertas. No entanto, para as três diferentes orientações da construção, notou-se que o Dormitório 1 *não apresentou uma resposta tão satisfatória em termos de ventilação cruzada, se comparado aos outros cômodos.*

Vale salientar que o SCA apresenta a ventilação cruzada como uma estratégia de caráter opcional, após as adequações ocorridas no selo em 2014. Outro fator é que a direção dos ventos sofre variações ao longo das horas do dia, bem como pode mudar de acordo com a época do ano. Sendo assim, os cômodos da residência apresentam respostas distintas para cada direção do fluxo de vento.

O *software* Fluxovento é indicado para análises iniciais de projeto. Caso se deseje realizar uma análise mais aprofundada quanto *à* ventilação na habitação, recomenda-se o uso de ferramentas que apresentem resultados mais detalhados, como o software ANSYS que analisa a ventilação por um método numérico de elementos finitos (SOUZA; RODRIGUES, 2012).

5.2.2.6 Iluminação natural de áreas comuns

O uso da iluminação natural nas áreas comuns, escadas e corredores dos edifícios é um forte aliado na redução do consumo de energia, bem como na melhora da salubridade do ambiente. O SCA, visando atender a estes princípios, exige que as aberturas (iluminação) voltadas para o exterior da edificação tenham uma área mínima de 12,5% da área de piso nestes ambientes (LAMBERTS; TRIANA, 2010).

Como o empreendimento é composto por residências térreas unifamiliares, este critério não se aplica ao empreendimento, por não apresentar áreas comuns.

5.2.2.7 Ventilação e iluminação natural de banheiros

Como no item anterior, este critério busca a melhora da salubridade do ambiente e a diminuição do consumo de energia. Porém, no caso dos banheiros, a área mínima de abertura (12,5% da área de piso do ambiente) deve corresponder não somente à iluminação, mas também, à ventilação. Nos banheiros, a ventilação e a iluminação natural, projetadas de maneira adequada, evitam problemas causados pela umidade, como o mofo e bolor, por exemplo (LAMBERTS; TRIANA, 2010).

Conforme apresentado na Tabela 5.6, observa-se que a abertura de ventilação da janela basculante (J3) corresponde a 9,6% da área do ambiente, uma área menor que a correspondente à iluminação, pois uma das folhas dessa esquadria é fixa. Desta forma, esta esquadria necessita passar por adequação, por não apresentar a área mínima de 12,5% (iluminação e ventilação).

Tabela 5.6 – Análise das aberturas da janela basculante (J3)

Área de Piso BWC (m²)	Iluminação		Ventilação	
	Área de Abertura (m²)	%	Área de Abertura (m²)	%
3,63	0,52	14,4%	0,35	9,6%

Fonte: Os autores (2018)

Para tal adequação, pode-se fazer uso de janelas nas mesmas dimensões, porém, do tipo maxim-ar, as quais apresentam a mesma abertura de iluminação e ventilação. Nesse tipo de janela, a abertura ocorre empurrando a folha da janela para fora, podendo chegar até 90º em relação à esquadria, dependendo do tipo de articulação (VOITILLE, 2012). A Tabela 5.7 mostra a análise das aberturas de uma janela do tipo maxim-ar, nas dimensões de 100 x 60 cm.

Tabela 5.7 – Análise das aberturas da janela maxim-ar (J5)

Área de Piso do Banheiro (m^2)	Iluminação / Ventilação	
	Área de Abertura (m^2)	%
3,63	0,52	14,4%

Fonte: Os autores (2018)

Desta forma, constata-se que uma janela do tipo maxim-ar, nas mesmas dimensões da janela basculante (J3), é suficiente para atender ao critério de abertura mínima de ventilação e iluminação natural de banheiros. A Figura 5.26 apresenta janelas do tipo maxim-ar em aço e alumínio e a Figura 5.27 ilustra uma janela desse tipo em PVC.

Figura 5.26 – Janelas maxim-ar em aço e alumínio

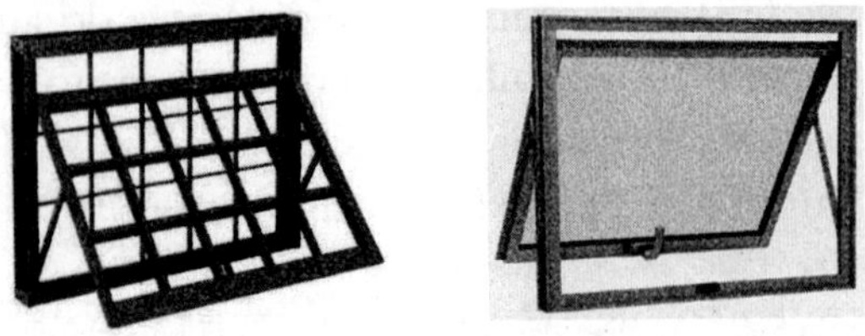

Fonte: Sasazaki (2017)

Figura 5.27 – Janelas maxim-ar em PVC

Fonte: Weiku (2017)

5.2.2.8 Adequação às condições físicas do terreno

A redução dos impactos ambientais também se aplica quando a edificação tem uma implantação adequada à topografia natural do terreno. Isso permite uma menor remoção ou fornecimento de terra necessária ao ajuste do terreno, além de evitar o transporte da mesma para áreas de descarte. Os projetos com menor índice de movimentação de terra são mais seguros por permitirem uma maior estabilidade do terreno, minimizarem custos aplicados e as chances de ocorrerem trincas na edificação, além de promover a integração entre o terreno e a paisagem local, evitando erosões e deslizamentos de terras em locais com declive mais acentuado (LAMBERTS; TRIANA, 2010).

O conjunto habitacional encontra-se em uma região com declive. No entanto, como as habitações são de tamanho reduzido, o volume de corte e aterro para a construção das habitações foi pequeno, sendo apenas necessário o nivelamento do terreno. Caso as habitações contassem com uma grande área construída, seria interessante aproveitar a declividade do terreno na locação dos diversos planos e pavimentos que poderiam existir na construção.

5.2.2.9 Coordenação modular

Para compreensão dessa temática, é importante observar a distinção entre os princípios da coordenação modular e a coordenação dimensional. Conforme destaca Freire (2006, p. 45), "a coordenação dimensional é obtida pelo uso de um módulo para compatibilizar e racionalizar, de forma conveniente, as dimensões, levando em conta a sua relação com a edificação". Ao adotar os princípios da coordenação dimensional, não será necessário corte ou ajustes de peças para colocá-la na posição designada. Como exemplo, tem-se o uso de chapas de gesso acartonado, as quais possuem dimensões pré-definidas de fábrica (geralmente com largura de 1,20 m). Ao projetar considerando as dimensões dessa placa, por exemplo, na produção da edificação, haverá menos ou não haverá cortes de peças, atendendo ao princípio da coordenação dimensional.

A coordenação modular consiste em uma coordenação dimensional que faz uso de um módulo básico ou de um multimódulo como unidade de medida, tendo como objetivo "reduzir a variedade de dimensões e de formas dos componentes construtivos e facilitar a combinação entre eles" (FREIRE, 2006, p. 45). Conforme trata a ABNT NBR 15873: 2010, o módulo básico é a menor unidade de medida de coordenação modular (representada pela letra M), que apresenta valor igual a 100 mm.

São diversas as normas que tratam da coordenação modular, dentre as quais ressaltam-se três internacionais e uma nacional: ISO 1006:1983 – *Building Construction – Modular Coordination – Basic Module*; ISO 1791: 1983 – *Building Construction – Modular Coordination – Vocabulary*; ISO 2848: 1984 – *Building Construction – Modular Coordination – Principles and Rules*; ABNT NBR 15873: 2010 – Coordenação modular para edificações.

A coordenação modular é algo que permite facilitar a compatibilização de medidas na construção, aumentar a produtividade, melhorar a qualidade e diminuir atividades de projeto e construção, facilitando a introdução de ferramentas avançadas de projeto, como BIM (*Building Information Modelling*). Somando-se a isso, também são vantagens derivadas da coordenação: diminuição de perdas de materiais pela necessidade de corte, redução do emprego de materiais de enchimento e geração de RCC (JOHN, 2010b).

O SCA exige, para a adequação a este critério, a adoção de dimensões padronizadas como múltiplos e submúltiplos do módulo básico internacional (1M = 10cm) e de tolerâncias compatíveis.

Visando atender a este critério, a Figura 5.28 mostra uma possível adaptação da planta baixa da residência, a qual passou por pequenas alterações nas dimensões dos cômodos. O projeto adaptado fez uso dos mesmos blocos cerâmicos do empreendimento (9,0 x 14,0 x 24,0cm), dispostos de modo a formar paredes com dimensões padronizadas por múltiplos de 10cm.

Figura 5.28 – Planta baixa modular a partir de blocos

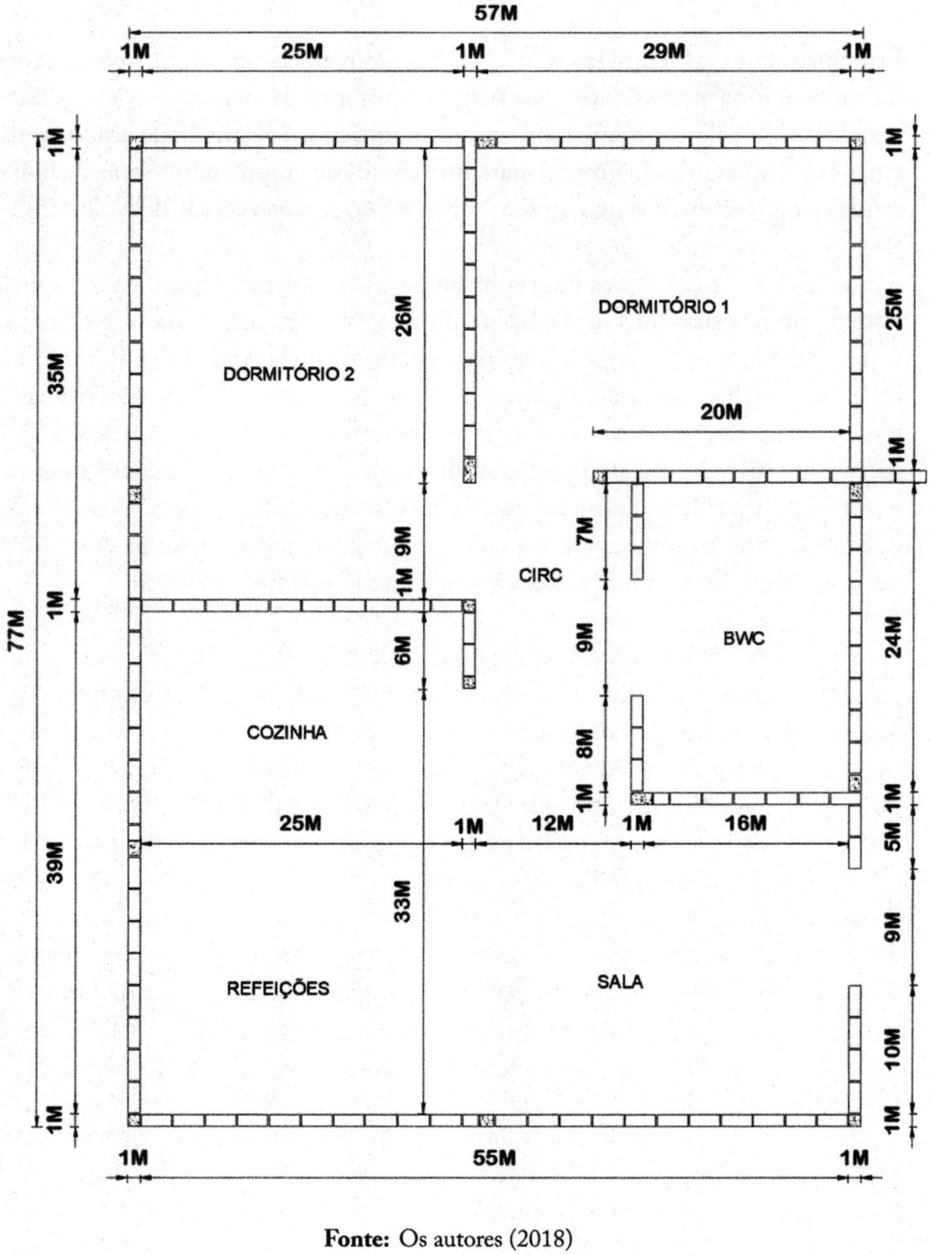

Fonte: Os autores (2018)

5.2.2.10 Facilidade de manutenção da fachada

Principalmente em edifícios altos, a tarefa de realizar repintura frequente de fachadas é uma necessidade que surge decorrente da deposição de sujeira e instalação de micro-organismos nestas superfícies. Tal atividade implica em custos elevados (principalmente para moradores de empreendimentos de baixa renda) e no desperdício de matérias-primas não renováveis (JOHN, 2010b).

Sendo assim, o SCA busca uma solução para o problema, especificando que o sistema de revestimento da fachada adotado deve ter uma vida útil esperada superior a 15 anos (superior à mínima especificada pela ABNT NBR 15575-1: 2013 para fachadas pintadas, que é de 8 anos). Como exemplo, são citadas a placas cerâmicas e rochas naturais, além dos revestimentos argamassados, orgânicos ou inorgânicos, pigmentados, pinturas inorgânicas (à base de cimento) e as texturas acrílicas de espessura média > 1mm. O SCA também apresenta que o uso de pingadeiras, peitoris, beirais e juntas de movimentação são formas de se aumentar a durabilidade do revestimento (JOHN, 2010b).

As residências do conjunto habitacional em estudo têm suas paredes externas pintadas com tinta acrílica comum, as quais dificilmente estarão em boas condições após 15 anos da finalização da obra. Visando uma maior durabilidade e desempenho da fachada destas habitações, recomenda-se o uso de algum tipo de revestimento texturizado, conforme aponta Borges (2012). Essas texturas normalmente recebem grãos de quartzo moídos em sua composição, o que permite uma maior durabilidade, resistência à abrasão e repelência à água, além de apresentarem maior elasticidade o que previne o surgimento de fissuras nas fachadas externas. De qualquer forma, independente do sistema de revestimento externo a ser adotado, ressalta-se que, para que haja o atendimento da vida útil estimada, é necessária a manutenção preventiva do sistema, tal como repintura em períodos pré-estabelecidos, verificação de selantes de juntas, dentre outros.

5.2.2.11 Áreas permeáveis

Este critério, de caráter obrigatório no SCA, traduz a necessidade de se promover o reabastecimento do lençol freático e a manutenção do equilíbrio natural do balanço hídrico nas áreas urbanas, que permite prevenir o risco de inundações nestas áreas e amenizar a solicitação das redes públicas de drenagem pluvial (ILHA; OLIVEIRA, 2010).

O cumprimento deste item se faz pela existência de áreas permeáveis em, pelo menos, 10% acima do exigido pela legislação local. Apesar da ambiguidade do texto trazido por Oliveira e Ilha (2010), entende-se que, para o atendimento desse critério, serão acrescidos mais 10% da área total de solo à quantidade de área permeável exigida pela legislação municipal. Segundo a Lei Complementar N. 888/2011, Capítulo IV, Art. 25, em todas as zonas urbanas do município de Maringá, deverá ser mantida nos lotes uma área permeável mínima de 10% da sua área total. Sendo assim, os lotes do empreendimento em estudo deverão ter uma área permeável mínima de 20% para estar em conformidade com este critério.

Os lotes do conjunto habitacional em estudo são, em sua maioria, constituídos por terrenos de 200 m^2. Desta forma, cumpriram com facilidade este critério do SCA, uma vez que estes terrenos apresentam cerca de 62% de área permeável, conforme a indicação da área permeável do terreno, apresentada na Figura 5.29.

Figura 5.29 – Área permeável do terreno em estudo

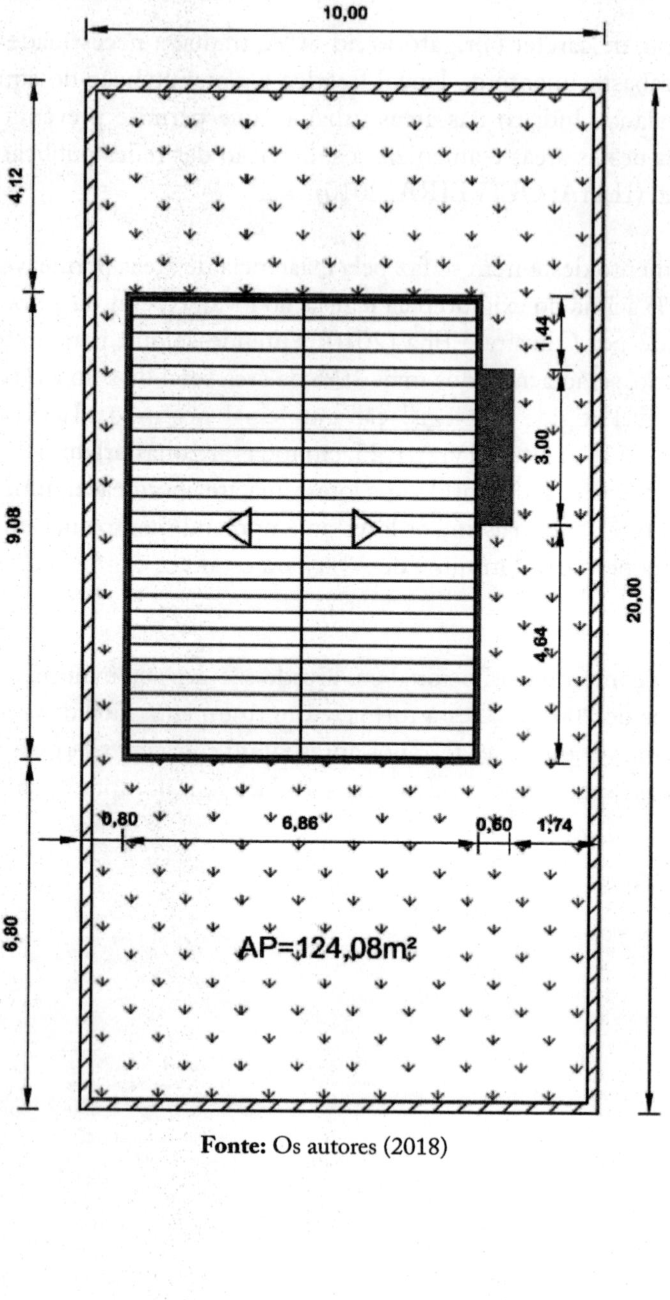

Fonte: Os autores (2018)

Os lotes posicionados nas esquinas das quadras contam com dimensões maiores, porém, como as residências apresentam a mesma área construída, independentemente do tamanho dos lotes, estes dispõem de área permeável ainda maior.

5.2.2.12 Síntese da avaliação do projeto

Com relação aos critérios de sustentabilidade analisados ao longo do item 5.2.2, o Quadro 5.9 mostra um resumo dos resultados obtidos e das possíveis alternativas de adequação, nos casos em que o projeto de estudo não estava em conformidade. Alguns dos critérios influenciam na tomada de decisão no momento da elaboração de um projeto arquitetônico, porém não se aplicam ao empreendimento de estudo devido às suas particularidades. Vale destacar também, conforme apresentado, que o conjunto habitacional está em conformidade com os quesitos de desempenho térmico trazidos pela ABNT NBR 15575: 2013, a qual estipula parâmetros para os sistemas de vedações verticais externas e para o sistema de cobertura. No mesmo item, além da análise dos sistemas adotados no empreendimento, também foram apresentadas outras tipologias de paredes e coberturas que satisfazem as exigências da normatização e, portanto, poderiam ser empregadas na edificação.

Quadro 5.9 – Resumo da avaliação do empreendimento frente ao SCA

Critério	Conform.	Recomendações
1. Paisagismo	Não	Plantio estratégico de vegetação caducifólia, visando principalmente a proteção das fachadas voltadas para norte e oeste nas edificações.
2. Flexibilidade de Projeto	Não	Disponibilização, aos moradores, de projetos com alternativas de modificação e/ou ampliação nas residências.
3. Relação Com A Vizinhança	Não se aplica	-
4. Desempenho Térmico Vedações	Não	Instalação de janelas dotadas de venezianas nos dormitórios das residências ou outros recursos, tais como: brises ou pergolados horizontais ou verticais.
5. Desempenho Térmico Orientação ao Sol e Ventos	Sim	-
6. Iluminação Natural de Áreas Comuns	Não se aplica	-
7. Ventilação e Iluminação Natural de Banheiros	Não	Instalação de janelas do tipo maxim-ar nos banheiros, as quais apresentam área de ventilação maior que as janelas basculantes utilizadas nas habitações.
8. Adequação às Condições Físicas do Terreno	Não se aplica	-
9. Coordenação Modular	Não	Adequação do projeto da habitação por meio do uso de medidas compatíveis com a coordenação modular no posicionamento de blocos cerâmicos e colocação de esquadrias.
10. Facilidade de Manutenção da Fachada	Não	Uso de revestimento mais durável nas fachadas externas como revestimentos texturizados.
11. Áreas Permeáveis	Sim	-

Fonte: Os autores (2018)

Capítulo 6
Considerações Finais

As políticas governamentais têm evidenciado um aumento da compreensão de que o direito à moradia consiste como um dos requisitos mínimos para ter uma vida digna. Nesse contexto, observou-se no mercado da construção civil nacional um expressivo crescimento do número de construtoras atuando no segmento de casas populares ou, como tratadas no meio técnico, habitações de interesse social.

Ao estudar aspectos voltados às habitações de interesse social, à sustentabilidade na construção civil e ao desempenho de edificações, é possível verificar que, principalmente com relação à construção de habitações populares (já que essas consistem no mercado mais expressivo atualmente), é preciso que os projetos das edificações sejam desenvolvidos de forma a minimizar os impactos ambientais causados ao meio ambiente e que sejam, ao mesmo tempo, eficientes em termos de desempenho, satisfazendo as necessidades dos usuários.

Conforme se observa no meio técnico, ao adotar tecnologias construtivas para HIS, em geral, não há preocupação quanto à geração de resíduos, às emissões de gases na atmosfera, à durabilidade dos elementos e sistemas da edificação e ao conforto do usuário, mas sim com o custo de produção e prazos de entrega. Essa prática é ainda legitimada por muitos cursos de graduação e pós-graduação em Engenharia Civil e Arquitetura e Urbanismo brasileiros, que, muitas vezes, no processo de formação de profissionais, dão ênfase apenas no custo e no tempo que a edificação levará para ficar pronta, deixando de lado a discussão a respeito dos impactos ambientais e sociais dessas atividades de construção civil.

É importante enfatizar que o setor da construção civil tem significativa importância no atendimento de metas de desenvolvimento sustentável uma vez que, conforme destaca Silva (2003), edifícios e obras civis modificam a natureza, função e aspecto de áreas urbanas e rurais, além de empregar direta e indiretamente milhões de trabalhadores. Ainda, segundo a autora, enquanto alguns desses efeitos são passageiros – ruído e poeira gerados durante a construção –, outros são mais persistentes e até mesmo permanentes, como é o caso do CO_2 liberado na atmosfera pela produção de materiais e uso de equipamentos. Na concepção da autora, esses impactos negativos não podem ser reduzidos na mesma proporção dos avanços tecnológicos experimentados pelo setor.

Frente ao desconhecimento da temática da sustentabilidade ou da pouca profundidade que o tema tem alcançado do meio técnico, as certificações ambientais, como o selo Casa Azul, por exemplo, têm ganhado especial importância, pois apresentam formas práticas de se aplicar os conceitos de sustentabilidade ambiental, econômica e social. Elas têm se constituído em um caminho para introduzir a discussão e a prática da sustentabilidade no contexto da construção civil.

Certificações ambientais são ferramentas utilizadas para atestar que um produto (neste caso, a edificação) atende aos requisitos por ela estabelecidos. Ao empregá-las, o projetista e o construtor estarão adotando uma série de procedimentos de projeto, execução e manutenção da edificação com o fim principal de gerar menor impacto ao meio ambiente. Existe uma diversidade bastante grande de certificações ambientais aplicáveis a edificações ao redor do mundo, no entanto, cada uma delas foi elaborada a partir das especificidades do local para o qual se aplica, considerando condições climáticas, características geográficas, consumo de recursos (como água e energia), materiais e técnicas de construção empregados, dentre diversos outros aspectos. Ao compreender que as estratégias ambientais utilizadas em uma determinada região podem não surtir o mesmo efeito quando aplicada em outra região, entende-se que um selo ambiental também compartilha desse princípio, sendo aplicável apenas à região para o qual foi criado.

Nesse contexto, tem sido observado um esforço grande, bem intencionado e bastante criticado de adequar certificações ambientais estrangeiras ao contexto brasileiro. Como exemplo, tem-se o Processo AQUA, da Fundação Vanzolini, que se fundamenta na metodologia francesa *Démarche HQE*. Outra certificação que apresenta expressividade no Brasil, principalmente por ter sido criada já contextualizada à realidade do país, é o selo Casa Azul. Apesar de também ser duramente criticado por não ser embasado em estudos necessários à construção sustentável (não ser fundamentado em Avaliação de Ciclo de Vida (ACV)), o selo traz uma série de práticas que tem contribuído com a conscientização do projetista, do construtor e do morador a respeito de aspectos ambientais relacionados ao projeto, à execução, ao uso e à manutenção da edificação.

O Selo Casa Azul apresenta 53 critérios, sendo 19 obrigatórios para atender à classificação Bronze (classificação mínima). Este selo compreende critérios relacionados em seis categorias: qualidade urbana, projeto e conforto, eficiência energética, conservação de recursos materiais, gestão da água e práticas sociais.

Dentre os critérios trazidos pelo SCA, identificou-se que 11 interferem diretamente na elaboração do projeto arquitetônico de uma residência (independente do padrão), são esses: Paisagismo (obrigatório), flexibilidade de projeto, relação com a vizinhança, desempenho térmico – vedações (obrigatório), desempenho térmico – orientação ao sol e ventos (obrigatório), iluminação natural de áreas comuns, ventilação e iluminação natural de banheiros, adequação às condições físicas do terreno, coordenação modular, facilidade de manutenção da fachada e áreas permeáveis (obrigatório).

Ao observar os critérios trazidos pelo selo Casa Azul (que também integram outras certificações ambientais), verifica-se que, para implementar iniciativas sustentáveis na produção de HIS, é fundamental que a discussão a respeito da sustentabilidade permeie a concepção do projeto, passando pela execução, período de uso e manutenção e se estendendo até o momento da disposição final dos resíduos oriundos da edificação que encerrou sua vida útil. Ainda é muito comum no meio técnico da construção civil pensar que a edificação é sustentável porque apresenta cobertura verde ou aproveitamento de água de chuva ou, ainda, águas aquecidas por placas solares. No entanto, deve-se romper com tal pensamento, pois apenas uma iniciativa isolada (como as mencionadas) não faz com que uma edificação seja sustentável. Ao se aprofundar no assunto, o leitor observará que nem mesmo adotar um selo ou certificação ambiental fará com que a edificação seja, de fato, sustentável. Isso se dá porque as práticas recomendadas nessas certificações não foram adotadas a partir da Avaliação de Ciclo de Vida (ACV), que considera os impactos ambientais desde a origem dos recursos até a disposição final dos resíduos.

No entanto, enquanto não se tem uma base de dados nacional de avaliação de ciclo de vida suficiente para definir alternativas mais sustentáveis, ou seja, qual material ou tecnologia construtiva causará menor impacto ao meio ambiente, as certificações da forma como estão apresentadas são de grande valia para que a cultura da sustentabilidade comece a ser implementada no setor da construção civil e, dessa forma, sejam geradas menores quantidades de resíduos para o meio ambiente e poluentes para a atmosfera.

Discussões Adicionais

Durabilidade, Vida Útil e Sustentabilidade na Construção Civil

No contexto do desenvolvimento tecnológico, a temática da sustentabilidade é apontada como uma iniciativa de produzir bens que gerem a menor carga ambiental possível, no intuito de preservar o ambiente de degradações durante a produção do bem e em etapas futuras (uso, operação, manutenção e disposição final). Assim, para a obtenção do desenvolvimento sustentável, é indispensável fazer a dissociação entre o desenvolvimento tecnológico e a carga ambiental, ou seja, deve-se procurar obter o mesmo desempenho com consumos menores de recursos, reduzindo, dessa forma, a extração de materiais da natureza e a produção de resíduos e poluentes (JOHN; SJÖSTRÖM; AGOPYAN, 2002).

Uma das proposições que visa estabelecer um vínculo entre o desenvolvimento tecnológico e a redução do consumo de materiais é o aumento da durabilidade dos elementos que compõem uma edificação, culminando, por sua vez, em maior vida útil para esta, desde que as atividades de manutenção previstas sejam executadas (JOHN; SJÖSTRÖM; AGOPYAN, 2002; MENDES, 2002; BORGES, 2008). Mehta e Monteiro (2008) corroboram esta premissa, ressaltando que uma vida útil longa é sinônima de durabilidade.

Durabilidade é definida pela ABNT NBR 15575-1: 2013 (p.7) como a "capacidade da edificação ou de seus sistemas de desempenhar suas funções, ao longo do tempo e sob condições de uso e manutenção especificadas". Segundo essa norma, esse termo é empregado de forma qualitativa no intuito de evidenciar o desempenho requerido da edificação ou de seus sistemas durante a vida útil para a qual foi projetada e executada a construção.

Conforme define a ABNT NBR 15575-1: 2013, a vida útil de uma edificação caracteriza-se como o período de tempo em que ela e/ou seus sistemas encontram-se em condição para realização das atividades para as quais foram projetados e construídos, atendendo aos níveis de desempenho especificados por essa mesma norma, considerando que haverá a correta realização (no que se refere à periodicidade e qualidade) dos processos de manutenção especificados no Manual de Uso, Operação e Manutenção, conforme estabelecem as normas ABNT NBR 14037: 2011 e ABNT NBR 5674: 2012.

Apesar de já terem permeado uma série de publicações, tais como Souza e Ripper (1998), John, Sjöström e Agopyan (2002), ABNT NBR 6118: 2014 e a ABNT NBR 15575 nas versões de 2008 e 2010 (versões que não entraram em vigor), os conceitos de durabilidade e de vida útil da edificação, bem como a relação desses com a temática da sustentabilidade, obtiveram maior repercussão no Brasil em função da publicação da ABNT NBR 15575: 2013 (em vigor a partir de 19 de julho de 2013), na qual a vida útil de projeto mínima passa a ser uma exigência para os diversos subsistemas da edificação.

Agopyan e John (2011) ressaltam que o grau de sustentabilidade de um sistema não pode ser avaliado sem que sua vida útil nas condições de uso seja estimada. De forma sintetizada, a ABNT NBR 15575-1: 2013 apresenta o conceito de vida útil como uma medida temporal de durabilidade de uma edificação ou de suas partes e, ainda, destaca que os aspectos que implicam na vida útil da edificação compreendem não apenas a vida útil de projeto, como também as características dos materiais e da qualidade da construção em suas diversas etapas.

De acordo com John, Sjöström e Agopyan (2002) e Mendes (2002), a durabilidade desempenha uma importante função na obtenção de uma construção sustentável. O vínculo entre a durabilidade da edificação e o conceito de sustentabilidade é tão perceptível, que em algumas línguas como alemão, finlandês, romeno ou francês, uma construção sustentável pode ser traduzida como uma construção durável. Isso é bem coerente, uma vez que aumentar a durabilidade implica em reduzir o consumo de matérias-primas e a geração de resíduos de construção e demolição (JOHN; SJÖSTRÖM; AGOPYAN, 2002).

Segundo a ABNT NBR 15575-1: 2013, a durabilidade da edificação e de seus sistemas é também um requisito econômico, já que ela está diretamente relacionada ao custo global do bem imóvel.

Dessa forma, a durabilidade não deve ser entendida como uma característica intrínseca a um material, ou seja, alterações em detalhes de projeto e execução que propiciem maior proteção ao componente contra agentes de degradação podem aumentar a sua vida útil, contribuindo, portanto, com a diminuição da carga ambiental total (AÏTCIN, 2000; JOHN; SJÖSTRÖM; AGOPYAN, 2002).

Sustentabilidade e Desempenho de Edificações

A sociedade vem sofrendo transformações com o tempo. O desenvolvimento tecnológico aliado à evolução cultural da população contribuíram para o surgimento de exigências de qualidade e desempenho nas edificações, as quais passam a ter em sua fase de projeto uma maior complexidade. A sociedade passa a enxergar que é possível construir de maneira menos agressiva em termos socioambientais, por meio de projetos mais eficientes, mudanças na produção em canteiro de obras, na operação das edificações e até mesmo na demolição e deposição dos resíduos (CBCS, 2009).

As várias definições de construções sustentáveis encontradas na literatura apresentam em comum a busca por um projeto de qualidade. Desse modo, associada à sustentabilidade em edificações, a temática do desempenho de edificações tem sido amplamente discutida no Brasil. Borges (2008) expõe que o desempenho na construção civil é um conceito que remete ao comportamento em uso de uma edificação, quando exposta a determinadas condições. Para garantir satisfação ao usuário, é necessário que a construção atenda às expectativas dele, que espera o seu bom funcionamento ao longo de vida útil da edificação. O desempenho na construção civil deve propiciar ao usuário o seu bem-estar, o que é relacionado a aspectos como durabilidade, segurança e conforto.

No ano de 2013, entrou em vigor a ABNT NBR 15575, que especifica requisitos de desempenho para seus principais sistemas: estrutura, pisos, vedações verticais internas e externas, cobertura e instalações hidrossanitárias. A tratar de desempenho de edificações habitacionais, a ABNT NBR 15575: 2013 estabelece que deverão ser atendidos os requisitos do usuário trazidos por ela, quais sejam:

- **Segurança:** Segurança estrutural, segurança contra fogo e segurança no uso e na manutenção;

- **Habitabilidade**: Estanqueidade, desempenho térmico, desempenho acústico, desempenho lumínico, saúde, higiene e qualidade do ar, funcionalidade e acessibilidade, conforto tátil e antropodinâmico;
- **Sustentabilidade:** Durabilidade, manutenibilidade e impacto ambiental.

Uma das correlações entre o desempenho da edificação e a sustentabilidade se dá também pela temática da sua vida útil. Como a própria ABNT NBR 15575-1: 2013 apresenta, a durabilidade da construção e de seus sistemas é uma exigência econômica do usuário, devido ao fato de estar diretamente ligada ao custo global do imóvel. A vida útil de um produto acaba quando o mesmo deixa de exercer as funções que lhe foram atribuídas. Sendo assim, para assegurar que a vida útil atinja o valor estabelecido para a vida útil de projeto (VUP), a norma estabelece algumas medidas a serem seguidas por empreendedores, projetistas, construtores e usuários como: emprego de componentes e materiais de qualidade, técnicas e métodos compatíveis com a VUP, cumprimentos dos programas de manutenção preventiva, além do uso correto do edifício em concordância ao que foi previsto em projeto.

No que tange a temática de desempenho, de acordo com Keeler e Burke (2010), assim como existem componentes audiovisuais, eletrodomésticos e automóveis de alto desempenho, também estão sendo desenvolvidas as edificações de alto desempenho no que se refere ao consumo de energia, qualidade do ar interno e consumo de capital. Essas construções, que podem ser caracterizadas como sustentáveis por apresentar um uso mais consciente dos recursos, apresentam benefícios tanto para proprietários e usuários (locatários, por exemplo), quanto para projetistas e construtores.

Levando em consideração os apontamentos de Keeler e Burke (2010), Miotto (2013) relaciona os benefícios das construções sustentáveis. Os proprietários e construtores têm um rápido retorno em seus investimentos, uma vez que prédios comerciais e residenciais sustentáveis mantêm um alto valor de revenda; o ambiente interno é mais saudável; seus elementos são mais duráveis e seus custos mensais, como contas de água e energia, são menores. Os síndicos desses edifícios se deparam com materiais, produtos e sistemas mais duradouros, sendo assim, estes exigem pouca manutenção corretiva, o que implica em baixos custos com substituições e um menor cronograma de manutenções. Aqueles que trabalham em edificações sustentáveis estão expostos a um ambiente interno mais confortável e controlável.

Keeler e Burke (2010) relatam que em 2008, o prefeito de São Francisco, assinou o que provavelmente foi a mais abrangente legislação de construções sustentáveis dos Estados Unidos. Nela, foram definidas metas quantificáveis para edificações sustentáveis, com níveis de exigência progressivos ao passar do tempo, sendo aplicada a todas as novas edificações comerciais e habitacionais licenciadas, além de reformas em edificações comerciais.

A adoção de conceitos de sustentabilidade e desempenho na produção do ambiente construído é algo que deve ser incentivado pelo poder público. Sendo assim, cabe a este fomentar a pesquisa bem como o desenvolvimento tecnológico no âmbito da sustentabilidade e do desempenho na construção, servindo de embasamento para novas normas, regulamentações e legislações ambientais (CBCS, 2009).

Referências Bibliográficas

ABRANTES, A. F. **Atualidades em ergonomia – logística, movimentação de materiais, engenharia industrial, escritório.** 1. ed. São Paulo: IMAM, 2004.

ABRÃO, P. C. R. A. **Aplicação dos critérios do Selo Casa Azul na avaliação ambiental de edificação de interesse social:** Estudo de caso. 2014. Trabalho de conclusão de curso (Graduação em Engenharia Civil) – Universidade Estadual de Maringá, Maringá, 2014.

AGOPYAN, V.; JOHN, V. M. **O desafio da sustentabilidade na construção civil.** v.5. São Paulo: Blucher, 2011. 141p.

AKUTSU, M. Inércia térmica, a chave do conforto. **AECweb**. 2009. Disponível em: <https://www.aecweb.com.br/cont/m/rev/inercia-termica-a-chave-do-conforto_1499_10_0>. Acesso em: 14 nov. 2017.

AÏTCIN, Pierre-Claude. **Concreto de alto desempenho**. Tradução: Geraldo G. Serra. 1. ed. São Paulo: PINI, 2000.

ALI, H. H.; Al NSAIRAT, S.F. Developing a green building assessment tool for developing countries – Case of Jordan. **Building and Environment**, v. 44, n. 5, p. 1053–1064, 2009.

ALYAMI S. H.; REZGUI, Y. Sustainable building assessment tool development approach. **Sustainable Cities and Society**, v. 5, p. 52-62, dec/2012.

ANTUNES, G.R.; CORDEIRO, L.N.P. Rotulagem Ambiental aplicada à Construção Civil. In: VI Encontro Nacional e IV Encontro Latino-americano sobre Edificações e Comunidades Sustentáveis, 2011, Vitória. **Anais eletrônicos...** Vitória: UFES, 2011. P.1-8.

ARRUDA, A. M. V.; CUNHA, E. M. P.; MEDEIROS, Y. **Experiências em**

Habitação de Interesse Social no Brasil. 1. ed. Brasília: Ministério das Cidades, Secretaria Nacional de Habitação, 2007.

ASSOCIAÇÃO BRASILEIRA DE NORMAS TÉCNICAS. **NBR 5674**: Manutenção de edificações – Requisitos para o sistema de gestão de manutenção. Rio de Janeiro, 2012.

______. **NBR 6118**: Projeto de estruturas de concreto – Procedimento. Rio de Janeiro, 2014.

______. **NBR 14037**: Diretrizes para elaboração de manuais de uso, operação e manutenção das edificações – Requisitos para elaboração e apresentação dos conteúdos. Rio de Janeiro, 2011.

______. **NBR 15220-2.** Desempenho térmico de edificações: Parte 2: Métodos de cálculo da transmitância térmica, da capacidade térmica, do atraso térmico e do fator solar de elementos e componentes de edificações. 2005.

______. **NBR 15220-3.** Desempenho térmico de edificações: Parte 3: Zoneamento bioclimático brasileiro e diretrizes construtivas para habitações unifamiliares de interesse social. 2005.

______. **NBR 15575-1**: Edificações Habitacionais – Desempenho Parte 1: Requisitos Gerais – Referências: Elaboração. Rio de Janeiro, 2013.

______. **NBR 15575-4**: Edificações Habitacionais – Desempenho Parte 4: Requisitos para os Sistemas de Vedações Verticais Internas e Externas – Referências: Elaboração. Rio de Janeiro, 2013.

______. **NBR 15575-5**: Edificações Habitacionais – Desempenho Parte 5: Requisitos para os Sistemas de Coberturas – Referências: Elaboração. Rio de Janeiro, 2013.

______. **NBR 15873** – Coordenação modular para edificações. Rio de Janeiro, 2010.

AUTODESK. **Revit.** Versão 2016. Disponível em:<https://www.autodesk.com/education/free-software/revit> Acesso em: 11 ago. 2017.

BANERJEE, B.; SOLOMON, B. D., Eco-labeling for energy efficiency and sustainability: a meta-evaluation of US programs. **Energy Policy**, v. 31, n. 2, p. 109-123, Jan. 2003.

BARBIERI, J.C. **Gestão Ambiental Empresarial**: Conceitos, Modelos e Instrumentos. São Paulo: Editora Saraiva, 2007.

BORGES, C. A. M. **O conceito de desempenho de edificações e a sua importância para o setor da construção civil no Brasil.** 2008. Dissertação (Mestrado em Engenharia de Construção Civil e Urbana) – Escola Politécnica, Universidade de São Paulo, São Paulo, 2008.

BORGES, L. A. **Revestimento em argamassa:** Solução econômica para uma obra mais sustentável. 2012. Monografia (Especialização em Construção Civil) – Universidade Federal de Minas Gerais, Belo Horizonte, 2012.

BRASIL. Ministério do Meio Ambiente (MMA). **Agenda 21 Global.** Disponível em: <http://www.mma.gov.br/responsabilidade-socioambiental/agenda-21/agenda-21-global>. Acesso em: 17 jul.2013.

BRASILEIRO, S. B. C. **Adequação ao Selo Casa Azul da Caixa Econômica Federal de Edificações do Programa Minha Casa Minha Vida.** 176f. Dissertação (Mestrado em Engenharia Urbana e Ambiental) – Universidade Federal da Paraíba, João Pessoa, 2013.

BRATT, C.; HALLSTEDT, S. ROBÈRT, K.-H.; BROMAN, G., OLDMARK, J. Assessment of eco-labelling criteria development from a strategic sustainability perspective. **Journal of Cleaner Production**, v. 19, . 14, p. 1631-1638, Sept. 2011.

BUENO, C.; ROSSIGNOLO, J.A. Desempenho ambiental de edificações: cenário atual e perspectivas dos sistemas de certificação. **Revista Minerva**, v.7, n.1, p. 45-52, 2010.

CAIXA. CAIXA muda oito critérios do Selo Casa Azul. **Agência CAIXA de notícias.** 2014. Disponível em: <http://www.caixa.gov.br/Downloads/selo_

casa_azul/Mudancas_Selo_Casa_Azul.pdf>. Acesso em: 09 out. 2017.

______. Como obter o Selo Casa Azul. In: JOHN, V. M.; PRADO, R. T. A. (Org.). **Boas Práticas para habitação mais sustentável**. São Paulo: Páginas & Letras - Editora e Gráfica, 2010. p. 20-27.

CAMARA BRASILEIRA DA INDÚSTRIA DA CONSTRUÇÃO - CBIC. **Desempenho de edificações habitacionais: Guia orientativo para atendimento a NBR 15575/2013**. 1. Ed. Brasília: Gadioli Cipolla Comunicação, 2013.

CARVALHO, C. V. A; MARTHA, L. F.; TEIXEIRA, W. **Fluxovento** - Um simulador gráfico interativo para o estudo de ventilação em ambientes construídos. **Anais eletrônicos...** 2005. ENCAC, Maceió, 2005.

CARVALHO, C. V. A.; MARTHA, L. F. **Fluxovento:** Programa para Análise de Ventilação em Ambientes Construídos. Versão 1.0. 2015. Disponível em:< http://webserver2.tecgraf.puc-rio.br/etools/fluxovento/> Acesso em: 15 set. 2017.

CHANG, K.F.; CHIANG,C.M.; CHOU, P.C. Adapting aspects of GBTool 2005—searching for suitability in Taiwan. **Building and Environment**, v. 42, n. 1, p.310-316, Jan. 2007.

CONSELHO BRASILEIRO DE CONSTRUÇÃO SUSTENTÁVEL - CBCS. O projeto e a sustentabilidade do ambiente construído. São Paulo, ago. 2009. Disponível em: <http://www.cbcs.org.br/_5dotSystem/userFiles/posicionamentos/CBCS_CTProjeto_Posicionamento_Projeto%20Sustentabilidade.pdf>. Acesso em: 20 ago. 2017.

CORBELLA, O.; YANNAS, S. **Em busca de uma arquitetura sustentável para os trópicos:** Conforto Ambiental. Rio de Janeiro: Revan, 2003.

CORDEIRO, G. C.; TOLEDO FILHO, R. D.; TAVARES, L. M.; FAIRBAIRN, E. M. R. Experimental characterization of binary and ternary blended-cement concretes containing ultrafine residual rice husk and sugar cane bagasse ashes. **Construction and Building Materials**, v. 29, p. 641-646, 2012.

DAKWALE, V. A.; RALEGAONKAR, R. V.; MANDAVGANE, S. Improving environmental performance of building through increased energy efficiency: A review. **Sustainable Cities and Society**, v. 1, n. 4, p. 211-218, Dec. 2011.

DENDLER, L. Sustainability Meta Labelling: an effective measure to facilitate more sustainable consumption and production? **Journal of Cleaner Production**, 2013.

DIAS, R. **Gestão ambiental**: responsabilidade social e sustentabilidade. São Paulo: Atlas, 2009.

EMMANUEL, R. Estimating the environmental suitability of wall materials: preliminary results from Sri Lanka. **Building and Environment**, v. 39, n. 10, p. 1253-1261, Oct. 2004.

FEDERAÇÃO DAS INDÚSTRIAS DO ESTADO DA BAHIA - FIEB. Levantamento inédito mostra déficit de 6,2 milhões de moradias no brasil. São Paulo, 2016. Disponível em: < http://www.fiesp.com.br/noticias/levantamento-inedito-mostra-deficit-de-62-milhoes-de-moradias-no-brasil/>. Acesso em: 26 out. 2017.

FREIRE, A.M.V. **Coordenação modular de projetos como ferramenta para a racionalização da construção**. Monografia (MBA em Tecnologia e Gestão na Produção de Edifícios) – Escola Politécnica da Universidade de São Paulo, São Paulo, 2006.

FROENER, M. **Análise dos recursos necessários para obtenção do Selo Casa Azul em condomínios do Programa Minha Casa Minha Vida.** 2013. Trabalho de Diplomação (Graduação em Engenharia Civil) – Universidade Federal do Rio Grande do Sul, Porto Alegre, 2013.

GALVANI, E.; KLOSOWSKI, E.S.; CUNHA, A.R. Caracterização da direção predominante do vento em Maringá, PR. **Revista Brasileira de Agrome-**

teorologia. v.7, n.1, p.81-90, 1999. Disponível em: <http://coral.ufsm.br/rba/t819071.html>. Acesso em: 18 out. 2017.

GEERTS, W. Environmental certification schemes: Hotel managers' views and perceptions. **International Journal of Hospitality Management**, v. 39, p. 87-96, May 2014.

GOMES, M. F. C. M. Habitação e Questão Social – Análise do caso Brasileiro. **Scripta Nova**, Rio de Janeiro, Vol. IX, nº 194 (26), 2005.

GRACE, K. C. D. Sustainable construction—The role of environmental assessment tools. **Journal of Environmental Management**, v. 86, n. 3, p. 451–464, 2008.

HAAPIO, A.; VIITANIEMI, P. A critical review of building environmental assessment tools. **Environmental Impact Assessment Review**, v. 28, n. 7, p. 469-482, Oct. 2008.

ILHA, M. S. O.; OLIVEIRA, L. H. Gestão da Água. In: JOHN, V. M.; PRADO, R. T. A. (Org.). **Boas Práticas para habitação mais sustentável**. São Paulo: Páginas & Letras - Editora e Gráfica, 2010b. p. 156-173.

INTERNATIONAL ORGANIZATION FOR STANDARDIZATION. **ISO 14020**: Environmental labels and declarations – General Principles. Genera: ISO, 2000.

______. **ISO 14021**: Environmental labels and declarations - Self-declared environmental claims (Type II environmental labelling). Genera: ISO, 2016.

______. **ISO 14024**: Environmental labels and declarations - Type I environmental labelling - Principles and procedures. Genera: ISO, 1999.

______. **ISO 14025**: Environmental labels and declarations -- Type III environmental declarations -- Principles and procedures. Genera: ISO, 2006.

______. **ISO 14040**: Environmental management – Life cycle assessment –

Principles and framework. Genera: ISO, 2006.

______. **ISO 15392**: Sustainability in building construction: General principles. Geneva, 2008.

______. **ISO 21930**: Sustainability in buildings and civil engineering works -- Core rules for environmental product declarations of construction products and services. Geneva, 2017.

JOHN, V.M. Desafios da Construção Sustentável. In: JOHN, V.M.; PRADO, R.T.A. **Boas Práticas para habitação mais sustentável**. São Paulo: Páginas & Letras – Editora e Gráfica, 2010a.

______. Conservação de recursos materiais. In: JOHN, V.M.; PRADO, R.T.A. **Boas Práticas para habitação mais sustentável**. São Paulo: Páginas & Letras – Editora e Gráfica, 2010b.

JOHN, V.M.; OLIVEIRA, D.P.; LIMA, J.A.R.. **Levantamento do estado da arte: seleção de materiais**. Documento 2.4. São Paulo: USP/Unicamp/UFSC/UFG/UFU, 2007.

JOHN, V.M.; PRADO, R.T.A. **Boas práticas para habitação mais sustentável**. São Paulo: Páginas & Letras, 2010.

JOHN, V. M.; SJÖSTRÖM, C.; AGOPYAN, V. Durability in the built environment and sustainability in developing countries. In: International Conference on Durability of Building Materials and Components, 9., 2002, Brisbane – 9th DBMC. **Proceedings.** Melbourne: CSIRO, 2002. p.1-7.

KEELER, M.; BURKE B. **Fundamentos de Projeto de Edificações Sustentáveis**. 1. ed. São Paulo: Artmed, 2010.

LABORATÓRIO DE EFICIÊNCIA ENERGÉTICA EM EDIFICAÇÕES – LabEEE. **Catálogo de propriedades térmicas de paredes e coberturas.** Departamento de Engenharia de Engenharia Civil da Universidade Federal de Santa Catarina, 2010. Disponível em: < http://www.labeee.ufsc.br/sites/

default/files/disciplinas/catalogo_caixa_v4.PDF >. Acesso em: 8 out. 2017.

LABORATÓRIO DE SUSTENTABILIDADE – LASSU. **Pilares da Sustentabilidade**. Departamento de Engenharia da Computação e Sistemas Digitais Escola Politécnica Universidade de São Paulo, 2017. Disponível em: <http://www.lassu.usp.br/sustentabilidade/pilares-da-sustentabilidade/>. Acesso em: 31 ago. 2017.

LAMBERTS, R.; MELO, A. P.; SORGATO, M. J. Análise do método de simulação de desempenho térmico da norma NBR 15575. XII ENCONTRO NACIONAL E VIII LATINOAMERICANO DE CONFORTO NO AMBIENTE CONSTRUÍDO, 2013, Brasília. Disponível em: < http://www.periodicos.unb.br/index.php/paranoa/article/viewFile/12205/8544>. Acesso em: 17 jun. 2017.

LAMBERTS, R.; TRIANA, M. A. Projeto e Conforto. In: JOHN, V. M.; PRADO, R. T. A. (Org.). **Boas Práticas para habitação mais sustentável**. São Paulo: Páginas & Letras - Editora e Gráfica, 2010. p. 56-103.

LUCINI, H. C. **Habitação Social: Procurando Alternativas de Projeto**. 1. ed. Itajaí: Univali, 2003.

MARINGÁ. **Lei Complementar N. 888/2011**, Capítulo IV, Art. 25. Uso e Ocupação do Solo no Município de Maringá. Disponível em: <http://www2.maringa.pr.gov.br/sistema/arquivos/geo/leis/lc_888_2011_uso_ocupacao_solo_lei_consolidada.pdf>. Acesso em: 20 out. 2017.

______. **Lei Complementar N. 910/2011**, Capítulo V, Art. 26. Código de Obras Municipal. Disponível em: < http://www2.maringa.pr.gov.br/sistema/arquivos/geo/leis/lc_910_2011_edificacoes_lei_consolidada.pdf>. Acesso em: 12 nov. 2017.

______. **Lei Complementar N. 1045/2016**, Subseção IV. Código de Edificações e Posturas Básicas para projeto, implantação e licenciamento de edificações no Município de Maringá. Disponível em: < https://leismunicipais.com.br/a/pr/m/maringa/lei-complementar/2016/104/1045/lei-complementar-n-1045-2016-institui-o-codigo-de-edificacoes-e-posturas-basicas-para-projeto-implantacao-e-licenciamento-de-edificacoes-no-municipio-de-maringa-e-da-outras-providencias>. Acesso em: 12 nov. 2017.

MASTRODI, J; ALVES, E.S. A segurança jurídica da posse como pressuposto do direito fundamental à moradia. **Revista de Direito da Cidade**, v.09, n.1, p.27-49, 2016.

MEHTA, P. K.; MONTEIRO, P. J. M. **Concreto: Microestrutura, Propriedades e Materiais**. São Paulo: IBRACON, 2008. 674 p.

MENDES, S.E.D.S. **Estudo experimental de concreto de alto desempenho utilizando agregados graúdos disponíveis na região metropolitana de Curitiba**. 2002. 163p. Dissertação (Mestrado em Construção Civil) – Universidade Federal do Paraná, Curitiba, 2002.

MIRANDA, J.A.P. **Weighting Factors for the Criteria of a Building Sustainability Assessment Tool (DGNB)**. Dissertação (Mestrado em Engenharia Civil) – Faculdade de Engenharia da Universidade do Porto, Porto, Portugal, 2013.

MIOTTO, J. L. **Princípios para o projeto e produção das construções sustentáveis**. Ponta Grossa: UEPG/NUTEAD, 2013.

ORTIZ, O.; CASTELLS, F.; SONNEMANN, G. Sustainability in the construction industry: a review of recent developments based on LCA. **Construction and Building Materials**, v. 23, p. 28–39, 2009.

PEINADO, H.S. **Análise de critérios relacionados às estruturas em concreto armado para certificações ambientais de edificações**. Dissertação (Mestrado em Engenharia Urbana) – Universidade Estadual de Maringá, Maringá, 2014.

PIRES, M. **Análise comparativa da norma de desempenho, ABNT NBR 15575: 2013 com uma tipologia do programa minha casa minha vida.** 2015. Monografia (Especialização em Construção Civil) – Universidade Federal de

Minas Gerais, Belo Horizonte, 2015.

QSAS. **Qatar Sustainability Assessment System 2010**. Disponível em: <http://www.gord.qa/doc/QSAS%20presentation%20june6%202010.pdf>. Acesso em: 10 jan. 2014.

REIS, F. **Os impactos econômicos do programa habitacional minha casa minha vida no setor de construção civil na cidade de Belém.** 2011. Dissertação (Mestrado Internacional em Gestão Empresarial) – Fundação Getúlio Vargas, Rio de Janeiro, 2011.

REZA, B.; SADIQ, R.; HEWAGE, K. Sustainability assessment of flooring systems in the city of Tehran: An AHP-based life cycle analysis. **Construction and Building Materials**, v. 25, n. 4, p. 2053-2066, Apr. 2011.

RODRIGUES, C. R. B.; ZOLDAN, M. A.; LEITE, M. L. G.; OLIVEIRA, I. L. Sistemas computacionais de apoio a ferramenta Análise de Ciclo de Vida do Produto (ACV). In: ENCONTRO NACIONAL DE ENGENHARIA DE PRODUÇÃO, 28., 2008, Rio de Janeiro. **Anais...** Rio de Janeiro: ENEGEP, 2008.

SACHS, I. **Estratégias de Transição para do século XXI – Desenvolvimento e Meio Ambiente**. São Paulo: Studio Nobel – Fundação para o desenvolvimento administrativo, 1993.

SATTLER, M. A. **Habitações de baixo custo mais sustentáveis:** A Casa Alvorada e o Centro Experimental de Tecnologias Sustentáveis. Porto Alegre: Habitare, 2007.

SHARIFI, A.; MURAYAMA, A. A critical review of seven selected neighborhood sustainability assessment tools. **Environmental Impact Assessment Review**, v. 38, p. 73-87, Jan. 2013.

SILVA, V. G.; SILVA, M. G.; JOHN, V. M.; AGOPYAN, V. Environmental assessment of buildings: towards an appropriate approach to Brazilian environmental Agenda. In: Sustainable Building 2002. **Proceedings...** iiSBE/

CIB/Biggforsk: Oslo, Norway. 23-25 Sept. 2002.

SILVA, V. G. **Avaliação da sustentabilidade de edifícios de escritórios brasileiros: diretrizes e base metodológica.** 2003. 210p. Tese (Doutorado em Engenharia Civil) – Escola Politécnica da Universidade de São Paulo, São Paulo, 2003.

SILVA, V. G. Indicadores de sustentabilidade de edifícios: estado da arte e desafios para desenvolvimento no Brasil. **Ambiente Construído** (Online), v. 7, p. 47-66, 2007.

SILVA, R. D. **Plantando Casas:** estudo de cadeia produtiva parara implantação de habitação de interesse social em madeira de *Pinus* spp no Paraná - Brasil. 2010. Tese (Doutorado em Arquitetura e Urbanismo) – Universidade de São Paulo, São Carlos, 2010.

SILVA, G.T; XAVIER, M.G.P.; SILVA, C.A.C. Inovação da habitação popular: uma parceria econômica e social. In: Encontro de Ciências Sociais do Norte e Nordeste e Pre-alas Brasil, 15., 2012, Teresina. **Anais eletrônicos...** Teresina: UFPI, 2012.

SILVESTRE, J.D.; BRITO, J.; PINHEIRO, M.D. Environmental impacts and benefits of the end-of-life of building materials – calculation rules, results and contribution to a "cradle to cradle" life cycle, **Journal of Cleaner Production**, v. 66, p. 37-45, Mar. 2014.

SOUSA, F.J. **Compatibilização de projetos em edifícios de múltiplos andares – estudo de caso.** 2010. 117f. Dissertação (Mestrado em Engenharia Civil) – Universidade Católica de Pernambuco, Recife, 2010.

SOUZA, H. A.; RODRIGUES, L. S. Ventilação natural como estratégia para o conforto térmico em edificações. **Revista Brasileira de Agrometeorologia.** v.7, n.1, p.81-90, 1999. Disponível em: < http://www.scielo.br/pdf/rem/v65n2/07.pdf>. Acesso em: 18 out. 2017.

TAE, S.; BAEK, C.; SHIN, S. Life cycle CO_2 evaluation on reinforced concrete structures with high-strength concrete. **Environmental Impact Assessment Review**, v. 31, n. 3, p. 253-260, Apr. 2011.

TEDESCHI, A. (Cood.). **Sustentabilidade e inovação na habitação popular:** o desafio de propor modelos eficientes de moradia. São Paulo: Secretaria de Estado da Habitação, 2010.

TORGAL, F. P.; JALALI, S. Ecoeficiência dos materiais de construção. **Revista da Associação Portuguesa dos Comerciantes de Materiais de Construção**, n. 147, p. 46-53, 20 jan. 2010.

TRUFFER, B.; MARKARD, J.; WUSTENHAGEN, W. Eco-labeling of electricity—strategies and tradeoffs in the definition of environmental standards. **Energy Policy**. v. 29 n. 11, p. 885–897, 2001.

UNITED NATIONS. **Earth summit Agenda 21**. United Nations Conference on Environmental and Development – UNCED. Rio de Janeiro, Jun.1992 (versão em português: Agenda 21 – Conferência das Nações Unidas sobre Meio Ambiente e Desenvolvimento, Rio de Janeiro, 1992 – Brasília: Senado Federal: 1996.)

VILLA, S. B.; VASCONCELLOS, P. B. Como viabilizar unidades habitacionais de baixo custo sob a ótica da flexibilidade para o Programa Minha Casa Minha Vida? O caso do projeto MORA 2. **Anais eletrônicos...** III COLÓQUIO DE INVESTIGAÇÃO EM ARQUITETURA, URBANISMO E DESIGN BRASIL – PORTUGAL: FAUeD-UFU e FA-ULisboa, 2014, Lisboa.

VOITILLE, N. **Janelas Maxim-Ar**. São Paulo. 2012. Disponível em: <http://www.cliquearquitetura.com.br/artigo/janelas-maxim-ar.html>. Acesso em: 10 nov. 2017.

UNICEF BRASIL. **Declaração Universal dos Direitos Humanos**. 1948. Disponível em: < https://www.unicef.org/brazil/pt/resources_10133.htm >. Acesso em: 23 Ago. 2017.

WANG, H.; BAI, H.; LIU, J.; XU, H. Measurement indicators and an evaluation approach for assessing strategic environmental assessment effectiveness. **Ecological Indicators**, v. 23, p. 413–420, 2012.

WONG, J.K.W.; LI, H. Application of the analytic hierarchy process (AHP) in multi-criteria analysis of the selection of intelligent building systems. **Building and Environment**, v. 43, n. 1, p. 108–125, 2008.

WORLD COMMISSION ON ENVIRONMENTAL AND DEVELOPMENT – WCED. **Our Common Future**: Report of the World Commission on Environmental and Development, 1987. Disponível em: <http://conspect.nl/pdf/Our_Common_Future-Brundtland_Report_1987.pdf>. Acesso em: 15 jun./2013.

YANG, Y.; LI, B.; YAO, R. A method of identifying and weighting indicators of energy efficiency assessment in Chinese residential buildings. **Energy Policy**, v. 38, n. 12, p. 7687-7697, Dec. 2010.

YANG, Y.; TAI, H.; SHI, T. Weighting indicators of building energy efficiency assessment taking account of experts' priority. **Journal of Central South University of Technology**, v. 19, n. 2, p. 803-808, Mar. 2012.

ANOTAÇÕES

ANOTAÇÕES

Dicas Preciosas em Iluminação

Autor: Flávia Bizzotto
128 páginas
1ª edição - 2014
Formato: 15,5 x 22,5
ISBN: 9788539905881

O livro mostra a iluminação arquitetural de interiores como um assunto que afeta e sensibiliza a todos. Desvenda a plástica da luz e sua capacidade de encantar o ser humano.

Mostra as bases e conceitos fundamentais da matéria Iluminação.
Contempla assuntos como tipos de lâmpadas e sua adequação a cada ambiente, tipos de iluminação e suas ambiências resultantes, efeitos de luz e sombra e forma de apresentação de projetos luminotécnicos.

Com linguagem clara, mostra os caminhos a serem seguidos na projetação de iluminação com dicas simples e "preciosas", pesquisadas e testadas ao longo de mais de vinte anos de vivência nesse mercado.

É como um manual de práticas em luminotécnica, pois promove o bom entendimento de questões com as quais todos convivemos no dia a dia

---

À venda nas melhores livrarias.

EDITORA CIÊNCIA MODERNA

Impressão e acabamento
Gráfica da Editora Ciência Moderna Ltda.
Tel: (21) 2201-6662

"Embora ninguém possa voltar atrás e fazer um novo começo, qualquer um pode começar agora e fazer um novo final."

Chico Xavier

Agradecimentos

A Deus, por tornar possível alcançar este sonho.

Aos meus pais, Walter Alves dos Santos e Maria Aparecida Alves dos Santos (in memorian), que não mediram esforços para proporcionar uma ótima educação, sabendo que este seria o maior legado e por me cercarem sempre de muito amor.

À minha amada esposa Arli Barbosa dos Santos, pelo companheirismo, amor e dedicação privando-se, várias vezes, de momentos ao meu lado em prol do meu trabalho, bem como me ajudar na revisão deste livro.

Ao meu filho, Vinícius Barbosa Sacramento dos Santos, pelo incentivo e apoio incondicional.

À minha irmã, Ana Lucia Sacramento dos Santos, pelo apoio incondicional, estímulo e encorajamento.

Ao meu amigo e Mestre, GM Antonio Augusto de Olinda Santos – "Garra", da Guarda Municipal da cidade do Rio de Janeiro, por acreditar, incentivar e apoiar a criação deste livro como importante ferramenta de difusão da Historicidade das Guardas Municipais.

Ao amigo, Professor e Inspetor Regional Elvis de Jesus (in memorian), da Guarda Civil Municipal de São José dos Campos, pelo exemplo de persistência, conhecimento institucional, profissional, pessoal e contribuir muito para esta obra.

Ao Inspetor e amigo Marco Aurélio Ferreira Pereira, da Guarda Municipal da cidade do Rio de Janeiro, pelo fomento e apoio.

Ao Inspetor André Luiz Pires da Silva, da Guarda Municipal da cidade do Rio de Janeiro, pelo estímulo e apoio.

Ao Inspetor Regional Júlio Clemente da Silva, da Guarda Municipal da cidade do Rio de Janeiro, pelo incentivo e adjutório.

Ao amigo, Escritor e Subinspetor, José Ribamar dos Santos Caires, da Guarda Municipal da cidade do Rio de Janeiro, por ser um incentivador contumaz para realização desta obra.

Ao amigo, Gestor de Recursos Humanos e Instrutor, Luiz Alexandre Santos, por contribuir de sobremaneira na elaboração deste livro.

Ao amigo e Professor João Alexandre Santos, pelos ensinamentos e questionamentos que tanto contribuem para o meu crescimento profissional e elaboração desta obra.

Ao amigo, Escritor, Instrutor e Gestor GM Siderley Andrade de Lima, da Guarda Civil de Jandira/SP, pelo apoio.

Ao amigo, Instrutor, Gestor e Subinspetor, Wanderson dos Santos Sermud, da Guarda Municipal da cidade do Rio de Janeiro, pelo apoio e incentivo.

Ao amigo e Professor GCM Ricardo Neves da Silva, da Guarda Civil Municipal de Itapecirica da Serra/SP, pelo esteio e estímulo.

Ao Inspetor Claudio Frederico de Carvalho, da Guarda Municipal de Curitiba/PR, por compartilhar seu vasto conhecimento acerca das Guardas Municipais.

Ao amigo, Professor e Historiador, GM Gillian Almeida da Costa Relvas dos Santos, pelo estímulo e por contribuir muito para esta obra.

Ao Ex-Subcomandante da Guarda Municipal de Piracicaba, Benedito Antônio Aparecido de Moraes, excelente profissional e defensor das Guardas Municipais, foi o meu despertar para entender e conhecer esta instituição.

Ao GM Gilbert Rodrigues de Mattos, da Guarda Municipal da cidade do Rio de Janeiro pela consideração e apoiamento.

Ao amigo, Instrutor e Policial Penal André Luiz de Jesus, pelo apoio e muito contribuir para conclusão desta obra.

Aos familiares e amigos, por fazerem parte da minha vida.

Sou grato, especialmente, a estas pessoas cujas histórias estão relatadas neste livro e pelos resultados extraordinários que tiveram em suas vidas.

O meu agradecimento a VOCÊ por adquirir este livro.

Sumário

Introdução

O papel e a função de polícia das Guardas Municipais têm sido pouquíssimo pesquisado, de modo que esta obra original e instigante é um sublime ponto de ignição para o estudo desse tema que retrata como a Guarda Municipal desempenha, desde 1742, seu papel de proteção à população, segurança pública e da soberania nacional, além de mostrar quão importante é a sua historia na construção desta nação que hoje congrega 5.570 Municípios dos quais 800 destes fazem fronteiras com outros países latino-americanos.

Desde 1742 a Coroa portuguesa estava diante de um desafio de controlar a população brasileira e em especial a do Rio de Janeiro mediante a um aparato policial que gradativamente foi aumentando juntamente com o problema para o qual fora idealizada como resolução.

Esta é a história de uma instituição fundamental no globo terrestre que está ancorada em 200 países dentre os 204 deste planeta água chamado de Terra.

A evolução histórica das Guardas Municipais no Brasil é retratada na defesa da soberania nacional, segurança pública e apoio incondicional ao modelo de governo, quer seja no período imperial quer seja na República que tratamos neste livro.

O presente livro retrata na plenitude os processos de governo e o quão grande foi a participação desta instituição garantidora da lei e da ordem na formação do Estado e construção desta nação.

Na historiografia brasileira trata de aspectos importantes da participação da Guarda Municipal como autoridade do Estado e atuando ativamente nas numerosas revoltas regionais e do meio para o final do século XIX na Guerra do Paraguai.

Buscamos por derradeira mostrar de forma direta o que é a Guarda Municipal, quem foram seus integrantes, o que fizeram pela nação e o legado que deixa para segurança pública e soberania nacional.

A Gênese

Após o ano de 1.548 com a criação do Governo Geral, as forças de terra do Brasil passam a se organizar em três escalões: Primeira linha que era o Exército pago, Segunda linha com a nomenclatura de "semestreiros" (lavradores que eventualmente pegavam em armas e eram considerados como membros da milícia) destaca-se que na Segunda linha o armamento era fornecido pelo próprio integrante e a Terceira linha considerada como uma reserva e incluía todos que por idade, condições físicas ou econômicas não podiam participar das outras linhas. Vale registrar que mesmo os militares da primeira linha exerciam fora das épocas de necessidades bélicas inúmeras funções na sociedade incluindo a função policial como descreve Robert Hoy'es. Em São Vicente, São Paulo, as tropas de primeira linha só foram organizadas no ano de 1.710, ficando por todo esse tempo a segurança da Capitania sob a Guarda das Milícias as quais se constituíam em grupos de homens armados, que tinham as missões de zelar pela tranquilidade interna e segurança pública.

Pelos fins da época colonial a única "força policial" era constituída pelos quadrilheiros, os quais pertenciam à terceira linha, sendo a sua missão, a de investigar, perseguir, prender e entregar aos juízes completando o ciclo social o que hoje chamamos de ciclo completo de polícia.

As Ordenações Filipinas deram os primeiros passos para a criação e desenvolvimento de Polícias Urbanas no Brasil, ao disporem sobre os serviços gratuitos de polícia. Esses serviços eram exercidos pelos moradores, sendo organizados por quadras ou quarteirões e controlados primeiramente pelos alcaides e mais tarde, pelos juízes da terra. No Livro I, das Ordenações Filipinas, em seu título LXXIII, tratava da figura dos Quadrilheiros que estavam presentes em vilas, cidades e lugares para prender os malfeitores atuando na defesa das cidades luso-brasileiras.

No Rio de Janeiro os Quadrilheiros eram responsáveis pelo patrulhamento das 75 ruas e alamedas da Cidade. Esses "policiais" eram moradores dessas cidades, dentre os quais 20 eram eleitos por Juízes e Vereadores das Câmaras Municipais, sendo ordenado, neste ato, um como Oficial Inferior de Justiça, a fim de representar os demais integrantes, servindo todos gratuitamente durante três anos como Quadrilheiros. Essa "Polícia" foi caindo em desuso, de modo que os Quadrilheiros foram substituídos progressivamente por Pedestres, Guardas Municipais, Corpos de Milícias e Serviços de Ordenanças, sendo que na Legislação Brasileira, a partir de 31 de março de 1742, nunca mais se ouviu falar dos Quadrilheiros, possivelmente substituídos pelos atuais Oficiais de Justiça. (CARVALHO, 2007, p. 1).

Foto ilustrativa de uma capa/livro das Ordenações Filipinas:

Fonte: www.abriosa.com.br

Fonte: www.policia.fandom.com/pt-br

Foto ilustrativa de um Quadrilheiro no período Colonial:

No período colonial a "polícia" não era separada do sistema judicial e das unidades militares. O Rio de Janeiro foi o primeiro efetivamente que criou uma força policial coadunada aos moldes modernos (padrão italiano, português, francês e inglês) e posteriormente as demais províncias.

O Brasil tinha toda ação política e social desenvolvida próximo ao litoral e os grandes acontecimentos se realizavam no Rio de Janeiro principalmente com a chegada da Família Real em 1808 que mudou abruptamente a então colônia e a transformou em uma Monarquia Portuguesa e eleva o país à condição de Reino Unido o que significou o início do Estado Brasileiro.

Esse período é caracterizado pelo modelo de administração pública exercido na forma do patrimonialista quando o processo de concessão de títulos, terras e poderes quase absolutos estavam com os senhores da terra levando para posteridade uma prática político-administrativa em que o público e o privado não se distinguem perante as autoridades.

Foto do fluxograma na administração do período colonial:

Fonte: www.exerciciosweb.com.br

Ao desembarcar no Brasil, a Família Real traz a sua guarda pessoal formada pela Guarda Real da Polícia Portuguesa (um regimento de Cavalaria).

O Rei D. João VI, buscando organizar a administração policial nos moldes de Lisboa, nomeia o fidalgo Paulo Fernandes Viana, Intendente de Polícia, em 05 de abril de 1808. Existem literaturas que retratam esse cargo com a nomenclatura Intendente de Guarda.

ALVARÁ DE 10 DE MAIO DE 1808

Crêa o logar de Intendente Geral da Policia da Corte e do Estado do Brazil.

Eu o Príncipe Regente faço saber aos que o presente Alvará virem, que tendo consideração á necessidade que ha de se crear o locar de Intendente Geral da Policia da Côrte e do Estado do Brazil, da mesma forma e com a mesma jurisdicção que tinha o de Portugal, segundo o Alvará da sua creação de 25 de Junho de 1760, e do outro de declaração de 15 de Janeiro de 1780: sou servido creal-o na sobredita maneira com o mesmo ordenado de 1:600$000, estabelecido no referido AIvará de declaração.

Pelo que mando á Mesa do Desembargo do Paço, e da Consciencia e Ordens, aos Governadores das Relações do Rio de Janeiro e Bahia, aos Governadores e Capitães Generaes, a todos os Ministros de Justiça e mais pessoas, a quem pertencer o conhecimento e execução deste AIvará, que o cumpram e guardem e façam cumprir e guardar tão inteiramente, como nelle se contem, não obstante quaesquer Leis, Alvarás, Decretos, RegImentos ou Ordens em contrario, porque todas e todos hei por bem derogar, para este effeito sómente, como se delles fizesse expressa e individual menção, ficando aliás sempre em seu vigor. E este valerá como Carta passada na Chancellaria, ainda que por ella não ha de passar, e que o seu effeito haja de durar mais de um anno, sem embargo das Ordenações em contrario : registando-se em todos os logares, onde se costuma.m registar semelhantes Alvarás.

Dado no Palacio do Rio de Janeiro em 10 de Maio de 1808.

PRÍNCIPE com guarda.

D. Fernando José de Portugal.

Alvará por que Vossa Alteza Real é servido crear no Estado do Brazil um Intendente Geral da Polícia; na fórma acima declarada.

Para Vossa Alteza Real ver.

João Alvares de Miranda varejão o fez.

Este texto não substitui o publicado na CLBR de 1808

Texto retirado do site http://www.planalto.gov.br/ccivil_03/Atos/alv/1808/alv-10-5-1808.html

Com vistas a melhor estruturar o serviço de policiamento em 22 de junho de 1808, foi instituída a Secretaria de Guardas com funcionários designados a fiscalizar as diversões públicas, matrícula de veículos e embarcações, expedição de passaportes, etc.

Foto ilustrativa de Paulo Fernandes Viana:

Fonte: https://www.geni.com/

Buscando aprimorar ainda mais a estrutura policial, o Rei D. João VI cria, através do Decreto de 13 de maio de 1809, a Divisão Militar da Guarda

Real de Polícia que eram soldados da Cavalaria portuguesa que vieram para o Brasil junto da comitiva que trouxe a Família Real para o país.

Fonte: https://br.pinterest.com/

Da criação da Intendência Geral de Polícia em 1808 passando pela Independência do Brasil em 07 de setembro de 1822 e chegando a 1831, o país passou por fortes períodos de instabilidade interna ao ponto que em 06 de abril de 1831 uma multidão formada de soldados, cidadãos e os juízes de paz (uma tentativa do Parlamento brasileiro em regular a influência do poder central sobre as elites locais. Foi a tentativa de retirar do Estado o controle das forças municipais e entregar aos cidadãos ativos através de eleições diretas) tomaram o Campo de Santana (área central da Cidade do Rio de Janeiro) contrários ao Imperador D. Pedro II que era auxiliado pela Regência Trina, este levante foi extirpado pela Guarda Nacional e Guarda Municipal que já existia na prática conforme delineado no Livro das Ordenações Filipinas com data de 31 de março de 1742, porém, não tinham a sua certidão de nascimento desvinculada de outras leis e decretos.

Publicação abaixo sobre a Lei de 06 de junho de 1831:

LEI DE 6 DE JUNHO DE 1831

Dá providências para a prompta administração da Justiça e punição dos criminosos.

A Regencia Provisoria, em Nome do Imperador o Senhor D.Pedro II: Faz saber á todos os Subditos do Imperio, que a Assembléa Geral Decretou e ella Sanccionou a Lei seguinte:

Art 1° Os comprehendidos no art. 285 do Codigo Criminal serão punidos com tres a nove mezes de prisão.

Art 2° E' prohibido todo o ajuntamento nocturno de cinco ou mais pessoas nas ruas, praças, e estradas, sem algum fim justo , e reconhecido, debaixo de pena de um á tres mezes de prisão.

Art 3° Toda a pessoa, que por alguma circumstancia se tornar suspeita, quer de dia, quer de noite, será observada pelas rondas, e Officiaes de Justiça, para se conhecer se traz armas, e tendo-as, será conduzida a Autoridade competente para proceder na forma da Lei.

Art 4° Aos presos em flagrante nos crimes policiaes não se concederá fiança.

Art 5° Aos Juizes de Paz fica competindo, ex-officio, a punição de todos os crimes de Policia da mesma sorte, que já procedem acerca dos delictos contra as Posturas Municipaes.

Art 6° Os Juizes de Paz terão autoridade cumulativa em todo o municipio, sobre os crimes policiaes: nomearão nos seus districtos os Delegados, que julgarem necessarios com a autoridade, que lhes confiarem, declarando essa autoridade por edital. Ficam abolidos os Officiaes de Quarteirão.

Art 7° Cada Juiz de Paz poderá nomear até seis Officiaes de Quarteirão.

Art 8° O Intendente Geral da Policia, e os Magistrados Criminaes na Corte, e os Ouvidores do Crime das Relações, e os das comarcas nos mais lugares do Imperio, exercerão cumulativamente com os Juizes de Paz todas as attribuições policiaes, que por esa Lei, e as anteriores competem aos mesmos.

Art 9° OS Chancelleres das Relações ficam autorizados a distribuir, sendo necessario, por mais um, ou dous Desembargadores, o expediente da Ouvidoria do Crime: estes Desembargadores poderão servir-se de qualquer Escrivão do Judicial.

Art 10. Para auxiliarem uns, e outros Juizes, o Governo ficam autorizado emquanto se organizam as Guardas Nacionaes, a alistar, armar e emrpegar como taes, cidadãos, que podem, ser Eleitores, em numero que julgar necessario, fornecendo-lhes armamento, e munição a custa da Fazenda Publica, os quaes serão obrigados a obedecer, comparecendo armados ao chamamento dos Juizes, e Delegados.

Art 11. Estas Guardas, quando abusarem das armas, ou do emprego g]honroso, que se lhes confia, alem das penas, em que incorrerem peos dilictos, que cometterem, ficarão inhbeis para servirem como taes por um a tres annos.

Art 12. O Governo, na Provincia em que estiver a Corte, e os Presidentes em Conselho nas demais, poderão suspender os Juizes de Paz, quando precavirem, ou se tornarem negligentes no cumprimento das attribuições, que nesta Lei, lhes são marcadas.

Art 13. Os Juizes que não procederem com a diligencia necessaria em indagar dos implicados nos crimes publios, e policiaes, serão reputados cumplices; julgada a responsabilidade dos Juizes de Paz perante os actuaes Conselhos de Jurados, praticando-se na forma por que se procede nos delictos de abuso de liberdade de exprimir os pensamentos.

Art 14. As Autoridades Policiaes terão, a sua porta, e nos seus vestidos, um distinctivo marcado pelo governo, para serem conhecidos, respeitados, e obedecidos.

Art 15. Os que falsamente usarem de semelhante distinctivo, serão punidos com um a tres mezes de prisão.

Art 16. Ficam desde ja creados nesta Corte mais dous Juizes Criminaes, com seus respectivos Escrivães: tanto a estes Juizes, como que actualmente, existem, o Governo marcará os competentes districtos, dentro dos quaes deverão residir.

Art 17. Para o exercicio destes lugares serão nomeados quaesquer Magistrados, ora existentes, e de maior confiança, podendo até serem empregados Desembargadores das Relações.

Art 18. O Governo fará os regulamentos, e instrucções necessarias para a boa execução da presente Lei.

Art 19. Ficam derogadas todas as disposições em contrario.

Mandam por tanto a todas as Autoridades, a quem o conhecimento e execução da referida Lei pertencer, que a cumpram, e façam cumprir, e guardar tão inteiramente, como nella se contém. O Secretario de Estado dos Negocios da Justiça a faça imprimir, publicar, e correr.

Dada no Palacio do Rio de Janeiro aos seis do mez de Junho de mil oitocentos trinta e um, decimo da Independencia e do Imperio.

MARQUEZ DE CARAVELLAS.

NICOLÁO PEREIRA DE CAMPOS VERGUEIRO.

FRANCISCO DE LIMA E SILVA.

Manoel José de Souza França.

Carta de Lei, pela qual Vossa Magestade Imperial Manda executar o Decreto da Assemblea Geral, que Houve por bem Sanccionar, dando varias porvidencias a Administração da Justiça, e prompto castigo dos culpados em crimes de Policia; e outras dirigidas a manter a segurança publica; tudo na forma acima declarada.

Para Vossa Magestade Imperial ver.

Antonio ALvares de Miranda Varejão, a fez.

Este texto não substitui o original publicado no Coleção de Leis do Império do Brasil de 1831

Coleção de Leis do Império do Brasil - 1831, Página 1 Vol. 1 pt I (Publicação Original).

A Lei de 06 de junho de 1831 determinou a substituição dos soldados por guardas municipais que passam a atuar como a principal força policial com integrantes que podiam ir de 25 a 50 integrantes por distrito, além de enquadrar os juízes de paz na estrutura de autoridade do governo imperial.

Policiar os distritos era a tarefa mais importante dos guardas municipais que relatavam ao juiz de paz de seu distrito todas as ocorrências que tinham relação com a segurança pública e/ou particulares preservando sempre o sigilo das informações prestadas. No juramento que todo integrante deveria prestar além da obediência às autoridades constituídas deveriam efetuar a promessa de fazer o possível para cessar distúrbios sociais, impedir brigas, prender criminosos em flagrante e atuar incondicionalmente nas violações da ordem pública.

A Primeira Certidão de Nascimento

Em 14 de junho de 1831, por Decreto Imperial era então criado em documento específico o Corpo de Guardas Municipais em meio a um turbilhão de manifestações contrárias ao Governo Imperial onde participavam destas manifestações militares do Exército, Guarda Real de Polícia, parte da oligarquia e uma parcela da população. Neste período o Governo Imperial contava muito com a Guarda Municipal por sua total lealdade ao Imperador, fato que era sempre relatado por D. Pedro II aos seus conselheiros.

DECRETO – DE 14 DE JUNHO DE 1831.

Crêa em cada districto de paz um corpo de guardas municipaes divididos em esquadras.

A Regencia Provisória, em Nome do Imperador, e em cumprimento do art. 10 da Carta de Lei de 6 do corrente mez e anno, Decreta:

Art. 1.° Em cada um dos districtos dos Juizes de Paz haverá um corpo de guardas municipaes, dividido em esquadras de vinte e cinco á cincoenta cidadãos, que tenham as qualidades requeridas pela Constituição do Império no art. 94, para serem Eleitores.

Art. 2.° Cada um destes corpos terá o seu Commandante geral, ao qual serão subordinados os Commandantes das esquadras.

Art. 3.° O alistamento destes corpos, sua divisão em esquadras, nomeação dos Commandantes geraes, e Commandantes de esquadras, pertencerá aos respectivos Juizes de Paz; os quaes, conformando-se com as instrucções e ordens, que receberem do Governo das respectivas Províncias, regularão o seu serviço ordinário.

Art. 4.° São dispensados do serviço destas guardas os impossibilitados por moléstia e os impedidos em razão de serviço publico.

Art. 5.° As duvidas, que occorrerem a tal respeito, serão decididas pelos Juizes de Paz, com recurso ás Câmaras Municipaes, e destas para o Governo da respectiva Província.

Art. 6.° Emquanto pelo Governo se não fornecer armamento, e munição a todos os corpos, conforme a disposição da Lei, serão obrigados os cidadãos alistados a comparecer com as armas próprias que tiverem; e pelo menos com uma lança mettida em haste de dez palmos de comprido.

Art. 7.° Os cidadãos, que quizerem prestar o seu serviço a cavallo, serão a isso admitidos, formando-se delles esquadras, que poderão ser compostas de menor numero.

Art. 8.° Cada um dos Commandantes de esquadras terá um livro ou caderno, em que tenha assentados os nomes dos cidadãos a ellas pertencentes, com declaração de suas idades, profissões, moradas, e estados: notando a cada um delles o armamento, e munições que se lhes fornecer, o serviço que prestar, e as faltas que nelle commetter, cujas observações transmittirá em um mappa no fim de cada semana ao Commandante geral do Corpo.

Art. 9.° Além deste serviço incumbe-lhe: 1.° receber do Commandante geral, e distribuir aos cidadãos da sua esquadra, o armamento, e munições, que pela Fazenda Publica se lhes haja de fornecer, cobrando recibo de cada um dos mesmos cidadoas: e passando-o elle mesmo ao Commandante geral no acto das entregas; 2.° arrecadar o armamento inutilisado, ou sobejo mpor ausência, fallecimento, e impedimento de qualquer dos membros da esquadra, para o fazer reverter aos seus respectivos depósitos públicos por intervenção do Commandante geral; 3.° vigiar sobre o bom estado, e apresto do armamento, seja próprio, ou da Fazenda Publica, nas occasiões do serviço: 4.° executar fielmente as ordens do Commandante do corpo, e assim mesmo as dos Juizes de Paz e mais autoridades criminaes e policiaes, quando por estas lhes for requisitado o emprego da força da sua esquadra a bem da ordem e tranqüilidade publica; 5.° participar immediatamente ao Commandante do corpo todas as novidades, que occorrerem no serviço da sua esquadra: e aquellas mesmo de que tiver noticia por qualquer via, em cujo conhecimento interesse a segurança publica ou particular, para em tempo se darem as providencias.

Art. 10. O Commandante geral do corpo terá um livro de matricula de todas as guardas municipaes, divididas ahi segundo a ordem das esquadras a que pertencerem, as quaes serão numeradas. O registro desta matricula será feito pelos mappas das esquadras, que os respectivos Commandantes são obrigados a dar ao Commandante geral, pela maneira declarada no artigo 8.°

Art. 11. Além deste serviço da matricula geral do corpo incumbe ao respectivo Commandante: 1. ° vigiar sobre a conducta dos Commandantes das esquadras, a fim de que cumpram fielmente com os seus deveres na ordem do serviço; 2.° executar, e fazer executar as ordens dos Juizes de Paz; 3.° satisfazer as requisições que lhe forem immediatamente feitas pelas autoridades criminaes, ou policiaes, em ordem a empregar a força das guardas municipaes, para manter a segurança publica, e prender os malfeitores; 4.° fazer os pedidos, e distribuir pelos pelos Commandantes das esquadras o armamento, e munições da Fazenda Publica, que for necessário ás guardas, dirigindo-se para esse effeito na Corte e Província do Rio de Janeiro, ao Ministro da Guerra, e nas outras Províncias aos respectivos Presidentes; passando recibo de tudo nos competentes depósitos, por onde lhe forem entregues; 5..° arrecadar dos Commandantes diante das esquadras e fazer reverter aos Depósitos Públicos o mesmo armamento quando se inutilisar, ou fôr sobejo; 6.° participar ao Juiz de Paz do seu districto, todas as novidades do dia, que respeitarem á segurança publica, ou dos particulares, e que vierem ao seu conhecimento por qualquer maneira, observando todo o recato e segredo na communicação daquellas, que por sua natureza o exigirem; 7.° executar e fazer executar as ordens do Juiz de Paz do districto, e satisfazer as requisições do emprego da força armada do seu commando, quando lhe forem feitas por quaesquer autoridades criminaes ou policiaes, ainda mesmo de outro districto nos casos urgentes.

Art. 12. Os differentes corpos destas guardas municipaes são inhidos de ter correspondecias entre si, seja qual for o pretexto: nem menos se poderão reunir para fazer representações, ou tomarem deliberações, sob pena de serem considerados os seus ajuntamentos como illicitos, e punidos segundo a Lei. As guardas do mesmo corpo não poderão tomar as armas senão por ordem dos seus Commandantes, que são inhibidos de as dar, a menos que não preceda requisição das autoridades policiaes.

Art. 13. Cada um dos guardas municipaes prestará perante o Commandante de sua esquadra, este perante o Commandante do corpo, e este perante o Juiz de Paz do seu districto, o seguinte juramento: **Juro sustentar a Constituição, e as Leis, e ser obediente** ás **autoridades constituídas, cumprindo as ordens legaes que me forem communicadas para segurança publica e particular, fazendo os esforços, que me forem possíveis, para separar tumultos, terminar rixas, e prender criminosos em flagrante; participando, como me incumbe, immediatamente que chegarem ao meu conhecimento, todos os factos criminososo, ou projectos de perpetração de crime.**

Manoel José de Souza França, do Conselho do mesmo Imperador, Ministro e Secretario de Estado dos Negócios da Justiça, o tenha assim entendido, e faça executar. Palácio do Rio de Janeiro em quatorze de Junho de mil oitocentos trinta e um, décimo da Independência e do Império.

Márquez de Caravellas.

Nicolão Pereira de Campos Vergueiro.

Francisco de Lima e Silva.

Manoel José de Souza França.

Este texto não substitui o original publicado no Coleção de Leis do Império do Brasil de 1831

Documento extraído da Biblioteca da Câmara dos Deputados Federais

Podemos reparar que de acordo com o art. 3º do Decreto Imperial de 14 de junho de 1831, as Guardas Municipais estavam diretamente subordinadas aos Juízes de Paz e estes se reportavam às Câmaras dos Vereadores quando do trato referente às Guardas Municipais. Esta foi a estratégia que o Império adotou para não deixar muito poder sob domínio de uma Instituição. Havia ainda diante do período conturbado que se vivia a preocupação com as possíveis reuniões das diversas Guardas Municipais o que era proibido e ainda era cobrado o fiel registro de tudo que se passava com os integrantes bem como o zelo pelo material bélico e seu emprego durante o serviço.

Era atribuição precípua das Guardas Municipais a atuação na segurança pública de forma plena incluindo a cobrança de impostos aos comerciantes.

No art. 3º deste Decreto Imperial o guarda municipal quando do ingresso na instituição tinha que declamar um juramento em que cumpriria e faria cumprir o ordenamento jurídico vigente bem como atuaria zelando pela seguraça pública para o beneficio da população.

Em virtude do Novo Governo com a abdicação de D. Pedro I, deixando no trono o príncipe herdeiro, seu filho menor, D. Pedro II. O Brasil passa a ser governado, inicialmente, pela Regência Provisória e posteriormente pela Regência Trina. Neste momento conturbado, em 07 de abril de 1831, as tropas formadas pela Guarda Real de Polícia, alguns Batalhões do Exército e populares se insurgiram contra o sistema inaugurando uma grave crise seguida imediatamente por levantes motins e revoltas, principalmente militares, que se estenderam até 1832.

Desde 07 de abril, as ruas e praças da cidade haviam se tornado palco de inúmeras manifestações em oposição ao governo e uma delas foi em 12 de julho de 1831, quando o governo imperial já mostrava preocupação com a lealdade das unidades militares o que ficou comprovado na insurgência do 26º Batalhão de Infantaria do Exército regular que se amotinou no seu quartel que ficava próximo ao Mosteiro de São Bento (centro da cidade) e como medida visando debelar o motim, o Ministro da Justiça, Regente Feijó, determina que a Guarda Municipal com os seus 600 integrantes armados cercassem o quartel do Exército o que foi de pronto efetuado e os amotinados se renderam ao pronto empenho e ao trabalho eficaz e eficiente da pioneira em segurança pública no Brasil.

No dia 14 de julho de 1831, o efetivo do 26º Batalhão de Infantaria do Exército regular foi transferido para Bahia por navios. Esse foi o ponto focal para a Guarda Real de Polícia se insurgir e fazer um motim contra o governo imperial, momento em que efetivamente foi extinta através do Decreto Imperial datado de 17 de julho, sendo criado na mesma data o cargo de Inspetor Geral das Guardas Municipais, tendo como primeiro Inspetor Geral Sebastião do Rego Barros.

> "*Proclamação de 15 de Julho de 1831 da regencia permanente á tropa.*
>
> *Soldados. _- A gloria que adquiristes no Campo da Honra, pela vossa briosa união no dia 7 de Abril, principia a declinar pelo espirito de insubordinação, e desordem, que alguns dentre vós acabam de manifestar. O susto, e a consternação, que tendes causado aos pacificos habitantes desta Cidade, tomando as armas para enfraquecer o poder legal, que era vossa obrigação sustentar para triumpho heroico da nossa regeneração, não pôde deixar de tornar-vos estranhos á grande Familia Brazileira, a que pertenceis; e esta só idéa deve cobrir-vos de um nobre pejo, para arrependidos tornardes ao gremio da Nação, de que a vossa inconsiderada conducta parece ter-vos alienado. Se continuais obstinados em vossos erros, não podeis pertencer mais á Nação Brazileira; que não é Brazileiro, quem não respeita o Governo do Brazil.*" Colleção das Leis do Império do Brazil de 1831, segunda parte, Rio de Janeiro, Typographia Nacional, 1873, pg. 14.

Abaixo publicamos mais uma declaração da Regência Permanente (Regência Trina) sobre os acontecimentos de junho de 1831:

"Proclamação de 22 de Julho de 1831 da Regencia aos Fluminenses, ácerca da insubordinação da tropa na noite de 14 do corrente.

Fluminenses. - A insubordinação n'uma parte do Corpo da Policia produziu a reunião da tropa no Campo da Honra em noite do dia 14 do corrente. Anarchistas aproveitaram-se da effervescencia. Requisições por modo illegal se fizeram ao Governo. A tropa recolheu-se ás 10 horas da manhã a quarteis, e tranquillos esperaram o deferimento. Não é porém com as armas na mão, que se dirigem supplicas ás Autoridades constituidas. O povo se aterrou, e, ignorando as consequencias deste acto criminoso, teve em horror os autores de attentado. O Governo não quis á custa do sangue brazileiro castigar os crimes de um, ou outro brazileiro. A cidade está tranquilla. Os soldados, ou reconhecem o erro, ou detestam os que os seduziram. Fluminenses, o Governo tem providenciado vossa segurança; não temais de hoje em diante: as armas estão confiadas a cidadãos interessados na ordem publica. A Lei há de ser executada, e os anarchistas, que derramaram o susto, e a consternação na capital do Imperio, hão de expiar seus crimes. Os Officiaes Militares, estes bravos da patria, cingiram a patrona sobre as bandas: elles deram o primeiro exemplo de patriotismo, o que resta? Respeito ás Leis, obediencia as Autoridades, e tudo será salvo. – Viva a Nação Brazileira. – Viva a Constituição. – Viva a Assembléia Geral. – Viva o Imperador. – Vivam os honrados fluminenses." Colleção das Leis do Império do Brazil de 1831, segunda parte, Rio de Janeiro, Typographia Nacional, 1873, pg. 16/18.

Primeiro Comandante Geral das Guardas Municipais

Fonte: https://ihgb.org.br/perfil/userprofile/SRBarros.html

Sebastião do Rego Barros, nasceu no Estado de Pernambuco, em 18 de agosto de 1803, falecendo em 07 de março de 1863. Filho do Coronel Francisco do Rego Barros e de Dona Mariana Francisca de Paula Cavalcante de Albuquerque. Aos 14 anos ingressou no Exército (arma de Infantaria) e logo participou na pacificação da Província, nesse mesmo ano de 1817, quando foi ferido em combate.

Estudou Matemática em Coimbra cidade de Portugal no ano de 1823, concluindo seus estudos na França. Formou-se bacharel em Matemática pela Universidade de Gottingen (Alemanha) em 1826 e em seguida retornou ao Brasil. De 1830 a 1863 foi deputado (com exceção das 6° e 7° legislaturas) e entre 1851 e 1857 presidiu a Província do Pará. Em 17 de julho 1831, nomeado pela Regência a mando do Imperador, foi o primeiro Comandante Geral das Guardas Municipais e em 1837 foi ministro da Guerra.

Ao falecer possuía numerosos títulos, entre eles o de comendador da Ordem de Avis e de oficial da Ordem da Rosa. Para o Instituto Histórico Geográfico Brasileiro - IHGB foi eleito sócio correspondente em 1/12/1838. Era do Conselho do Imperador, e Tenente-Coronel reformado do Corpo de Engenheiros do Exército sendo ainda, autor do Regulamento Orgânico das Escolas Militares do Império (publicado em 1861, modificado e datado de 1858), além de Relatórios, e da Coleção das Provisões do Supremo Conselho Militar e da Justiça do Império do Brasil (1823 a 1856).

Abaixo temos o Decreto de 17 de julho de 1831 que traz as instruções de como o Comandante Geral das Guardas Municipais da cidade do Rio de Janeiro deve gerir a instituição.

> DECRETO – DE 17 DE JULHO DE 1831.
>
> Dá instrucções pelas quaes se deverá reger o Commandante geral das guardas municipaes da cidade do Rio de Janeiro e seu termo.
>
> A Regencia, em Nome do Imperador, Nomêa a Sebastião do Rego Barros, Commandante geral das guardas municipaes desta cidade e seu termo, para servir emquanto se não mandar o contrario, e debaixo das Instrucções da data deste, assignadas por Diogo Antonio Feijó, Ministro e Secretario de Estado dos Negócios da Justiça, que assim o tenha entendido, e faça excutarcom os despachos necessários. Palácio do Rio de Janeiro em dezasete de Julho de mil oitocentos trinta e um, décimo da Independência e do Império.
>
> Francisco de Lima e Silva.
>
> José da Costa Carvalho
>
> João Bráulio Moniz.
>
> Diogo Antonio Feijó.
>
> Instrucções pelas quaes se deverá reger o Commandante geral das

guardas municipaes desta cidade e seu termo.

Art. 1.° Ao Commandante geral das guardas municipaes desta cidade e seu termo, fica incumbida a isnpecção das ditas guardas, e a fiscalisação das obrigações dellas.

Art. 2.° Os Commandantes geraes dos districtos, não poderão applicar as forças do mesmo districto em socorro de outro, sem ordem do Commandante geral das guardas municipaes, salvo em urgente necessidade que não admitta demora.

Art. 3.° O Commandante geral das guardas municipaes poderá suspender do exercício de suas attribuições qualquer Commandante de corpo municipal que julgar conveniente, e nomeará immediatamente outro, até que competentemente seja substituído, ou restituído o Commandante suspenso.

Art. 4.° Todas as funcções a cargo das Câmaras Municipaes e Juizes de Paz, pelo Decreto de 14 de Junho passado, exigem audiência do Commandante geral das sobreditas guardas, por escripto, ou de viva voz, segundo permittirem as circumstancias.

Art. 5.° O Commandante geral das guardas municipaes poderá chamar ao serviço geral da cidade todos os cidadãos de qualquer districto della que forem necessarrios, communicando aos respectivos Juizes de Paz e Commandantes dos corpos respectivos para seu conhecimento.

Art. 6.° O Commandante geral das guardas municipaes prestará o juramento determinado no art. 13 do Decreto de 14 de Junho, perante a Camara Municipal, na primeira sessão desta, entrando já em exercicio.

Art. 7.° O mesmo Commandante geral se communicará directamente com o Ministro e Secretario de Estado dos Negócios da Justiça, sobre todos os negócios tendentes á conservação da segurança e tranquillidade do município, e disciplina geral das guardas municipaes.

Palácio do Rio de Janeiro em 17 de julho de 1831.

Diogo Antonio Feijó.

Este texto não substitui o original publicado no Coleção de Leis do Império do Brasil de 1831

Documento extraído da Biblioteca da Câmara dos Deputados Federais

Através do Decreto de 14 de junho de 1831, a Guarda Municipal renasce agora com sua certidão de nascimento e nela constando suas atribuições e prerrogativas sendo estes guardas municipais distribuídos em cada distrito por intermédio de esquadras que eram compostas por 25 a 50 integrantes armados que atuavam também em apoio às autoridades criminais e Juízes de paz. Os guardas municipais prestavam um juramento ao ingressarem na instituição. O Decreto Imperial de 17 de julho de 1831, além de criar também o cargo de Inspetor Geral das Guardas Municipais e da nomeação de Sebastião do Rego Barros, como comandante, também tratava especificadamente de suas atribuições frente à instituição que comandaria.

Na sequência temos a foto ilustrativa destacando importantes protagonistas da Regência Permanente (Regência Trina) que ajudaram o Imperador D. Pedro II a governar o Brasil e a seguir a foto de algumas batalhas e integrantes das forças defensoras do Império.

Fonte: www.youtube.com

Extinção da Guarda Real de Polícia

A 14 de julho de 1831, suas tropas se amotinaram enquanto o governo ainda se encontrava às voltas com a repressão aos soldados do 26º Batalhão de Infantaria do Exército Regular, que foi removido para Bahia, cuja rebelião ocorrera a 12 de julho. Além de exigirem o retorno dos revoltosos, que foram obrigados a embarcar em navios deixando a cidade, a Guarda Real de Polícia reivindicava o fim dos castigos físicos aplicados nas forças armadas. Após invadirem as ruas da capital promovendo toda sorte de atos ilícitos – como saques em lojas e agressão contra os transeuntes – as tropas rebeldes da Guarda Real de Polícia se dirigiram ao Campo de Santana em clara rebelião, seguidas por uma multidão composta de civis, bem armados e controlando a área que abrangia a Praça da Constituição e o Campo de Santana onde permaneceram amotinados por alguns dias somadas a parte das unidades militares enviadas inicialmente para reprimi-los e que também acabaram se juntando aos amotinados, totalizando, assim, perto de quatro mil manifestantes/insurgentes (militares e outros membros da sociedade).

Os moradores desta região da cidade buscando abrigo foram para a zona portuária fugindo do fogo cruzado e conseguindo por fim alocar suas famílias em navios ancorados no porto, escapando da confusão e do perigo conforme registraram os jornais periódicos da época. Diante dos fatos ocorridos, o governo imperial através do Ministro da Justiça, Diogo Antônio Feijó, convoca as duas Câmaras do Legislativo, o Gabinete e o Conselho de Estado para uma reunião no Paço Imperial, no Centro da Cidade (área da Praça XV de novembro), onde o Imperador menino e seus tutores buscaram abrigo durante a crise e dali foi formada uma força conhecida por vários nomes tais como: Batalhão de Oficiais-Soldados, Voluntários da Pátria, Batalhão Sagrado e Guerreiros da Pátria. Essa força cresceu em poucos dias sendo composta por mais de 400 oficiais de todos os postos. O Comandante desta força, o coronel João Paulo dos Santos e o Subcomandante, o Major Luís Alves de Lima e Silva (futuro Duque de Caxias), proporam aos oficiais leais que abrissem mão de suas antiguidades e do status para assumirem a função de soldado visto que o número de soldados era reduzido e o solicitado pelo comando da força foi aceito.

Esta força com o apoio da Guarda Municipal conseguiu pacificar as revoltas, retomar o controle das edificações públicas ao longo da área portuária do Rio de Janeiro que compreendia da ponta do Calabouço, Arsenal do Exército até o Arsenal de Marinha situado no sopé do morro de São Bento (Praça Mauá) onde haviam os suprimentos de armas e munições.

Após o restabelecimento da ordem os oficiais leais patrulhavam a cidade ladeados da Guarda Municipal e os revoltosos e insurgentes foram presos. O governo imperial dispersou várias unidades do Exército e transferiu outras para Províncias distantes da capital. Alguns oficiais e inúmeros soldados foram dispensados do serviço e ainda por uma Lei de 30 de agosto de 1831, o Exército sofreu uma redução onde seu efetivo foi limitado a 10 mil soldados em toda nação. Foi suspenso o alistamento e a suspensão das promoções da maioria dos oficiais remanescentes.

Em 17 de julho de 1831, uma sexta-feira, o governo imperial edita a lei que extingue a Guarda Real de Polícia por sua insubordinação coletiva que levou ao estopim da crise. As unidades do Exército receberam os oficiais da Guarda Real de Polícia por força desta lei e os praças foram dispensados recebendo gratuitamente transporte de retorno para suas Províncias (locais onde residiam).

Ilustração da Lei que extinguiu a Guarda Real de Polícia.

LEI— DE 17 DE JULHO DE 1831.

Extingue o Corpo da Guarda militar da Policia do Rio de Janeiro.

A Regencia, em Nome do Imperador, o Senhor D. Pedro II, Faz saber a todos os subditos do Imperio, que a Assembléa Geral Legislativa Decretou, e Ella Sanccionou a Lei seguinte:

Art. 1.° Fica extincto desde já o Corpo da Guarda militar da Policia do Rio de Janeiro.

Art. 2.° Os officiaes do referido corpo ficam considerados como avulsos, emquanto não forem empregados.

Art. 3.° O Governo fica autorizado para pagar passagem aos officiaes inferiores, e soldados que se quizerem retirar para as suas Provincias, assim como a continuar a dar-lhes as etapas, emquanto julgar conveniente.

Art. 4.° Ficam revogadas as Leis em contrario.

Manda portanto a todas ás Autoridades a quem o conhecimento desta Lei pertencer, que a cumpram e guardem, e façam cumprir e guardar tão inteiramente como nella se contém. O Ministro e Secretario de Estado dos Negocios da Guerra, a faça imprimir, publicar, e correr. Palacio do Rio de Janeiro em dezasete de Julho de mil oitocentos trinta e um, decimo da Independencia e do Imperio.

FRANCISCO DE LIMA E SILVA.
JOSÉ DA COSTA CARVALHO.
JOÃO BRAULIO MONIZ.

Manoel da Fonseca Lima e Silva.

Carta de Lei, pela qual a Regencia em Nome do Imperador, Sanccionou o Decreto da Assembléa Geral Legislativa, extinguindo o Corpo da Guarda militar da Policia do Rio de Janeiro.

Para a Regencia, em Nome do Imperador, ver.

José Ignacio da Silva, a fez.

Registrada nesta Secretaria de Estado dos Negocios da Guerra a fl. 16 do Liv. 1.° das Cartas de Lei. Rio de Janeiro em 18 de Julho de 1831.—*Luiz José de Brito.*

Diogo Antonio Feijó.

Sellada na Secretaria de Estado dos Negocios da Justiça em 19 de Julho de 1831.— *João Carneiro de Campos.*

Nesta Secretaria de Estado dos Negocios da Guerra foi publicada a presente Lei aos 21 de Julho de 1831.— *José Ignacio da Silva.*

Fonte: colleccao_leis_1831_parte1, pág. 34/35

A restauração do controle da capital fez com que o Regente Diogo Antônio Feijó, Ministro da Justiça e conselheiro direto do Imperador menino, adotasse uma série de medidas provisórias visando manter o controle da cidade. Em 27 de julho de 1831, o Regente Feijó, autorizou que o Intendente de Polícia distribuísse armas aos prorietários de estabelecimentos comerciais localizados em ruas e nos arredores da cidade onde o policiamento preventivo e ostensivo dos guardas municipais não era efetuado. Nesta esteira os chefes de guardas municipais nos seus distritos deveriam impedir que tais armas fossem indevidamente empregadas. Regente Feijó baixou ainda instruções regimentais sobre a reorganização da Guarda Municipal e ampliação de seu efetivo.

As medidas adotadas pelo Ministro da Justiça, Diogo Antônio Feijó, foram muito elogiadas na época pelo Evaristo da Veiga, membro da Câmara dos Deputados e líder liberal que declarou: "as medidas decisivas do ministro da justiça afastaram da sociedade a ameaça de ser invadida por hordas de bárbaros e que, se lhes perguntassem, os cidadãos interessados na ordem diriam ter depositado suas esperanças no Sr. Feijó e em sua coragem cívica".

O novo formato de segurança pública e defesa da soberania nacional foram cruciais para redução dos crimes, roubos, furtos e principalmente o desencorajamento das muitas revoltas e rebeliões que circundavam a capital do Império.

A Criação da Guarda Nacional

A Guarda Nacional foi criada nos moldes militares e concebida como organização nacional para atuar em todo país com isso também ajudaria ao Exército a policiar as fronteiras do Brasil, mas sua atuação preeminente era focada no Rio de Janeiro devido aos grandes números de revoltas.

LEI DE 18 DE AGOSTO DE 1831

Crêa as Guardas Nacionaes e extingue os corpos de milicias, guardas municipaes e ordenanças.

A Regencia, em nome do Imperador o Senhor D. Pedro II, faz saber a todos os Subditos do Imperio, que a Assembela Geral Decretou, e ella Sanccionou a Lei seguinte:

TITULO I

Disposições Geraes

Art 1° As Guardas Nacionaes são creadas para defender a Constituição, a liberdade, Independencia, e Integridade do Imperio; para manter a obediencia e a tranquilidade publica; e auxiliar o Exercito de Linha na defesa das fronteiras e costas.

Toda a deliberação tomada pelas Guardas Nacionaes acerca dos negocios publicos e um attetado contra a Liberdade, e um delicto contra a Constituição.

Art 2° O Serviço das Guardas Nacionaes consistirá:

1° Em serviço ordinario dentro do Municipio.

2° Em serviço de destacamentos fora do Municipio.

3° Em serviço de Corpos, ou Companhias destacados para auxiliar o Exercito de Linha...

Manda portanto á todas as autoridades, á quem o conhecimento e execução da referida Lei pertencer, que a cumpram, e façam cumprir e guardar, tão inteiramente como nella se contém. O Secretario de Estado dos Negocios da Justiça a faça imprimir, publicar, e correr.

Dada no Palacio do Rio de Janeiro aos dezoito dias do mez de Agosto de mil oitocentos trinta e um, decimo da Independencia e do Imperio.

FRANCISCO DE LIMA E SILVA.

JOSÉ DA COSTA CARVALHO.

JOÃO BRAULIO MONIZ.

Diogo Antonio Feijó.

Carta de Lei pela qual Vossa Magestade Imperial Manda executar o Decreto da Assembléa Geral, que Houve por bem Sanccionar sobre a creação das Guardas Nacionaes neste Imperio, seu Regulamento e extincção de todos os corpos de Milicias, Guardas Municipaes, e Ordenanças, tudo na fórma acima declarada.

Para Vossa Magestade Imperial, ver.

Antonio Alves de Miranda Varejão, a fez.

Diogo Antonio Feijó.

Publicada nesta Secretaria de Estado dos Negocios da Justiça em 20 de Agosto de 1831. - João Carneiro de Campos.

Registrada a fl. 82, do Liv. 1º de Leis, Secretaria de Estado dos Negocios da Justiça em 22 de Agosto de 1831. - João Caetano de Almeida França.

Este texto não substitui o original publicado no Coleção de Leis do Império do Brasil de 1831

Publicação: Coleção de Leis do Império do Brasil - 1831, Página 49 Vol. 1 pt I (Publicação Original)

O governo Imperial buscando sempre melhorar a forma de policiamento nos Municípios, bem como aplacar as revoltas e rebeliões existentes, cria mais uma modalidade de polícia que também era auxiliar direta do Exército.

O Major Luiz Alves de Lima e Silva, foi instrutor da Guarda Nacional que tinha bons uniformes, desfrutavam de certa posição econômica e status social, porém, parte do efetivo da Guarda Nacional, do Exército e da Marinha acabaram se envolvendo em rebeliões e em atos contra o governo imperial.

Abaixo foto ilustrativa da Guarda Nacional no embarque em navio:

Fonte: https://pt.m.wikipedia.org/wiki/Ficheiro:Embarque_da_Guarda_Nacional_em_26-2-1865.jpeg

A Tomada da Fortaleza de Ilha das Cobras

Nas ruas, praças, teatros, quartéis da capital do Império aconteceu um movimento anárquico inflamado para que as rondas municipais fossem atacadas, ocorria desobediência e insultos às autoridades, uma turba desenfreada avança para os quartéis e desarma alguns guardas municipais. Alguns soldados indisciplinados reclamam violentamente de seus oficiais buscando um levante. O Corpo de Artilharia da Marinha, aquartelado na Ilha das Cobras insistia numa revolta e diante de tanta insubordinação por Decreto de 16 de setembro de 1831, o Imperador demitiu o Ministro da Guerra, José Manoel de Moraes, removeu o Ministro da Marinha buscando acabar com o levante, mas não obteve êxito e na noite do dia 06 de outubro de 1831 ocorre a rebelião na Fortaleza de Ilhas das Cobras onde o Capitão Tenente Faustino requisita alguns guardas municipais que guarneçam os pontos de desembarque, que percorressem as praias sustentando armas em defesa da pátria permanecendo a noite inteira guarnecendo o Arsenal de Marinha com o intuito dos rebeldes se entregar, porém, isso não acontece. No dia seguinte por três vezes o governo imperial enviou emissários para que os rebeldes se rendessem, mas eles recusaram a rendição então o governo ordenou que fosse enviado para Ilha das Cobras força suficiente para acabar com aquele levante.

Em outubro do mesmo ano, amotinou-se, na Ilha das Cobras, a unidade de artilharia da Marinha... (História do Exército Brasileiro, Vol. 5, pag. 443).

"Nomeado em 29 de setembro de 1831, commandante das guardas municipaes, o marechal José Maria Pinto Peixoto, collocado á frente de 600 d'esses guardas o do batalhão de officiaes soldados voluntários da pátria, determinou ao coronel João Paulo dos Santos Barreto organizasse as columnas de assalto á fortaleza da ilha, as quaos ficáram assim dispositas: a primeira columna de meio batalhão de officiaes e 186 guardas municipais, a segunda a outra metade do mesmo batalhão e 180 guardas municipais, a de 200 guardas nacionaes e de uma reserva de 150 dos referidos guardas." (TOMO XXXIV, parte primeira, pag. 290)

Comandava a primeira coluna o Coronel João Paulo dos Santos Barreto, a segunda coluna o Major Luiz Alves de Lima e Silva, hoje Duque de Caxias e a terceira coluna o cidadão Manoel Antonio Airosa.

A frente da primeira coluna o Coronel João Paulo avança velozmente com uma linha de atiradores guardas municipais e manda o Batalhão de Oficiais-Soldados protegerem a retaguarda e logo chegam à esplanada da Fortaleza pela frente do porto. A segunda coluna circundou a Ilha das Cobras pelo lado esquerdo sem encontrar maior resistência aproximou-se da Fortaleza e cercou esse ponto. Reconhecendo não ser necessário enviar mais força, o Marechal Pinto Peixoto foi para o primeiro ponto da investida e ao constatar no parapeito da Fortaleza alguns soldados entre os quais um com a bandeira nacional desfraldada, intimou-lhes que abrissem o portão da praça e se rendessem como já lhes havia exigido o Coronel Barreto; mas não atenderam os sublevados, e, aproveitando-se do cessar fogo dispararam traiçoeiramente alguns tiros, dos quais um matou o **guarda municipal Estevão de Almeida Chaves**, que se encontrava na esplanada junto ao fosso. Antes de ferir mortalmente o guarda Almeida Chaves, varou a bala o boné do Alferes José da Victoria Soares de Andrea.

A morte do guarda municipal Estevão de Almeida Chaves, excitou os brios dos combatentes que inflamados tomaram o portão da Fortaleza, o Coronel Barreto com vários Oficiais tentaram arrombar o portão, mas foi em vão neste momento o Tenente Coronel Jacinhto Pinto de Araujo Corrêa, escalando as muralhas com um guarda municipal e vários Oficiais invadiram a Fortaleza e assim o Coronel Barreto bem como o Marechal Pinto Peixoto adentraram a Fortaleza e intimaram a rendição dos revoltosos que entregaram suas armas e se formaram na praça dos quartéis. Neste momento entrava pelo lado oposto o Major Luiz Alves de Lima e Silva a frente de sua coluna que não encontrou resistência daqueles que defendiam aquele local. Nesta ação foram capturados 200 rebelados e estes foram escoltados por guardas municipais para o navio Presiganga. Regressaram à corte as colunas de ataque exceto o Batalhão de Oficiais-Soldados que sob comando do Coronel Barreto ficou encarregado de efetuar um cerco a Fortaleza e capturar rebelados escondidos no mato e casas próximas.

> "Denodo e civismo patentearam o batalhão de officiaes e companhias de guardas municipaes que assaltaram a fortaleza; além do guarda municipal morto por uma bala, que bateu-lhe logo abaixo do pescoço, ficaram feridos e contusos três officiaes, não contando os sediciosos nem uma victima, e só mui poucos feridos." (Revista Trimestral do IHGEB, Tomo XXXIV, pag. 285).
>
> "Preencheu dignamente o Marechal Pinto Peixoto a missão de que encarregou-o o governo, mostrou-se activo e prudente, e soube poupar sangue, que sempre é doloroso ver derramado em uma luta de irmaõs."

Dirigiu-lhe o conselho da sociedade defensora da liberdade e independência nacional o seguinte officio:

> "Cidadão Commandante Geral das Guardas Municipaes.-Expôr a vida e o sangue para salvar a pátria é sem duvida praticar um acto de sublimado patriotismo; mas reunir ainda a isso o respeito ás leis da humanidade e compadecer-se d'aquelles mesmos que as não reconhecem, é tocar os limites das virtudes sociais. Eis o que fizeram esse que no dia 7 d'este mez correram a desalojar a anarchia do seu derradeiro baluarte. E tanta bravura e heroicidade não podiam ser consideradas sem o mais vivo transporte de gratidão pelo conselho da sociedade defensora da liberdade e independencia nacional. Vós, pois, cidadão, que fazeis parte d'esta sociedade recebei não já só puros e unanimes agradecimentos pela coragem e ilustrado amor da patria, de que nos haveis dado exemplo, senão igualmente os parabens pela

gloria que vos coube de comandar os bravos que por seu denodo e virtudes cívicas firmáram para sempre a liberdade e ventura dos nossos compatriotas.

Deus vos guarde, cidadão, por muitos anos no gozo da consideração e estima publica que vos rodeiam." (Revista Trimestral do IHGEB, Tomo XXXIV, pag. 285).

Observamos que a Guarda Municipal além de ser muito respeitada era também estimada pela população a ponto do jornal da ocasião Aurora Fluminense ter consagrado os bravos combatentes da Guarda Municipal e do Batalhão de Oficiais-Soldados que atuaram na Fortaleza da Ilha das Cobras com o soneto que segue abaixo:

"D'entre os bastardos filhos da Mavorte
Traição surgiu, horrores se encetáram,
Em negros antros tétricos juráram
A' bela Nictheroy sanguínea sorte.

Do povo aos gritos, cívico transporte
Inflamma os bravos; súbito voaram
Aos muros, onde os monstros decretaram
O roubo, o estrupo, a confusão e a morte.

Não sofre inulto o cidadão valente
Que o cóllo altêa a fúria da anarchia,
Em circulo postada armi-potente.

Convulso, ao véi-o, eis cede à valentia,
Exulta Nictheroy, e o brado ingente
Louva dos filhos seus a galhardia."

Foto ilustrativa da Fortaleza da Ilha das Cobras em 1850:

Fonte: www.diariodorio.com

Foto ilustrativa da Fortaleza da Ilha das Cobras atualizada:

Fonte: www.diariodorio.com

Muitos foram os elogios e homenagens de diversas personalidades à época pelo feito da Guarda Municipal em trazer a paz para capital do Império num período tão conturbado que foi o ano de 1831. A instituição que era muito bem armada e preparada para atuar em todos os pontos do Império sempre que era acionada, atendia prontamente e por esse motivo tinha um apreço grande de D. Pedro II o que muitas vezes causava ciúmes nas demais forças como o Exército, Marinha, Guarda Nacional e a extinta Guarda Real de Polícia.

Relatos Históricos: a Tomada da Fortaleza de Ilha das Cobras

Os textos abaixo foram publicados no Diário do Rio de Janeiro em 13 de outubro de 1831 e retratam a forma elogiosa, carinhosa e respeitosa que membros da sociedade e comandantes tinham acerca do que representou a Guarda Municipal com seu peculiar protagonismo na tomanda da Fortaleza de Ilha das Cobras.

> "O Commandante Geral do Corpo de Guardas Municipaes da Freguesia da Candellaria recebeo o Officio do theor seguinte, que faz publico para conhecimento de todos os Guardas da mesma Freguesia.
>
> Illm.º Sr. – tendo me sido dirigida pela Secretaria d'Estado dos Negocios da Justiça em data de 8 do corrente huma Portaria na qual a Regencia em nome do Imperador ha por bem louvar me pelos serviços prestados a bem publica tranquilidade, e conhecendo eu que sem a eficaz cooperação de V. S. como digno Commandante Geral das Guardas Municipaes d'esta Parochia, nas acentuadas, e prontas medidas tomou em prol da segurança comum, de nada servirão os meus acanhados exforços; rogo a V. S. queira accetar o meu sincero reconhecimento, e gratidão, pelos relevantes serviços ultimamente prestados por V. S. em os dias 6 e 7 do corrente: igoalmente tenho de rogar a V. S. que em meu nome agradeça aos beneméritos Commandantes das Esquadras, e que estes o fação a todos os briosos Cidadãos Guardas Municipaes d' esta Parochia, o Patriotismo, coragem, e diguinidade Civica que mostrarão em tão extraordinária circunstancias: certificando os de que com taes Cidadãos, digna parte do bom Povo Fluminense, as nossas propriedades, e vidas estão seguras, e o nosso caro paiz, sera venturoso, e livre. Deos Guarde a V. S. Rio de Janeiro 10 de Outubro de 1831."

Illm.º Sr. Manoel Antonio Alrosa, Commandante Geral das Guardas Municipaes da Parochia da Candellaria.

João Pedro da Veiga, Juiz de Paz suplente da Candellaria.

(Diario do Rio de Janeiro, nº 10, pag.37)

Em mais uma manifestação de contentamento com os bons serviços prestados pela Guarda Municipal Permanente segue abaixo o publicado no Jornal da época Diario do Rio de Janeiro:

"Illm.º Snr. A vista dos acontecimentos que tiveram lugar nesta Cidade em a noite de 6 e 7 do corrente, bem como dos brilhantes serviços, que prestarão os nossos Comparochianos, Cidadãos da Guarda Municipal, pois privando-se de todas as comodidades, correndo as armas expozerão as vidas a bem da Sociedade ameaçada por huma força de rebeldes; eu não posso deixar de manifestar a admiração, e reconhecimento de que me acho penetrado para tão bravos, e dignos membros da associação Brasileira. Foi sob as imediatas ordens de V. S., e debaixo de sua judiciosa direção, que os nossos Comparochianos, Cidadãos da Guarda Municipal, ganharão o laurela de gloria, que pertence aquelle, que na Sociedade prehenche árduos deveres e salva a Patria da sanha de seus inimigos; he pois por intermédio de V. S. que eu dezejo cheguem os meus vivos agradecimentos aos Snrs. Commandantes de Esquadra á fim de que estes o levem tambem ao conhecimento dos briosos compatriotas de seu respectivo Commando. Com taes Cidadãos a ordem publica nada tem a reciar dos perturbadores, e ambiciosos; e o sistema monarchico representativo, e as liberdades de cada hum não sofrerão abalo, que compremeta a sua estabilidade. Deos Guarde a V. S. Rio 11 de Outubro de 1831."

Illmº Snr. Joaquim José Pereira de Faro Filho, Commandante Geral do Corpo de Guardas Municipaes da Parochia de Santa Rita.

O Juiz de Paz da Parochia de Santa Rita, Manoel Teixeira da Costa Rica.

(Diario do Rio de Janeiro, nº 10, pag.38)

"Aos Briozos Guardas Municipaes, que formarão o primeiro Batalhão, na occazião do ataque a Ilha das Cobras.

Camaradas, Cidadãos e Amigos.

Escolhido por alguns d'entre vós, para o honroso cargo de commandarvos na occazião em que tínhamos de combater a Rebellião manisfestada no Corpo d' Artilharia de Marinha, aonde infelizmente se achavão Brasileiros iludidos; eu não posso deixar de agradecer-vos, e dar testemunho do bello comportamento que tivestes em tão notáveis circunstancias.

A coragem que mostrastes, atitude marcial que guardastes, já conservando-vos em perfeita formatura; já obedecendo ás minhas vozes; e já emfim, aprezentando-vos em Campo, como verdadeiros Soldados da Patria Basileira, de quem temos a honra ser filhos; tudo isto vos deve encher de glorias entre nossos Concidadãos!!!

Aprendão esses homens desvairados, que apregoão a Anarchia, a respeitar os verdadeiros, e leaes defensores da nossa chara Patria, os amigos da Lei, e da Ordem Publica.

Escondão-se envergonhados os perturbadores, inimigos da moral, e da virtude. Sim charos Compatriotas, e Camaradas: o dia 7 de Outubro de 1831, foi funestroá seus sinistros planos. Este dia será o terror de todos aqulles, que acobertados com o nome de Patriotas, que não merecem, procurão a dezunião dos Brasileiros, a nossa ruina, e a perda total do nosso querido Brasil!!

Eu á vossa frente, no lugar a que á vossa eleição, e não o meu mérito, me colocou, nada mais fiz então, do que esforçar-me por mostrar-me digno de vós, que tanto merecestes da Patria. Concidadãos! A liberdade, as Leis tem em vós o mais seguro penhor, da sua estabilidade: ai daqueles que ousarem ameaça-las o vosso braço saberá puni-los: Viva a Constituição. Vivão os Brasileiros. Vivão os Guardas Municipaes."

José Ferreira da Silva.

(Diario do Rio de Janeiro, nº 10, pag.38)

"O Commandante da Esquadra n.21 da Freguesia do Sacramento, não podendo pessoalmente agradecer a cada hum de persi de seus Concidadaos Guardas Municipaes, o faz por meio desta folha; agradecendo-lhes a prontidão daqueles que com honra, brio, e patriotismo, se aprezentarão na noite de 6 e se conservarão até o dia 7 do corrente, em defesa, e salvação da Patria, obdiencia ás Leis, e as Authoridades, e conservação da tranquilidade Publica, que tudo tão atrozmente se achava ameaçada, por hum punhado de anarquistas; esperando o mesmo Comandante destes tão briosos como honrados Cidadãos, a sempre igual prontidão, em similhantes casos; não deixando em silencio o seu agradecimentoao Sr. Manoel José Ferreira de Mello, Ajudante da mesma Esquadra, por tão exemplar conducta, zelo, e patriotismo com que corajozamentetem dezempenhado o seu emprego. Não sendo porém digno de elogio algum, aquelles quesó enchem a boca de bravos Brasileiros, e nestas ocasiões não se querem prestar a tão honroso, e justo serviço. Rio 11 de Outubro de 1831."

José Corréa Vasques da Fonseca.

Commandante da mesma Esquadra.

(Diario do Rio de Janeiro, nº 10, pag.38)

"Os Cidadãos Municipaes da Esquadra n.80, da Freguesia do Sacramento, muito agradecem ao seu Concidadão o Sr. José Jacintho, com casa de mantimentos na rua dos Pescadores defronte do Arsenal, o acolhimento que dele receberão, franqueando lhe a sua casa, perdendo ele, e seus caixeiros, o descanço da noite, para dar quartel áquelles que ansiosos correrão ao gemido da Patria ameaçada, mas que foi salva do monstro da anarquia, pela coragem do inconquistável Corpo Municipal, e dos Benemeritos e Honrados officiaes Soldados da Patria! Queira Sr. Redactor dar em sua folha cabimento a este agradecimento dos Cidadãos Municipaes da mesma Esquadra."

(Diario do Rio de Janeiro, nº 10, pag.38)

"Sr. Redactor – Tanto pregador! Tanto Patria! Tanto amante do Brasil! Tanto zellador siozo dos interesses da sua. Patria! Que he isto? Quando a pátria se achava em perigo, quandotoda esta Cidade tremia de susto, vendo já nella fomegar o faxo daanarquia, e o anjo da discórdia sobranceiro a esta Capital do Imperio, entretanto, que desses tafues valentões intrépidos urgulhozos que não querem seder a ninguém, a salvação da Patria, e apparecerão a defende-la no dia 7 de Outubro d 1831, dia memorável nofausto da hidtoria sempre que se haja de recordar a historia politica da Cidade do Rio de janeiro? Porventura os anarchistas, os insubordinados, os criminosos da Ilha das Cobrasestrião nas mesmas circunstancias que os mosquitos do Campo de Santa Anna, com quem combaterão os valentões do dia......!

Não certamente as circunstancias são bem diferentes, cá foi tomada por escala huma Fortaleza regular, municiada com huma sofrível guarnição aprezentarão-se para esta acção memorável, e perigosa os verdadeiros defensores desta Cidade, e os mais empenhados pela deffeza, e prosperidade de todo o Imperio aprezentarão-se homens que abandonando os seus teres, e suas familias, ao terror e ao susto correrão ás armas, e forão derramar o sangue, e a vida, para defender esta Cidade dos horrores da anarchia, e da devastação! Poderá ainda haver duvida do seu valor, da sua honra, e da decedida determinação de defender os interesses do Brasil? Mas Sr. Redactor, ali correrão todos os homens a quem só compete o verdadeiro e precioso hipitheto de Patriota, mas nem vi ali hum só desses badalos que tanto soão e nos atrcão os envolvidos com o som, e bulha de seus Periodicos, eles se ocultarão no fundo de suas cavernas, onde o coração, se lhe palpitava de susto, de medo: eu vi tudo, e observei, e reparei de propozito, e lá não vi os arrogantes jurujuba, Nova Luz, &c. &c. e só vi, e unicamente vi, naquela tão a riscada empresa o Nobre Autor do Americano, a quem vi praticar acções de Patriotismo, e de verdadeiro zelo, e interesse, pelos interesses do Brasil, não foi por acompanhar os outros, mais foi sempre na vanguarda unicamente, munido da sua espada. Não deixo atraz os merecimentos dos outros companheiros, por que o merecimento a i se desputou qual havia ser o primeiro, tanto a embarcar, como a dezembarcar, como na sobidaa muralha,e finalmente em tudo.

Viva pois o Governo que tem sabido espirar a segurança, s proteção, e o valor. Viva o Commandante das guardas Municipaes, que também as soube dirigir, e acompanhar na frente, a esta empresa. Viva o Nobre Batalhão dos Officiaes, e Vivão os Guardas Nacionaes, e Municipaes que também se comportarãocom valor, com honra, com tanta fidelidade, quanto entusiasmo por obedecer aos seus Superiores. Viva a Nação Brasileira. Viva a Constituição. Viva a Assembleia Nacional. e Viva Sua Magestade Imperial: Taes são os votos de hum verdadeiro defensor da Patria."

(Diario do Rio de Janeiro, nº 10, pag.36)

Primeiro Guarda Municipal Morto em Combate

O primeiro guarda municipal morto em combate foi Estevão de Almeida Chaves, português de nascença que por amor ao Brasil lutou para defesa da soberania nacional compondo o efetivo da Guarda Municipal Permanente.

Almeida Chaves foi ferido mortalmente por um tiro que atingiu o seu pescoço, quando retomava à Fortaleza da Ilha das Cobras (situada na Praça Mauá-RJ) local onde soldados da Marinha do Brasil faziam uma rebelião. A rebelião foi controlada pelos efetivos da Guarda Municipal Permanente sob comando do Marechal José Maria Pinto Peixoto, do Batalhão de Oficiais Soldados sob comando do Coronel João Paulo dos Santos Barreto e da Guarda Nacional sob comando do cidadão Manoel Antonio Airosa.

A registrar que a Fortaleza da Ilha das Cobras além de ser a base da Marinha do Brasil e, por conseguinte local onde concentrava um paiol com muita munição estocada, havia um presídio para os mais diversos crimes cometidos na capital do Império bem como, uma fortificação com grande concentração de efetivos armados para proteção dos marinheiros e prevenção contra possíveis invasões advindas do mar.

O sepultamento de Estevão de Almeida Chaves ocorreu no dia 08 de outubro de 1831. O cortejo saiu da Rua São Pedro onde residia o finado guarda municipal em direção a Igreja de São Francisco de Paula, situada no Largo de São Francisco, Centro Histórico da Capital do Rio de Janeiro, sendo acompanhado por uma multidão e em especial os guardas municipais que participaram em massa do cortejo. Vamos destacar a atitude do Marechal Pinto Peixoto, Comandante da Guarda Municipal que em conjunto com Juízes de Paz, conduziam o ataúde pelas ruas lotadas de pessoas que acompanhavam o ato solene e patriótico. Destacamos ainda, a presença de membros importantes da corte (Regência) que fizeram questão de acompanhar toda cerimônia até a Igreja que estava ornamentada de preto com um local ao centro da basílica preparado para o repouso do ataúde e uma orquestra preparada para tocar canções de despedidas. A cerimônia foi tão importante para época que teve lugar de destaque no jornal Aurora Fluminense onde descreveu a multidão que acompanhou o ato e frisou sobre o pagamento de todas as despesas fúnebres efetuadas por vontade própria de uma ação popular.

Ilustração abaixo retrata a Igreja São Francisco de Paula no período Imperial:

Fonte: www.riodejaneiroaqui.com

Ilustração abaixo retrata a Igreja São Francisco de Paula nos dias atuais:

Fonte: www.wikipedia.com

O jornal da época, Aurora Fluminense estampou em suas páginas este soneto em honra à memória do Guarda Municipal Estevão de Almeida Chaves:

Voltado á guerra, Chaves destemido,
Fervendo-te no peito o duro Marte,
Montas, qual raio, o forte baluarte,
Que é do Janeiro um ôlho ennobrecido.

A vencer ou morrer, já decidido
Prodigas a agressão com força e arte:
E o teu sem par valor por toda a parte
Confunde os tramas do feroz partido.

Porém: oh dôr! Em meio da victoria
Tiro certeiro as fauces te vulnera,
Perdes a vida onde ganhaste a gloria.
Nome deixado na terraqua esphera,
Sobes laureado ao templo da memoria,
Em novo ser de eterna primavera.
TOMO XXXIV, P. II.

Destaco ainda uma poesia também escrita pelo jornal da época Aurora Fluminense dedicada ao Estevão de Almeida Chaves, primeiro guarda municipal morto em combate, onde se lê:

Não receies que o tempo estragador
Desfaça os louros que colheste heróe:
Pôde a parca ao destino submetida
Os teus dias cortar tão sem piedade
Mas não pôde riscar teu nome ilustre,
Dos fatos do Brasil agradecido.

Percebemos que mesmo antes de ser mais uma vez recriada via certidão de nascimento a Guarda Municipal Permanente já se fazia presente e muito atuante na segurança interna da nação bem como na defesa da soberania nacional fato constatado na atuação primorosa, mas que teve o desfecho onde o primeiro guarda municipal foi ferido mortalmente, porém, o feito de Estevão de Almeida Chaves, ficou registrado para todo o país quando o governo imperial ordena a edição do Decreto Imperial datado de 12 de outubro de 1831, onde manda escrever pela Câmara Municipal da capital do Império, no livro destinado a posteridade as honras à Almeida Chaves, por ter sido o primeiro guarda municipal morto em combate em 07 de outubro de 1831, dando sua vida em defesa da lei, da pátria e da liberdade, atacando os rebeldes da fortaleza de Ilhas das Cobras. Vale destacar que nenhuma outra instituição de segurança pública neste continente chamado Brasil possui um Decreto Imperial que trata exclusivamente de um agente garantidor das leis e sua brilhante atuação na defesa de seu país.

Documento Histórico: Decreto Imperial Alusivo ao Guarda Municipal Estevão de Almeida Chaves

"Decreto de 12 de Outubro de 1831

Manda inscrever o nome do cidadão Estevão de Almeida Chaves, no livro destinado a transmitir á posteridade os grandes acontecimentos.

A Regência, em Nome do Imperador o Senhor D. Pedro II, querendo exprimir os votos e os sentimentos da generosa Nação Brasileira, perpetuando a memória do cidadão que ha pouco fez o sacrificio de sua vida a bem da causa publica,

DECRETA:

A Camara Municipal desta muito leal e heróica cidade do Rio de Janeiro fará inscrever no livro destinado a transmitir á posteridade os grandes acontecimentos, o nome do cidadão Estevão de Almeida Chaves, declarando ser o primeiro guarda municipal que no dia 7 de Outubro do corrente ano deu a vida em defesa da Lei, da Patria e da Liberdade, atacando os rebeldes na Fortaleza da Ilha das Cobras.

Diogo Antonio Feijó, Ministro e Secretario de Estado dos Negócios da Justiça, o tenha assim entendido e faça executar. Palácio do Rio de Janeiro em doze de Outubro de mil oitocentos trinta e um, décimo da Independência e do Império."

Este texto não substitui o original publicado no Coleção de Leis do Império do Brasil de 1831

Coleção de Leis do Império do Brasil - 1831, Página 41 Vol. 1 pt II (Publicação Original).

Foto do jornal da época Diário do Rio de Janeiro onde o trecho destacado fala do sepultamento do guarda municipal, Estevão de Almeida Chaves:

DIARIO DO RIO DE JANEIRO.

NUMERO 11. SEGUNDA FEIRA 14 DE NOVEMBRO DO ANNO DE 1831.

Rio de Janeiro, na Typographia do Diario 1831.

EDITAL.

AO Tribunal da Junta do Commercio, Agricultura, Fabricas, e Navegação do Imperio do Brasil, envou o Consul Brasileiro em Lisboa o Officio do theor seguinte.

Senhor. — Tenho a honra de participar a Vossa Magestade Imperial, que a Escuna Brasileira Borbuleta, que em meu Officio de 2 do Abril do corrente anno fiz constar haver sido capturada em 14 de Outubro de 1830, na Ilha de S. Thomé, pelo Governador, e remettida a equipagem presa para esta Corte, aonde chegou em trinta de Março ultimo, obteve no 1.° deste mez diffinitiva Sentença do Conselho de Marinha para que as pessoas da guarnição fossem postas em sua liberdade o que se effectuou, e a Escuna restituida com todas as perdas, damnos, e prejuisos, &c. Muita saptisfação me deu vêr triunfar a justiça dos meus Nacionaes, illesa a sua honra, e salvas todas as suas vantagens. Enviarei aos Proprietaios com a brevidade possivel, todos os documentos que lhes possão utilisar em suas reclamações. Remetto os Mappas de importação, e exportação entre este, e os Portos do Brasil em o 2.° Trimestre deste corrente anno. Por Aviso do Ministro da Fasenda deste Reino em 28 de Julho preterito se ordenou a effectiva execução da Resolução de Consulta de 6 de Março de 1830, que manda isentar de direitos os mantimentos que se embarcão em os Navios Brasileiros para as suas Tripulações. O Ministro dos Negocios Estrangeiros assim m'o communicou em resposta a hum Officio que lhe havia dirigido para este mesmo fim. Deos Guarde a Vossa Magestade Imperial. Lisboa 17 de Setembro de 1831. — Vicente Ferreira da Silva.

E para que chegue á noticia dos interessados, mandou o mesmo Tribunal affixar o presente. Rio de Janeiro 9 de Novembro de 1831.

João Antonio Rodrigues de Carvalho.

DECLARAÇÕES.

Tenho a honra de participar á V. S., que tendo de marchar, quanto antes, para a Provincia de Minas Geraes, não me he possivel o poder me appresentar mais no Batalhão de Officiaes; não só pelo expendido motivo, como, ainda mesmo, pela escacez de minha saude, declarando a V. S., que de todo o meu armamento, e alguns cartuxos embalados, já fiz a competente entrega ao Sargento Mór José Joaquim Affonso; resta-me pois certificar a V. S., com o cunho da verdade que professo, que quando hum subdito tem a fortuna de preencher os sabios detalhes de tão benemerito Commandante, já mais deixará de tributar-lhe o maior respeito, gratidão, e amizade. Deos Guarde a V. S. muitos annos. Corte 11 de Novembro de 1831. — Illm.° Sr. Coronel Thomé Fernandes Madeira, Commandante da terceira Companhia do Batalhão de Officiaes Soldados Voluntarios da Patria. — *Francisco de Paula Mascarenhas*, Alferes da primeira Linha do Exercito.

Pela Intendencia da Marinha se pertende comprar lona estreita, brins, fileie, sortidos, véllas de cebo, pixe, e breu; quem quizer vender taes generos, compareça no dia 15, devendo com antecedencia enviar as amostras dos 3 primeiros artigos. Intendencia da Marinha 12 de Novembro de 1831.

Francisco Bibiano de Castro.
Capitão de Mar e Guerra.

Sua Ex. o Ministro da Marinha, dá audiencia todos os Sabbados das 10 horas em diante, como já fôra annunciado; e por isso deseja que o procurem ali as pessoas que lhe houverem de fallar sobre negocios menos urgentes relativos á sua repartição. Secretaria de Estado em 12 de Novembro de 1831.

Ordena o Sr. Commandante interino das Armas, que o Sr. Tenente Joaquim José Maria Parró do extincto Batalhão de Caçadores n. 10 de primeira Linha, se apresente no Quartel General para objecto de serviço. Quartel General no Campo da Honra em 12 de Novembro de 1831. — *Manoel Antonio da Fonseca Costa*, Ajudante d'Ordens.

Pelo Juizo de Paz da Freguezia do Sacramento se faz publico, que existem na Cadêa da Casa da Supplicação os escravos seguintes: Rita, Cabinda, de Joanna de tal; Joaquim, Moange, de Marianna Joaquina; João, Benguella, de Francisco Antonio de Oliveira Brito; Teresa, Angola, ignora o nome do Snr.; Maria, Rebolla, de Rosa Maria Candida; Joaquina, Benguella, de Francisca Angelica, Jeronimo, crioulo, do Marechal Sampaio; Antonio, Cabinda, de D. Maria do Carmo; José, Angóla, de Fulano Tompes; Thomaz, Cassange, de João Branco; e João, Moange, de Francisco da Silva; cujos escravos se achão presos pelo dito Juizo. — *José Francisco Pinto de Macedo*, Escrivão do Juiso.

O Independente deixará de apparecer por agora. Pede-se aos Snrs. Assignantes queirão ter a bondade de ir á rua de S. Pedro a loja por baixo do sobrado n. 23 receber o que tem pago adiantado.

OBRAS PUBLICADAS.

Hoje sahe á luz o 1.° numero do Clarim da Liberdade, contendo huma analyse do Decreto referendado pelo Exm.° Snr. Feijó, em que dá o nome de benemerito a Estevão de Almeida Chaves, Guarda Municipal, que foi morto no ataque da Ilha das Cobras, e contendo a Biographia do mesmo benemerito em que se mostrão os males que fez ao Brasil. Vende-se em casa de Silvino José de Almeida, Praça da Constituição n. 51; e na rua da Quitanda n. 83, onde tambem se subscreve por 2$000 réis por trimestre.

Acha-se á venda em casa de Silvino José de Almeida, Praça da Constituição n.° 51, e na rua da Quitanda n. 83, o 1.° 2.°, e 3.° numeros da reimpressão do antigo Tamoio.

Domingo 13 do corrente sahio á luz o 2.° numero do Simplicio da Roça com hum Supplemento que contem huma grande noticia, tudo por 80 réis. Vende-se em casa de E. Seignot-Plancher, e nas lojas do costume.

VENDAS.

1 Vende-se a Fasenda denominada Santa Rita dos Praseres, muito para cá de Cantagallo, contendo 5 escravos, e cinco crias, paiol, moinho d'agoa, rio corrente, fabrica de farinha, mais de 4 mil pés de café, 7 bestas, 20 cabeças de gado vacum, porcos, &c.; situada em bello lugar, tendo de extenção huma legoa quadrada: vende-se por commodo preço com escravos, ou sem elles; recebe-se metade á vista, e a outra a pagamentos, ou troca-se por huma casa na Cidade: a quem convier dirija-se á rua de S. Pedro da Cidade Nova n. 95.

2. Na rua do Sabão n. 24, vendem-se duas pedras de filtrar agoa.

Fonte: http://hemerotecadigital.bn.br

Insta destacar que as Guardas Municipais, e neste caso especial, a Guarda Municipal da cidade do Rio de Janeiro é a única instituição de segurança pública no país que possui um Decreto Imperial assinado pelo Imperador D.Pedro II, agraciando os feitos de um guarda municipal que deu a vida em defesa da Lei, da Pátria e da Liberdade.

Segunda Certidão de Nascimento

LEI DE 10 DE OUTUBRO DE 1831

Autoriza a creação de corpos de guardas municipaes voluntarios nesta cidade e provincias.

A Regencia, em Nome do Imperador o Senhor D. Pedro II, Faz saber a todos os Subdilos do Imperio que a Assembléa Geral Decretou, e Ella Sanccionou a Lei seguinte :

Art. 1º O Governo fica autorizado para crear nesta Cidade um Corpo de guardas municipaes voluntarios a pé e a cavallo, para manter a tranquillidade publica, e auxiliar a Justiça, com vencimentos estipulados, não excedendo o numero de seiscentas e quarenta pessoas, e a despeza annual a cento e oitenta contos de réis.

Art. 2º Ficam igualmente autorizados os Presidentes em Conselho para crearem iguaes corpos, quando assim julguem necessario, marcando o numero de praças proporcionado.

Art. 3º A organização do corpo, pagamento de cada individuo, a nomeação e despedida dos Commandantes, as instrucções necessarias para a boa disciplina, serão feitas provisoriamente pelo Governo, que dará conta na futura sessão para a approvação da Assembléa Geral.

Art. 4º Ficam revogadas todas as Leis em contrario. Manda portanto á todas as Autoridades, a quem o conhecimento, e execução da referida Lei pertencer, que a cumpram, e façam cumprir, e guardar tão inteiramente como nella se contém. O Secretario de Estado dos Negocios da Justiça a faça imprimir, publicar, e correr. Dada no

Palacio do Rio de Janeiro aos dez de Outubro de mil oitocentos trinta e um, decimo da Independencia e do Imperio.

FRANCISCO DE LIMA E SILVA.

JOSÉ DA COSTA CARVALHO.

JOÃO BRAULIO MONIZ.

Diogo Antonio Feijó.

Carta de Lei, pela qual Vossa Magestade Imperial Manda executar o Decreto da Assembléa Geral, que Houve por bem Sanccionar, sobre a creação nesta Cidade e Provincias de um corpo de guardas municipaes voluntarios, na fórma acima declarada.

Para Vossa Magestade Imperial vêr.

José Tiburcio Carneiro de Campos, a fez.

Diogo Antonio Feijó.

Registrada nesta Secretaria de Estado dos Negocios da Justiça a fl. 96 do Livro 1º de Leis. Rio de Janeiro em 13 de Outubro de 1831. - João Caetano de Almeida França.

Publicada e sellada a presente Lei nesta Secretaria de Estado dos Negocios da Justiça em 15 de Outubro de 1831. - João Carneiro de Campos.

Este texto não substitui o original publicado no Coleção de Leis do Império do Brasil de 1831

Coleção de Leis do Império do Brasil - 1831, Página 129 Vol. 1 pt I (Publicação Original)

Utilizando de uma visão mais global para as ações locais o então membro da Regência Permanente (Regência Trina), Diego Antonio Feijó sabendo do patriotismo e do fiel cumprimento das atribuições, competências e prerrogativas demonstrado pela Guarda Municipal da cidade do Rio de Janeiro empodera esta instituição com exclusividade nas funções de policiamento da cidade e para isso recria a instituição bem selecionada e paga tendo sua nova data de renascimento em 10 de outubro de 1831 com a nomenclatura inicialmente de Corpo de Guardas Municipais Permanentes e os guardas municipais sendo chamados pela população como "permanentes".

A Guarda Municipal assume papel de relevância principalmente após a crise de julho de 1831. As patrulhas de guardas municipais deveriam policiar dia e noite em patrulhas a pé ou a cavalo com o seu dever sem exceção de pessoa alguma e sendo com todos prudente, fazendo uso da civilidade e o respeito aos direitos humanos, porém estavam autorizados a fazerem uso da força se necessário fosse.

Percebemos que após a primeira certidão de nascimento em 14 de junho de 1831 e sua pseudo extinção com a criação da Guarda Nacional em 18 de agosto de 1831 onde na verdade parte do efetivo da Guarda Municipal da Cidade do Rio de Janeiro foi incorporado à Guarda Nacional é notório que a instituição continuou prestando seus serviços à população e isso está retratado no acionamento da instituição em 07 de outubro de 1831 para atuar na Fortaleza da Ilha das Cobras fato que se deu três dias antes da edição da segunda certidão de nascimento nos fazendo acreditar que a pioneira em segurança pública no país sempre esteve perene e ativa na defesa da ordem pública bem como na defesa da soberania nacional como se verá mais adiante.

Desenho de um guarda municipal permanente:

Fonte: contracapa do livro Polícia no Rio de Janeiro

É salutar registrar que mesmo no período que em tese as Guardas Municipais estavam extintas (18 de agosto de 1831 a 10 de outubro de 1831) foi registrado um grande número de participação desta instituição por destacar o transcrito via Decreto Imperial tendo como exemplo a tomada de Fortaleza da Ilha das Cobras efetuada em sua maioria por guardas municipais que, infelizmente, culminou com a morte do GM Estevão de Almeida Chaves no dia 07 de outubro de 1831 e seus feitos foram transcritos para um Decreto Imperial datado de 12 de outubro de 1831.

A Guarda Municipal Permanente realizava o serviço nas ruas da cidade (Capital) a pé e nos subúrbios policiava a cavalo (Cavalaria). Os "permanentes", alcunha utilizado pela população para se referir a Guarda Municipal Permanente, atuavam na repressão às reuniões ilícitas com mais de três indivíduos e/ou às que ocorressem à noite sem a devida permissão das autoridades policiais, onde participassem mais de cinco pessoas, conforme determinado pela lei de 06 de junho de 1831. Controlavam a população que usufruía dos eventos públicos autorizados, prendiam os indivíduos envolvidos em distúrbios contra a ordem civil, os que portassem armas e os que por suas atitudes ofendessem a moral pública então imposta.

Os ofícios e avisos do Ministro da Justiça para o Comandante dos Guardas Municipais Permanentes num total de 3.030 demostram que a atuação da força policial preventiva e ostensiva no Rio de Janeiro passou a ser muito mais voltada à manutenção da tranquilidade e segurança pública.

Primeiro Regulamento das Guardas Municipais

DECRETO – DE 22 DE OUTUBRO DE 1831

Dá Regulamento ao corpo de guardas municipaes permanentes da Côrte.

A Regencia, em Nome do Imperador, o Senhor D. Pedro II, em consequencia do § 12 do art. 102 da Constituição e da Lei de 10 do corrente mez, Decreta:

Art. 1.° O estado-maior do corpo de guardas municipaespermanentes nesta Côrte constará de um Commandante geral com graduação de TenenteCoronel, um Ajudante, um Cirurgião-mór, um Cirurgião Ajudante, um Secretario Sargento e um Quartel-mestre Sargento.

Art. 2.° Constará o corpo de quatro companhias de infantaria, composta cada uma de 100 soldados, um Corneta, seis Cabos, um Forriel, tres Sargentos, 1.° e 2.° Commandante, com graduação de Capitão e Tenente: de duas companhias de cavallaria composta cada uma de 75 soldados, um Clarim, seis Cabos, um Forriel, tres Sargentos, 1.° e 2.° Commandante, com graduação de Capitão e Tenente.

Art. 3.° Neste corpo serão alistados cidadãos brazileiros de 18 a 40 annos, de boa condueta,.moral e politica; e nelle servirão emquanto quizerem, a não serem demitidos pelo Governo na Côrte, e pelos Presidentes nas Provincias, onde taes corpos forem creados; ou por sentença condemnatoria.

Art. 4.° O estado-maior, e Commandantes de companhia serão nomeados pelos Presidentes em conselhonas Provincias, e na Côrte pelo Governo, e demittidos quando tenham perdido a confiança dos que os nomearam. Os Officiaes inferiores serão promovidos, e tornados á classe de soldados pelo Commandante geral sob informação dos dous Commandantes de companhia.

Art. 5.° O Corneta, Clarim e soldado vencerá mensalmente 18000, o Cabo 19$000, o Forriel 20$000, o Sargento 21$000, o 2.° Commandante e o Ajudante 50$000, o 1.° Commandante 70$000, o Secretario e o Quartel-mestre 25$000, o Cirurgião-mór 40$000, o Cirurgião Ajudante 30$000, o Commandante geral 120$000. Nenhum accumulará vencimento, nem terá pret, etapa, fardamento, ou gratificação alguma. O Commandante geral, Ajudante, e mais Commandantes de companhias terão mensalmente 20$000 de forragem para duas cavalgaduras.

Art. 6.°Os Presidentes em Conselho, depois de designarem o numero indispensavel de guardas municipaes a pé e a cavallo, de que deve constar o corpo, proporão ao Governo o vencimento, que julgaram conveniente a cada praça para ser approvado, ou alterado. Entretanto, organizado o corpo, se abonará ás praças o vencimento proposto, até definitiva resolução do Governo.

Art. 7.° A falta de cumprimento exacto nos deveres, será punida com reprehensão particular, ou em frente da companhia; e sendo habitual, com demissão.

Art. 8.° A desobediencia será punida com um a tres mezes de prisão, conservando-se solitario oito dias em cada mez. Na reincidencia, além destas penas, será demitido.

Art. 9.° A injuria feita a superiores será punida com tres a nove mezes de prisão, estando solitario oito dias em cada mez.

Art. 10. A ameaça aos superiores será punida com um a tres annos de prisão com trabalho.

Art. 11.A offensa physica aos superiores será punida com o dobro das penas do artigo antecedente.

Art. 12. O que concorrer, ou mesmo tolerar, para que se não conserve na fórma determinada aquillo que é confiado á sua guarda e segurança, além de ser punido com pena igual áquella, em que incorreu o que tal acto praticou; e se fôr preso, a em que este estava incurso, será demittido.

Art. 13.O que desertar, ou deixar o serviço por mais de tres dias, além das penas, em que incorrer pela omissão, será preso por um a tres mezes e demitido.

Art. 14. O que se servir do seu emprego para commetter crimes, ou toleral-os, além de demittido, será preso por tres a nove mezes..

Art. 15. O que se servir das armas para fazer, ou ajudar algum ajuntamento illicito, será preso por um a tres annos com trabalho.

Art. 16. Todas as vezes que a pena exceder a seis mezes de prisão, será demittido.

Art. 17. As penas acima declaradas não isentam das declaradas no Codigo Criminal, que serão impostas pela autoridade civil competente.

Art. 18. O réo indiciado dos crimes mencionados será logo preso, formando-se-lhe culpa, no prazo marcado por lei.

Art. 19. O Commandante do corpo, e o Commandante de companhia é competente, por si só, para reprehender particularmente.

Art. 20. Nos mais casos, se o crime fôr de estado-maior, ou dos Commandantes, convocar-se-há, por ordem do Governo, seis Officiaes de Capitão para cima, das guardas nacionaes, presididos pelo Commandante do corpo, se não fôr este o réo, porque então serão presididos por um Commandante de batalhão das guardas nacionaes, e ahi, ouvidas as testemunhas sobre a parte circumstanciada, que deve dar a autoridade, que mandou prender o réo, ou o accusou, será este pronunciado ou não.

Se o crime fôr de Official inferior, ou soldado, a convocação será feita pelo Chefe, e os Officiaes serão tirados d'entre os Commandantes das companhias.

Art. 21.Feita a pronuncia será offerecido o libello accusatorio pelo Promotor, que será um Official mais apto para esse fim, nomeado pelo Presidente do conselho, seguindo-se em tudo o mais o processo do Jury; podendo o réo recusar quatro Officiaes, e o Promotor dous, os quaes serão substituidos por outros nomeados pelo mesmo Presidente, comtanto que não sejam amigos intimos, inimigos declarados, ou parentes até o segundo gráo do réo, ou Promotor. Na falta de Commandantes de companhias serão chamados Capitães das guardas nacionais.

Art. 22. Condemnado, ou absolvido o réo, têm as partes recurso a outro conselho, quando a pena exceder a tres mezes de prisão.

Art. 23. Este conselho será o mesmo Jury do lugar: mas este não poderá diminuir a pena para menos de tres mezes, excepto por unanimidade de votos.

Art. 24. Este recurso deve ser intentado sómente dentro dos 10 dias depois de intimada a primeira sentença, e perante o Presidente do conselho, que immediatamente fará remessa da culpa ao Juiz de Direito, para decidir-se no primeiro Jury, no qual as partes poderão allegar o que lhe fôr a bem, e até reproduzir novas testemunhas, se o mesmo Jury julgar necessario.

Art. 25. O Official offendido não póde presidir ao conselho. O Presidente deste não tem voto. Em caso de empate é o réo absolvido.

Diogo Antonio Feijó, Ministro e Secretario de Estado dos Negócios da Justiça, o tenha assim entendido, e faça executar. Palácio do Rio de Janeiro em vinte e dous de Outubro de mil oitocentos trinta e um, décimo da Independência e do Império.

Francisco de Lima e Silva.

José da Costa Carvalho.

João Braulio Moniz.

Diogo Antonio Feijó.

"Conforme o regulamento de 22 de outubro de 1831, do estado-maior do Corpo de Guardas Municipais, constavam um comandante-geral, com graduação de tenente-coronel, um ajudante, um cirurgião-mor e seu ajudante, um secretário e um quartel-mestre. Para realizar as atribuições ligadas ao policiamento urbano, o regulamento previu a existência de quatro companhias de infantaria, composta, cada uma, de 100 soldados, e duas de cavalaria, composta, cada uma, de 75 soldados. No entanto, um ano após a sua criação, os "permanentes" contavam com 163 soldados na cavalaria e 191 na infantaria, e sete homens servindo no quartel-general, totalizando 361 componentes. Em 1834, havia na cavalaria 169 e na infantaria 279, e nove no quartel-general, somando 457 homens. Apesar da força policial desse período ter tido um maior número de alistados, seus comandantes reclamavam constantemente junto às autoridades civis sobre a dificuldade de os soldados realizarem a contento todas as incumbências ligadas ao policiamento urbano – que ía desde as mais rotineiras, como a vigilância dos chafarizes e fontes públicas e a prisão de bêbados e mendigos até a repressão armada a rebeliões militares e movimentos políticos de oposição civil ao governo – contando com um número insuficiente de pessoal." (HOLLOWAY, 1997, p. 132-3)

O Imperador e o Regente Diogo Antonio Feijó aprovaram tanto a reestruturação e a recriação da Guarda Municipal que em 1839, o Regente Feijó se dirigiu em nome de Sua Majestade o Imperador ao Senado afirmando que:

"Lembrarei ao Senado que, entre os poucos serviços que fiz em 1831 e 1832, ainda hoje dou muita importância à criação do Corpo Municipal Permanente; fui tão feliz na organização que dei, acertei tanto nas escolhas dos oficiais, que até hoje é esse corpo o modelo da obediência e disciplina, e a quem se deve a paz e a tranquilidade de que goza esta corte."

Foto ilustrativa à frente o Regente Diogo Antonio Feijó e ao fundo guardas municipais.

Fonte: https://mundoeducacao.uol.com.br/

O Imperador D. Pedro II bem como a Regência Trina estavam focados em manterem a ordem pública nos Municípios e eles conseguiram quando instituíram de fato e de direito amparados pelas leis que criaram, regulamentaram, regularizaram e deram atribuições, prerrogativas e competências para edição por todo país das Guardas Municipais.

Como retratamos, diversas vezes aqui, a Guarda Municipal ocupa um lugar de destaque e goza de grande admiração do Imperador, sua corte, membros da Regência Permanente (Regência Trina) e da população. Essa confiança se valia do fiel e total apoio a D. Pedro II e este demandava muitas ações operacionais para a Guarda Municipal que cumpria sem pestanejar, trazendo resultados esperados pelo Imperador. Isso também foi motivo de ciúmes de outras instituições da época cito: Exército, Marinha, Guarda Real de Polícia e Guarda Nacional. O Governo Imperial sempre fez questão de retratar os feitos da Guarda Municipal e o fazia via Lei, Decreto, matérias publicadas nos jornais da época ou em pronunciamentos como este que segue:

"No interior a lei cobra o seu imperio; e se os partidos desencontrados, aspirações illegaes, paixões violentas, arrastam a nação as repelle, e detesta como fataes precursoras da anarchia, e despotismo. O Brazil se recordará sempre grato dos relevantes serviços prestados pelos Guardas Municipaes, Officiaes, soldados, e outros bravos militares; estes dignos Brazileiros têm arrostado por toda a parte os maiores perigos, esquecidos de si, e só tendo por diante o que lhes merece a sua patria.

Esgotados infructuosamente os meios brandos, forçoso é desembainhar a espada da Justiça para conter os faccíosos, cujos incessantes attentados contra a ordem, e tranquillidade publica principiavam a estancar as fontes da riqueza nacional, e como que a banir desta terra hospitaleira a paz, e a segurança individual, e a da propriedade.

É chimera aspirar á liberdade sem justiça."

Colleção das Leis do Império do Brazil de 1831, segunda parte, Rio de Janeiro,Typographia Nacional, 1873, pg.16/17.

A extinção do cargo de Comandante Geral das Guardas Municipais

56 ACTOS DO PODER

DECRETO — DE 25 DE NOVEMBRO DE 1831.

Dá por extincto o lugar de Commandante geral das guardas municipaes.

A Regencia, em Nome do Imperador o Senhor D. Pedro II, Tendo attenção ao que lhe representou o Marechal de Campo José Maria Pinto Peixoto, Commandante geral das guardas municipaes, e a terem cessado as causas que motivaram a creação deste lugar pelo Decreto de 17 de Julho do corrente anno; Ha por bem Conceder-lhe a demissão que delle pede, louvando e agradecendo os bons serviços que prestou á causa publica.

Diogo Antonio Feijó, Ministro e Secretario de Estado dos Negocios da Justiça, o tenha assim entendido e faça executar. Palacio do Rio de Janeiro em vinte e cinco de Novembro de mil oitocentos trinta e um, decimo da Independencia e do Imperio.

FRANCISCO DE LIMA E SILVA.
JOSÉ DA COSTA CARVALHO.
JOÃO BRAULIO MONIZ.

Diogo Antonio Feijó.

Fonte: colleccao_leis_1831_parte2, pág, 56

No texto publicado acima, notamos que o governo imperial, após entender que não havia mais a necessidade da Guarda Municipal Permanente da cidade do Rio de Janeiro possuir o posto de Comandante Geral acaba por extinguir esse cargo. O governo imperial em muitas oportunidades fez alterações em postos, cargos e nomenclatura das Guardas Municipais, porém nunca deixou de requisitar seus serviços em todo período imperial.

Uniforme e distintivos para as Guardas Municipais Permanentes

90 ACTOS DO PODER

DECRETO — DE 29 DE DEZEMBRO DE 1831.

Designa o uniforme e distinctivos do corpo de Guardas Municipaes permanentes.

A Regencia, em Nome do Imperador o Senhor D. Pedro II, em execução do art. 3.° da Carta de Lei de 10 de Outubro do corrente anno, Decreta:

Art. 1.° O uniforme do corpo dos Guardas Municipaes permanentes será: fardeta azul com mui pequena aba, rodeada de um vivo verde, com as pontas da aba voltadas da mesma côr; botões pretos, e sobre os hombros um trancelim largo tambem preto; boné de panno azul; e os Officiaes o terão cingido de um galão largo de ouro.

Art. 2.° A cavallaria terá a differença nos vivos, e volta da aba da fardeta, e botões que serão amarellos: sobre os hombros trarão uma corrente de metal tambem amarello, e o bonet, de panno azul, terá o fundo preto com o tope nacional em frente e circulado por detraz com duas correntes amarellas, que servirão para prendel-o quando convier. O correame será preto, e a cavallaria usará de um só, em que estará segura a canana, e da qual penderá a espada. Usarão de calça branca no verão, e azul no inverno, e de botins por baixo.

Art. 3.° Os Officiaes e Officiaes inferiores, usarão do distinctivo de galões, como se pratica na tropa de linha, mas só os Officiaes usarão de banda.

Art. 4.° As patrulhas rondarão de pistola e espada, quér sejam de infantaria quér de cavallaria.

Art. 5.° O figurino junto mostra o uniforme de cavallaria.

Diogo Antonio Feijó, Ministro e Secretario de Estado dos Negocios da Justiça, assim o tenha entendido e faça executar. Palacio do Rio de Janeiro em vinte e nove de Dezembro de mil oitocentos trinta e um, decimo da Independencia e do Imperio.

FRANCISCO DE LIMA E SILVA.
JOSÉ DA COSTA CARVALHO.
JOÃO BRAULIO MONIZ.

Diogo Antonio Feijó

Fonte: colleccao_leis_1831_parte2, pág, 90

Duque de Caxias e seu Legado à Guarda Municipal

Com a abdicação de D. Pedro I em 1831, **o Batalhão do Imperador (1º Batalhão de Guardas) em 04 de maio de 1831** é desativado. **Fonte: cml.eb.mil.br** O Major Luís Alves e outros oficiais que serviam no Batalhão do Imperador foram incorporados ao Batalhão de Soldados-Oficiais Voluntários tendo Duque de Caxias assumido o Subcomando desta Unidade, ele suprimiu, em 07 de outubro de 1831, ao lado dos "Permanentes" como eram conhecidos os integrantes da força de segurança pública da Província (Guarda Municipal Permanente), uma amotinação de oficiais da Marinha liderados por Miguel de Frias e Vasconcelos na Ilha das Cobras. Como reconhecimento pela sua destacada participação no sufocamento da Revolta de Miguel de Frias, o Major Luís Alves é nomeado, um ano depois, em 18 de outubro de 1832, comandante do **Corpo de Guardas Municipais Permanentes.**

Vale destacar que mais uma vez o cargo de Comandante do Corpo de Guardas Municipais Permanentes volta a existir depois de sua extinção através do Decreto de 25 de novembro de 1831.

A Guarda Municipal Permanente tinha os mesmos postos de comando que o Exército e a Guarda Nacional e isso comprovamos quando em 05 de junho de 1832, passa a vigorar na Guarda Municipal o posto de Major. No dia 18 de outubro de 1832, o Duque de Caxias foi nomeado Comandante do Corpo de Guardas Municipais Permanentes da Corte. COSTA, Duque de Caxias, 2006, pg. 70/72.

Foto ilustrativa do Duque de Caxias

Fonte: educacao.uol.com.br

O Império ainda vivia sob fortes turbilhões de revoltas e o governo enviou o Duque de Caxias que comandou bravamente a Guarda Municipal da capital do Rio de Janeiro durante oito anos e ao ser promovido a Coronel no final de dezembro de 1839, foi assumir como Presidente e Comandante das Armas da Província do Maranhão. O então Coronel Duque de Caxias tentou, junto ao Imperador, levar consigo um contingente da Guarda Municipal, mas o Imperador não deixou, pois, a capital além de necessitar dos serviços da Guarda Municipal, ele, o Imperador não queria diminuir o efetivo dos valorosos "Permanentes" que estavam prontos e ativos a qualquer chamado do Imperador. Diante dos fatos Duque de Caxias reuniu o efetivo que havia comandado no quartel da Guarda Municipal que se chamava **Quartel dos Barbonos** e fez a seguinte afirmação:

> "*Camaradas! Nomeado presidente e comandante das Armas da Província do Maranhão, vos venho deixar, e não é sem saudades que o faço: o vosso comandante e companheiro por mais de oito anos, eu fui testemunha de vossa ilibada conduta e bons serviços prestados à pátria, não só mantendo o sossego público desta*

grande capital, como voando voluntariamente a todos os pontos do Império, onde o governo imperial tem precisado de nossos serviços (...). Quartel de Barbonos, 20/12/39. Luís Alves de Lima e Silva".

Gravura de Philipe Benoist em 1854 do Quartel dos Barbonos

Fonte: www.wikipedia.com

A gravura acima, ilustrada pelo pintor Philipe Benoist em 1854, demonstra bem as dimensões do Quartel General do Corpo de Guardas Municipais Permanentes e ainda mostra uma formatura no pátio dos referidos guardas municipais.

Os primeiros locatários desta imponente edificação (Mosteiro) foram os padres da Terra Santa em 1735 e que ergueram o mosteiro. Em 1742 os missionários Barbadinhos ou Barbônios foram os locatários. Em 1808 a rua que passa em frente a edificação passa a chamar Rua dos Barbonos. Em 22 de outubro de 1831 através do Decreto da Regência a Guarda Municipal Permannte é instalada no mosteiro que passa a chamar Quartel dos Barbonos. Neste período quem ocupava o imóvel eram Os Carmelitas que desocuparam o local visto que a Guarda Municipal precisava estar aquartelada no Centro da Cidade, até porque ali estavam as muitas edificações, reservas de armamento da Marinha e do Exército, onde aconteciam as passeatas, revoltas, rebeliões e estando com sua base próxima aos eventos e imóveis poderia a instituição cessar com mais celeridade as insurgências bem como policiar a capital estando na área central.

O Quartel General do Corpo de Guardas Municipais Permanentes ficava na antiga Rua dos Barbonos, hoje, Rua Evaristo da Veiga, próximo ao Passeio Público.

Fotos retratando o **Quartel dos Barbonos citado por Duque de Caxias** em sua carta de despedida do comando da Guarda Municipal Permanente que atualmente é chamada de Guarda Municipal da Cidade do Rio de Janeiro.

A primeira foto, *século XIX*, com o efetivo perfilado no pátio do quartel e a segunda, nos dias atuais, em frente ao quartel que é ocupado pela Polícia Militar do Estado do Rio de Janeiro.

Fonte: http://wanderbymedeiros.blogspot.com

Fonte: https://pt.foursquare.com/

O então Major Luís Alves de Lima e Silva ajudou a consolidar mais ainda a Guarda Municipal Permanente do período de 1832 até 1839. Enfrentou com êxito a revolta militar, direcionou a área de atuação do Corpo de Guarda Municipal Permanente que apresentava alguns conflitos com a Guarda Nacional por conta da sobreposição de jurisdição e comando entre as corporações que atuavam no mesmo teatro de operações.

A Tentativa de Proclamação da República em 1832

Em 03 de abril de 1832, Duque de Caxias, Comandante da Guarda Municipal Permanente, impediu a Proclamação da República através de um golpe. Vale destacar que a população brasileira em sua maioria não queria a República como forma de governo.

Tudo começou quando o Major do Exército Miguel de Frias e Vasconcelos (1805 – 1859) convoca a população do Rio de Janeiro e as guarnições das Fortalezas de São Francisco Xavier da Ilha de Villegaignon e Santa Cruz da Barra com o intuito de se rebelarem conta a Regência que havia se estabelecido após a Abdicação de Dom Pedro I. O Major Frias, redator do jornal republicano "A Voz da Liberdade" conspirava com outros militares republicanos visando liderar uma revolução na capital do Império com ponto de partida da Praia de Botafogo marchando até o Campo de Santana onde havia uma base do Exército e lá o Major Frias Proclamou a República do Brasil. Porém, entretanto, todavia, contudo, os integrantes da revolução foram surpreendidos pelo Major Luís Alves de Lima e Silva, que posteriormente recebeu a comenda e alcunha de "Duque de Caxias", sendo este o Comandante da Guarda Municipal Permanente e ordenando o ataque contra os militares e civis envolvidos na revolução que após o confronto teve o saldo de 36 feridos, 86 prisões e um morto, o Coronel José Maria Peixoto integrante das forças leais ao Império e que foi vitorioso e muito atuante quando a Guarda Municipal Permanente e demais forças do Império impediram e debelaram a rebelião na Ilha das Cobras (Rio de Janeiro).

Quando o Major do Exército Frias percebeu que sua tentativa de derrubada da Regência foi debelada, este tentou fugir a cavalo sendo perseguido pelo Comandante da Guarda Municipal Permanente, o Major Luís Alves de

Lima e Silva "Duque de Caxias". Dentre os revoltosos, um homem dispara de uma pistola contra o Comandante da Guarda Municipal Permanente da cidade do Rio de Janeiro que para evitar o tiro efetuado esquivou-se muito rápido para o lado o que fez o cavalo perder seu equilíbrio e cair, porém com destreza e habilidade torna a montar em seu cavalo e mais a frente consegue alcançar o rebelado Major Frias que havia se escondido na casa do Deputado Nabuco, mas, de forma misteriosa o Major do Exército Frias consegue fugir de navio para os Estados Unidos.

Abaixo foto do Major do Exército Miguel de Frias e Vasconcelos

Fonte: wikipédia

Apresentamos aqui mais uma ação exitosa da Guarda Municipal Permanente nesta oportunidade comandada pelo futuro Duque de Caxias onde esta instituição de segurança pública e de defesa da soberania nacional efetuou a manutenção da ordem pública da nação até depois da maioridade do então Dom Pedro II o que aconteceu em 1841 quando ele assumiu a coroa.

O motim de 03 de abril de 1832 foi mais um dos muitos eventos vitoriosos em que a Guarda Municipal Permanente e Luís Alves de Lima e Silva participaram ativamente em defesa da pátria o que os tornaram expoentes no segundo reinado brasileiro.

Fonte: Vida do grande brasileiro Luís Alves de Lima e Silva de autoria do Padre Joaquim Pinto de Campos, 1878. - O Duque de Caxias e a integridade do Brasil – página 30. Silvio Romero, 1903.

A Guarda Municipal do Pará em 1832

A Província do Pará que sofria insurgências desde 02 de junho de 1831 e neste diapasão a Regência buscando apaziguar os ânimos no final de 1832 nomeia como Presidente da Província, o Desembargador José Mariani e para Comandante das armas, o Tenente Coronel Inácio Correa de Vasconcelos, ambos do Partido Restaurador, porém essas nomeações culminaram com violentos atritos entre os liberais e conservadores e mais uma vez as forças armadas envolveram-se onde a maioria apoiou os liberais que não aceitavam uma conciliação, por outro lado os conservadores buscaram apoio da Armada (Marinha).

As forças terrestres eram compostas do 16º Batalhão de Caçadores, 5º Batalhão de Artilharia de Posição, uma Companhia de Guardas Municipais com 100 homens e um Batalhão da Guarda Nacional com 04 Companhias na capital e 04 no interior da Província.

Em 05 de setembro de 1833, após conter as insurgências, o governo Imperial mais uma vez muda o Presidente da Província colocando Bernardo Lobo de Souza e também altera o Comandante das Armas alocando o Coronel Joaquim José da Silva Santiago, este novo governo buscou a conciliação publicando decreto anistiando todos os envolvidos em comoções políticas.

Decretos Criando Patentes e Afins para Guarda Municipal

N. 25.—JUSTIÇA.—Em 14 de janeiro de 1832.

Não perdem a praça nem a antiguidade no corpo a que pertencem, os Officiaes de 1.ª Linha empregados no serviço das Guardas Municipaes.

Illm. e Exm. Sr.— A Regencia, em Nome do Imperador, a quem foi presente o officio de V. Ex. de 20 do mez passado sob n.° 77, dando conta da resolução tomada em Conselho, sobre a organização do Corpo das Guardas Municipaes Permanentes nessa Provincia: Manda responder a V. Ex., que attento o estado das finanças só poderá pagar á 300 praças, e que para definitivamente ser approvado o soldo das mesmas e dos Officiaes, é necessario que V. Ex. informe se para maior conveniencia da Fazenda Publica, bastará que cada companhia tenha unicamente os dous Commandantes, não sendo preciso o do corpo, visto que este deverá estar sempre destacado por companhias ou esquadras em differentes pontos da Provincia, quanto porém aos Officiaes de 1.ª Linha que V. Ex. empregar no serviço das mesmas Guardas Municipaes, estando em commissão, não perdem nem a praça nem a antiguidade do corpo a que pertencem.

Deus Guarde a V. Ex.— Palacio do Rio de Janeiro, em 14 de Janeiro de 1832.— *Diogo Antonio Feijó*.— Sr. Presidente da Provincia de Minas.

Fonte: colleccao_leis_1832_parte3, pág. 16/17

38 DECISÕES

N. 30.—JUSTIÇA.—Em 18 de janeiro de 1832.

Manda proceder á eleição do Jury da cidade do Rio de Janeiro, de conformidade com a Lei de 20 de Setembro de 1830.

Constando á Regencia que o actual Jury não fôra nomeado pelos Eleitores sómente do municipio a que pertence, sendo ainda o mesmo antigo Jury de comarca, e isto talvez pela falsa intelligencia que se deu ao art. 83 da Lei de 20 de Setembro de 1830, o qual diz respeito áquellas cidades e villas que tinham naquelle tempo Jury privativo, como acontece em differentes Provincias: Manda a mesma Regencia, em Nome do Imperador, pela Secretaria de Estado dos Negocios da Justiça que a Camara Municipal desta cidade proceda immediatamente á eleição do dito Jury na conformidade da precitada Lei, marcando só o prazo indispensavel para que chegue á noticia dos Eleitores da Municipalidade, afim de quanto antes tenha lugar a mencionada eleição.

Palacio do Rio de Janeiro em 18 de Janeiro de 1832. — *Diogo Antonio Feijó*.

Fonte: colleccao_leis_1832_parte3, pág. 38

Podemos verificar nas duas postagens anteriores que havia um bom trânsito entre integrantes do Exército e a Guarda Municipal onde os integrantes do Exército poderiam fazer parte das Guardas Municipais e, em muitas vezes que o Exército precisava de efetivo para cessar revoltas, rebeliões, revoluções e guerra as Guardas Municipais eram integradas ao efetivo do Exército. Essa junção acontecia porque o efetivo do Exército não era suficiente para atuar em todos os cantos do país e sendo assim, sempre que necessário fosse, ocorria a incorporação do efetivo das Guardas Municipais ao do Exército.

DECRETO — DE 5 DE JUNHO DE 1832.

Crêa o posto de Major no corpo das Guardas Municipaes Permanentes da Côrte, e marca-lhe os vencimentos.

Tendo a experiencia mostrado quanto é indispensavel um Major no corpo das Guardas Municipaes Permanentes desta cidade, para a boa ordem e disciplina do mesmo: a Regencia, em Nome do Imperador o Senhor D. Pedro II, em virtude da Lei de 10 de Outubro do anno passado, Ha por bem, addicionando ao Decreto de 22 do dito mez, crear o referido posto com o vencimento de 80$000 mensaes, e 20$000 para duas cavalgaduras, regulando-se em tudo o mais pelo mencionado Decreto.

Diogo Antonio Feijó, Ministro e Secretario de Estado dos Negocios da Justiça, o tenha assim entendido e faça executar. Palacio do Rio de Janeiro, em cinco de Junho de mil oitocentos trinta e dous, undecimo da Independencia e do Imperio.

FRANCISCO DE LIMA E SILVA.
JOSÉ DA COSTA CARVALHO.
JOÃO BRAULIO MONIZ.

Diogo Antonio Feijó.

Fonte: colleccao_leis_1832_parte2, pág. 106

Em 05 de junho de 1832, o Ministro e Secretário de Estado e Negócios da Justiça, Diogo Antonio Feijó, através de decreto cria o posto de Major nas Guardas Municipais Pernamentes com o fito de manter a boa ordem e disciplina. O posto de Major receberia um salário de (80) oitenta mil réis mensais.

EXECUTIVO. 109

DECRETO — DE 5 DE JULHO DE 1832.

Crêa mais um Cirurgião-ajudante, e um Sargento-ajudante para o Corpo de Guardas Municipaes Permanentes da Côrte.

A Regencia, em Nome do Imperador o Senhor D. Pedro II, em addicionamento ao Decreto de 22 de Outubro do anno passado: Ha por bem crear mais um Cirurgião-ajudante para o Corpo de Guardas Municipaes Permanentes, com o mesmo vencimento do que já nelle existe, e um Sargento-ajudante com o soldo de Sargento.

Diogo Antonio Feijó, Ministro e Secretario de Estado dos Negocios da Justiça, o tenha assim entendido e faça executar. Palacio do Rio de Janeiro, em cinco de Julho de mil oitocentos trinta e dous, undecimo da Independencia e do Imperio.

FRANCISCO DE LIMA E SILVA.
JOSÉ DA COSTA CARVALHO.
JOÃO BRAULIO MONIZ.
Diogo Antonio Feijó.

Fonte: colleccao_leis_1832_parte2, pág. 109

O Ministro e Secretário de Estado dos Negócios da Justiça, Diogo Antonio Feijó, autoriza através do decreto acima, a criação de mais um cargo de Cirurgião-ajudante e Sargento-ajudante na Guarda Municipal Permanente da Côrte.

288 DECISÕES

N. 262. — JUSTIÇA. — EM 22 DE SETEMBRO DE 1832.

Declara que nas occasiões de perturbação da tranquillidade publica, o Corpo Municipal Permanente, fica sujeito ás ordens directamente expedidas pela Secretaria de Estado.

Tendo-se ordenado por Aviso de 5 de Junho do corrente anno que o Corpo de Guardas Municipaes Permanentes estivesse debaixo das ordens do Commandante superior das Guardas Nacionaes todas as vezes que estas se reunissem para obrar effectivamente contra os perturbadores da ordem e tranquillidade publica; a Regencia, em Nome do Imperador o Senhor D. Pedro II, Manda declarar a Vm., para sua intelligencia, que fica sem effeito nessa parte o referido Aviso, devendo aquelle corpo em taes circumstancias obrar em conformidade das ordens que lhe forem dirigidas directamente por esta Secretaria de Estado.

Deus Guarde a Vm. — Paço em 22 de Setembro de 1832. — *Honorio Hermeto Carneiro Leão*. — Sr. Commandante superior interino das Guardas Nacionaes.

Fonte: colleccao_leis_1832_parte3, pág. 288

Neste decreto 22 de setembro de 1822 o comando das Guardas Municipais era colocado sob tutela da Guarda Nacional toda vez que atuasse em conjunto contra os que perturbassem a ordem e a tranquilidade pública e ainda que as duas corporações estivessem subordinadas à Secretaria de Estado. Essa medida era necessária, pois ocorriam divergências entre as duas instituições por conta de divisões de áreas de atuação.

DECRETO — DE 23 DE OUTUBRO DE 1832.

Marca o distinctivo que devem usar os 1.os Sargentos das Companhias das Guardas Municipaes Permanentes.

A Regencia, em Nome do Imperador o Senhor D. Pedro II, em execução do art. 4.° do Decreto de 13 do corrente, Ordena, que o 1.° Sargento de cada Companhia dos Corpos das Guardas Municipaes Permanentes use no braço direito, do distinctivo de quatro galões de ouro, dispostos em angulo com o vertice para baixo.

Honorio Hermeto Carneiro Leão, Ministro e Secretario de Estado dos Negocios da Justiça, o tenha assim entendido e faça executar. Palacio do Rio de Janeiro, em vinte e tres de Outubro de mil oitocentos trinta e dous, undecimo da Independencia e do Imperio.

Francisco de Lima e Silva.
José da Costa Carvalho.
João Braulio Moniz.

Honorio Hermeto Carneiro Leão.

Fonte: colleccao_leis_1832_parte2, pág. 181

O Decreto Imperial de 23 de outubro de 1832 determinava que o 1º Sargento da Guarda Municipal Permanente da Côrte devia usar um distintivo de quatro galões de ouro no braço direito e o dispositivo devia estar com seu vértice para baixo.

Registro da Atuação das Guardas Municipais Permanentes no País

N. 52. — JUSTIÇA. — Em 3 de fevereiro de 1832.

Approva o soldo e forragem concedido aos 1.os e 2.os Commandantes, e praças de pret das companhias de Guardas Municipaes Permanentes das Alagôas.

Illm. e Exm. Sr. — Foi presente á Regencia o seu officio de 2 do passado em que offerece a approvação o Plano das Guardas Municipaes Permanentes, e notando-se, que as duas companhias devem estar separadas, fosse superfluo e dispendioso o Estado-Maior; Manda portanto a mesma Regencia, em Nome do Imperador, approvar sómente o soldo e forragem concedido aos 1.os e 2.os Commandantes, Officiaes inferiores, Cabos, Soldados e Cornetas, com declaração, que não terão outro algum vencimento, fazendo as despezas de fardamento e sustento á custa dos seus soldos; e que se algum Official receber já soldo por sua patente, terá sómente a escolha. Adverte-se mais, que o Tenente-Coronel Commandante da 2.a companhia servirá sómente querendo, por não dever ser constrangido, attenta a graduação de sua patente.

Deus Guarde a V. Ex. Palacio do Rio de Janeiro em 3 de Fevereiro de 1832. — *Diogo Antonio Feijó.* — Sr. Presidente da Provincia das Alagôas.

Fonte: colleccao_leis_1832_parte3, pág. 80/81

N. 79. — JUSTIÇA. — Em 23 de fevereiro de 1832.

Approva a organização de tres companhias de Guardas Municipaes na Provincia de Minas Geraes, e o arbitramento do respectivo soldo.

Illm. e Exm. Sr. — Foi presente á Regencia, em Nome do Imperador, o officio de V. Ex. datado de 9 do corrente, em que dá parte de ter-se deliberado em conselho a organização das tres companhias de Guardas Municipaes Permanentes nessa Provincia, de cem homens cada uma com os seus respectivos Officiaes, e Officiaes inferiores: e Manda participar a V. Ex. para sua intelligencia, que não só approva o soldo que se arbitrou para as praças das ditas companhias, como se conforma com a sua organização.

Deus Guarde a V. Ex. — Palacio do Rio de Janeiro em 23 de Fevereiro de 1832. — *Diogo Antonio Feijó.* — Sr. Presidente da Provincia de Minas Geraes.

Fonte: colleccao_leis_1832_parte3, pág.107

N. 341.— JUSTIÇA.— Em 9 de novembro de 1832.

Approva a creação da companhia de infantaria de Guardas Municipaes Permanentes para o serviço policial da capital do Pará.

A Regencia, em Nome do Imperador, a quem foi presente o officio de V. Ex. de 19 de Maio passado, Manda approvar a creação da companhia de infantaria de Guardas Municipaes Permanentes para o serviço policial dessa capital, e autorizar a V. Ex. em Conselho para elevar á 450 réis o soldo dos soldados e dos sargentos e cabos em proporção quando assim o julgue conveniente e não consiga o alistamento das praças necessarias pelo soldo que tem marcado.

Deus Guarde a V. Ex.— Palacio do Rio de Janeiro em 9 de Novembro de 1832.— *Honorio Hermeto Carneiro Leão.* – Sr. Presidente da Provincia do Pará.

Fonte: colleccao_leis_1832_parte3, pág. 338

Relação dos individuos agraciados com uma pensão de quinhentos réis diarios, em reconhecimento dos serviços prestados na Provincia de Minas Geraes, por occasião da sedição de vinte e dous de Março do corrente anno, que teve lugar na capital da mesma Provincia, e a que se refere o Decreto da data desta.

A D. Felicia Candida Balbina, viuva, mãi do Guarda Nacional Antonio Simões da Silva, que falleceu no ataque do lugar denominado José Corrêa.

A Francisco José de Carvalho, que cegou no mesmo ataque, ou á sua viuva, quando tenha fallecido.

A Silverio José Pereira, official de carpinteiro, a quem foi amputada uma côxa.

A Maria Joanna, viuva, mãi de Manoel Sabino, official de carpinteiro, que morreu em consequencia dos ferimentos recebidos no mesmo ataque.

A Maria Felisarda, viuva de Manoel Pinto, que morreu em consequencia dos ferimentos recebidos no mesmo ataque.

A Manoel José dos Passos, Guarda Municipal, a quem foi amputada uma côxa.

A Francisco Antonio da Silva, que ficou gravemente ferido.

A Cesario da Cunha Lima, que ficou gravemente ferido.

Palacio do Rio de Janeiro, em 25 de Outubro de 1833.— *Aureliano de Souza e Oliveira Coutinho.*

Fonte: colleccao_leis_1833_parte3, pág. 367

A lei acima trata do pagamento de despesas referentes ao tratamento, bem como curativo do Corpo de Guardas Municipais Permanentes de Minas Gerais sob responsabilidade então do Presidente da Província de Minas Gerais, Aureliano de Souza e Oliveira Coutinho.

N. 528. — JUSTIÇA. — Em 12 de setembro de 1833.

Approva a deliberação do Presidente de Minas Geraes sobre as despezas com o tratamento e curativo das praças do corpo de Municipaes Permanentes.

Illm. e Exm. Sr.— A Regencia, em Nome do Imperador o Senhor D. Pedro II, manda approvar a deliberação tomada por V. Ex. em Conselho, de observar-se com as praças enfermas do corpo dos Municipaes Permanentes a mesma pratica até o presente seguida com os Inferiores e soldados do 1.° corpo de cavallaria, de serem admittidos ao hospital com perda do vencimento do soldo, ficando a cargo da fazenda publica a despeza do tratamento e curativo das mesmas praças, pelo gravame que soffrem de fazerem á custa dos seus soldos toda despeza do curativo ordinariamente superior a elles, e que além de os reduzir a grande empenho, os privaria tambem do unico vencimento que a lei lhes concede, como V. Ex. acaba de communicar pelo seu officio de 30 do mez antecedente.

Deus Guarde a V. Ex.— Palacio do Rio de Janeiro, em 12 de Setembro de 1833.—*Aureliano de Souza e Oliveira Coutinho.*—Sr. Presidente da Provincia de Minas Geraes.

Fonte: colleccao_leis_1833_parte3, pág. 367

O Decreto de 25 de outubro de 1833 trata do pagamento de pensão aos que foram vitimados numa revolta contra o governo ocorrido no Sitio José Corrêa onde o guarda municipal Manoel José dos Passos teve a amputação de uma coxa. Vemos a preocupação do governo de Minas Gerais em dar assistência aos feridos da Guarda Municipal.

N. 736. — JUSTIÇA. — Em 28 de novembro de 1833.

Approva a resolução do Conselho do Governo de Minas Geraes, que denegou a accumulação de soldo a um Official reformado de 1.ª linha, empregado no Corpo de Permanentes.

Illm. e Exm. Sr.— Em resposta ao Aviso de V. Ex. de 25 do corrente, que acompanhou a copia do officio que o Presidente da Provincia de Minas Geraes dirigiu a V. Ex. na data de 18 do mez passado, communicando a resolução tomada pelo respectivo Conselho do Governo a respeito de Antonio Nunes Galvão, que pretende accumular ao soldo que percebe como Official reformado, o que lhe compete como 1.° Commandante da 4.ª companhia de Guardas Municipaes Permanentes; cumpre-me declarar a V. Ex. que o dito Conselho resolveu bem em denegar a accumulação pretendida de ambos os vencimentos, por ser contraria á lei: devendo o mencionado Official continuar a receber o soldo de sua patente pela Repartição da Guerra, e o mais que faltar para perfazer a gratificação que lhe compete como 1.° Commandante da 4.ª companhia de Permanentes, por esta da Justiça.

Deus Guarde a V. Ex.— Paço, em 28 de Novembro de 1833. — *Aureliano de Souza e Oliveira Coutinho.* — Sr. Antero José Ferreira de Brito.

Fonte: colleccao_leis_1833_parte3, pág. 527

O Conselho do Governo de Minas Gerais, em 23 de novembro de 1833, resolve proibir a acumulação de salários solicitada pelo oficial reformado de 1ª linha (Exército), Antonio Nunes Galvão, 1º Comandante da 4º companhia de Guardas Municipais Permanentes. Foi exarada pela Justiça que o oficial em lide apenas recebesse o seu salário advindo do Exército e um complemento de gratificação. Essa decisão foi informada para o então Ministro da Guerra, Antero José Ferreira de Brito.

N. 399.—MARINHA.—EM 24 DE JULHO DE 1833.

Declara que não póde ser empregado no Corpo de Permanentes um Official de Marinha.

Illm. e Exm. Sr.— Constando achar-se empregado no Corpo de Permanentes dessa Provincia o 1.° Tenente da Armada, Germano Maximo de Souza Leal Aranha, e como semelhante serviço não póde continuar a ser feito por um Official de Marinha; Ordena a Regencia, em Nome do Imperador, que V. Ex. faça quanto antes regressar a esta côrte aquelle Official.

Deus Guarde a V. Ex.—Palacio do Rio de Janeiro, em 24 de Julho de 1833.—*Joaquim José Rodrigues Torres.* — Sr. Presidente da Provincia do Pará.

Fonte: colleccao_leis_1833_parte3, pág. 273

O governo imperial, em 24 de julho de 1833, informa ao Presidente da Província do Pará, Joaquim José Rodrigues Torres, que o 1º Tenente da Armada (Marinha), Germano Maximo de Souza Leal Aranha, não pode integrar ao Corpo de Guarda Municipal Permanente e ordena que o oficial em lide retorne a Côrte. Destacamos neste caso que havia sim um intercâmbio entre o Exército e as Guardas Municipais no que tange a possível participação em seus quados institucionais de ambas as forças sempre que fosse necessário ou em caso que o governo imperial assim o determinasse através de lei ou decreto, porém isso não ocorria em relação à Armada (Marinha) como podemos constatar no documento nº 399 de 24 de julho de 1833 da Marinha.

N. 345.— JUSTIÇA.— Em 12 de Novembro de 1832.

Declara que não póde ter lugar a creação de um terceiro Commandante de companhias no Corpo de Guardas Municipaes Permanentes do Maranhão.

Illm. e Exm. Sr.— A Regencia, á quem foi presente o officio de V. Ex., datado de 2 de Agosto passado, dando conta de haver creado um Corpo de Guardas Municipaes Permanentes, com os soldos, designados na tabella, que acompanhou o citado officio. Manda, em Nome do Imperador o Senhor D. Pedro II, responder á V. Ex. que, estabelecendo o Decreto de 22 de Outubro do anno passado, já approvado pela Assembléa Geral, sómente 1.° e 2.° Commandante de companhias, não póde ter lugar a creação de um terceiro, que na sobredita tabella vem mencionado; e que, supposto a quantia designada na Lei do orçamento para a despeza deste corpo não admitta o augmento della, como V. Ex. pela Lei de 10 de Outubro do anno antecedente, e Decreto já referido de 22 do mesmo mez, está autorizado para o organizar, e acha indispensavel eleval-o á maior numero de praças para manter a tranquillidade e segurança da Provincia, o Governo não terá duvida em approvar, não as tres companhias de infantaria e uma de cavallaria, que V. Ex. propõe, porém outra companhia mais de infantaria além da que se acha já creada, por entender que duas companhias destas Guardas, com os Ligeiros que a Lei ultima do orçamento manda crear nessa Provincia, será uma força sufficiente para fazer o serviço della, e manter a tranquillidade e segurança publica.

Deus Guarde a V. Ex.— Palacio do Rio de Janeiro em 12 de Novembro de 1832.— *Honorio Hermeto Carneiro Leão*.— Sr. Presidente da Provincia de Maranhão.

Fonte: colleccao_leis_1832_parte3, pág. 340/341

DECRETO — DE 8 DE MARÇO DE 1833.

Manda crear na Provincia do Espirito Santo uma Divisão de pedestres.

A Regencia, em Nome do Imperador o Senhor D. Pedro II, em observancia do art. 6.º da Carta de Lei de vinte e cinco de Agosto do anno proximo passado: ha por bem mandar que na Provincia do Espirito Santo se crêe uma Divisão de pedestres, organizada segundo o plano, que com este baixa, assignado pelo Brigadeiro Antero José Ferreira de Brito, Ministro e Secretario de Estado dos Negocios da Guerra.

O Conselho Supremo Militar o tenha assim entendido, e o faça executar com os despachos necessarios. Paço, em oito de Março de mil oitocentos trinta e tres, decimo segundo da Independencia e do Imperio.

FRANCISCO DE LIMA E SILVA.
JOSÉ DA COSTA CARVALHO.
JOÃO BRAULIO MONIZ.

Antero José Ferreira de Brito.

Plano para organização de uma divisão de pedestres, mandada crear na Provincia do Espirito Santo por Decreto de hoje.

Commandante........................	1
Sargentos...........................	3
Soldados............................	86
Praças de que se compõe a divisão.	90

Vencimentos provisoriamente, os da tabella de 28 de Março de 1825.

Paço, em 8 de Março de 1833.— *Antero José Ferreira de Brito.*

Fonte: colleccao_leis_1833_parte2, pág. 38

Em 08 de março de 1833 a Regência determina, através do Decreto acima descrito, a criação na Província do Espirito Santo da Divisão de "Pedestres" (nome carinhoso que a população dava às Guardas Municipais Permanentes e também muito usados pela Regência). Verificamos ainda que esta criação foi ratificada pelo Ministro da Guerra e Secretário de Estado dos Negócios da Guerra, Brigadeiro Antero José Ferreira de Brito.

O efetivo desta instituição era composto por (01) um Comandante, (03) três Sargentos e (86) oitenta e seis soldados num total de (90) noventa ao todo. Verificamos ainda neste decreto que os vencimentos propostos para esta corporação estão provisoriamente embasados em uma tabela de 28 de março de 1823.

ANNO DE 1835. SABBADO 6 DE JULHO. NUMERO 123.

RECOPILADOR SERGIPANO.

Subscreve-se para esta Folha em Maruim na casa do Sr. José Pinto de Carvalho, na Villa das Larangeiras na do Sr. Padre José Joaquim de Campos, e nesta Villa, na Typographia a 1$000 por trimestre: e vendem-se numeros avulsos.

Sede justos se quereis ser livres; Sede unidos se quereis ser fortes.

(Washington.)

VILLA CONSTITUCIONAL DA ESTANCIA. TYPOGRAPHIA DE SILVEIRA E C.ª

Relatorio apresentado á Assembléa Geral Legislativa, pelo Ministro e Secretario d'Estado dos Negocios da Justiça, em a Sessão Ordinaria de 1835.

(CONTINUADO DO NUMERO 122.)

FORÇA PUBLICA.

Guardas Permanentes.

O Corpo da Guarda Municipal Permanente desta Cidade ainda não está completo: contados os addidos, que ainda existem, apenas continha até 22 do mez passado 165 Praças de Cavallaria, e 356 de Infanteria, ao todo 521. Isto deve convencer que o soldo de cada Praça de Soldado, bem que parecesse grande ao tempo da fixação, não he ainda sufficiente, para se poder contar com engajamentos voluntarios, que possão elevar este Corpo ao seu estado completo, como imperiosamente exige a segurança publica, huma vez que se continúe a não admittir todos os individuos, que se apresentão querendo engajar-se, mas sómente aquelles, que, por seus costumes, se julgão proprios, e dignos de serem acceitos.

Os serviços, que a Guarda Municipal Permanente tem feito á Capital são de notoriedade; maiores teria ainda ella feito, se por ventura podesse ter sido applicada sómente aos fins, porque foi creada; mas assim não tem acontecido, porque a falta de Tropa de Linha, e o desleixo das Guardas Nacionaes, tem necessitado tambem o seu emprego na guarnição da Cidade, o que, alem de a sobrecarregar com hum serviço demasiadamente pezado, e superior ao seu numero, faz com que a Policia seja mal servida, pois ultimamente apenas tem podido ser nella empregada a força de Cavallaria. Se por ventura a Assembléa Geral não decretar meios, pelos quaes a guarnição das Estações Publicas se faça independente de prestações de contingentes d'este Corpo, então necessario será que seja elevado a 1:000 Praças; se porem taes meios forem decretados, bastará que, ou com offerecimento de maior soldo, ou por via de recrutamento, se possa conservar sempre em seu estado completo.

Apezar das providencias dadas pela Resolução de 13 de Outubro do anno passado, a organisação d'este Corpo ainda tem defeitos, e hum d'elles he o diminuto numero de Officiaes para Companhias tão numerosas. As penas de disciplina tambem não estão em relação com a alteração tocante ao modo do alistamento feita por essa Resolução, e hão por isso mister serem alteradas. Sem embargo este Corpo se conserva subordinado e leal.

A Villa de S. Salvador de Campos tem por vezes requerido a creação de huma Companhia de Guarda Municipal Permanente no seu Municipio, e a importancia desta Povoação parece apoiar sua pretenção, e tornal-a digna da consideração d'Assembléa Geral.

Por falta de informações não tenho podido saber se os Corpos e Companhias desta Guarda, que por virtude da Lei de 10 de Outubro de 1831, se crearão em quasi todas as Provincias do Imperio, se achão ou não completos; julgo porem que os mais numerosos não o estão, porque assim tem sido participado por alguns Presidentes, e porque he natural que nas Provincias aconteça o mesmo, que

Fonte: Biblioteca Nacional

Em 06 de julho de 1833, o "Jornal Recopilador Sergipano" retrata que a Guarda Municipal Permanente da cidade de Estância/SE não está completa contando nos seus quadros com 165 praças de Cavalaria e 556 praças e ainda aborda sobre a não atratividade de voluntários para este serviço por conta do salário pago. O artigo impresso trata ainda da seleção rigorosa para o ingresso na Guarda Municipal desta cidade e do excelente seviço prestado por esta instituição que se destaca por sua lealdade e subordinação. Retrata ainda a falta do efetivo da tropa de linha (Exército) e do desleixo da Guarda Nacional, ambos empregados direto na segurança pública o que implicou na utilização maciça da Guarda Municipal da cidade de Estância efetuando em toda cidade o policiamento preventivo e ostensivo.

É registrado também a necessidade de aumento do efetivo da Guarda Municipal diante das atribuições que lhe foram passadas e, por conta disto, é tratado como o salário deveria ser melhor remunerado para estes policiais.

O desempenho da Guarda Municipal da cidade de Estância foi tão satisfatório que foi cogitado também a criação desta instituição para cidade de Villa de São Salvador de Campos/SE.

Em 20 de maio de 1833 o governo Imperial manda criar uma companhia de Guardas Municipais Permanentes na Província de Villa de São Francisco de Paula no Rio Grande do Sul, onde esta companhia fosse composta de trinta a quarenta integrantes destinados a manter o policiamento preventivo e ostensivo naquela cidade. Na ocasião o então Presidente da Província do Rio Grande do Sul, Candido José de Araujo Vianna, solicita a criação deste corpo policial em todo o Rio Grande do Sul.

N. 256.—JUSTIÇA.—Em 20 de maio de 1833.

Manda crear uma companhia de Guardas Municipaes Permanentes para a Villa de S. Francisco de Paula no Rio Grande do Sul.

Illm. e Exm. Sr.— Tendo a Camara Municipal da Villa de S. Francisco de Paula dessa Provincia representado a urgente necessidade que tinha aquella Villa de uma guarnição de trinta a quarenta praças de Guardas Municipaes Permanentes, para manter a Policia della; manda a Regencia, em Nome do Imperador o Senhor D. Pedro II, declarar a V. Ex. que em virtude do art. 2.° da Lei de 10 de Outubro de 1831, póde V. Ex. dar a providencia que reclama a referida Camara, creando mais uma companhia das ditas Guardas para fazerem a policia não só della, como da do Rio Grande, como V. Ex. pondera no seu officio de 28 de Abril do anno passado.

Deus Guarde a V. Ex.— Palacio do Rio de Janeiro, em 20 de Maio de 1833.—*Candido José de Araujo Vianna.*— Sr. Presidente da Provincia do Rio Grande do Sul.

Fonte: colleccao_leis_1833_parte3, pág. 181

DECRETO — de 5 de novembro de 1833.

Crêa um 3.° Commandante em cada companhia do corpo de guardas municipaes permanentes.

A Regencia, em Nome do Imperador o Senhor D. Pedro II, Ha por bem Crear em cada companhia do corpo de guardas municipaes permanentes um 3.° Commandante, que vencerá mensalmente 40$000 de soldo, e mais 10$000 para uma cavalgadura, e usará do distinctivo de que usam os Alferes do Exercito.

Aureliano de Souza e Oliveira Coutinho, Ministro e Secretario de Estado dos Negocios da Justiça, o tenha assim entendido, e faça executar com os despachos necessarios Palacio do Rio de Janeiro, em cinco de Novembro de mil oitocentos trinta e tres, decimo segundo da Independencia e do Imperio.

Francisco de Lima e Silva.
João Braulio Moniz.

Aureliano de Souza e Oliveira Coutinho.

Fonte: colleccao_leis_1833_parte2

O Decreto de 03 de novembro de 1833 além de tratar do salário de 40 mil réis a ser recebido pelo então 3º comandante de companhia o que facilitava na transmissão das ordens entre as companhias também determinava que as insígnias a serem usadas fossem similares a de Alferes do Exército.

N. 49. — JUSTIÇA. — Em 4 de Fevereiro de 1833.

Ordena que com preferencia sejam empregados nos destacamentos os soldados dos corpos de permanentes e os de 1.ª linha, reservadas as Guardas Nacionaes para ultima necessidade e com vencimento de soldo.

Illm. e Exm. Sr. — Tendo levado ao conhecimento da Regencia o officio de 3 de Dezembro ultimo, em que V. Ex. depois de referir as medidas que tem posto em pratica, para suffocar as agitações, que tem apparecido em alguns lugares dessa Provincia fazendo marchar para alguns pontos della destacamentos de Milicias por se não acharem ainda de todo organizadas as Guardas Nacionaes, conclue que ainda mesmo depois de verificada a organização destas quando haja exigencia de as fazer destacar será sempre com vencimento de soldo em attenção á dispersão em que se acham pelos differentes ribeiros; manda a mesma Regencia, em Nome do Imperador o Senhor D. Pedro II, responder a V. Ex. quanto a este ultimo objecto, por não ser da competencia desta Secretaria de Estado o que diz respeito aos Milicianos, que todas as vezes, que seja indispensavel a cooperação de taes destacamentos, deverá V. Ex. empregar nelles com preferencia os soldados do corpo de permanentes e os de 1.ª linha, que possam existir na Provincia, reservando as Guardas para quando sejam de ultima necessidade e indispensavel o seu serviço, devendo em taes circumstancias mandar-lhes abonar o soldo respectivo na conformidade do art. 111 da Lei de 18 de Agosto de 1831.

Deus Guarde a V. Ex. — Palacio do Rio de Janeiro, em 4 de Fevereiro de 1833. — *Honorio Hermeto Carneiro Leão*. — Sr. Presidente da Provincia do Piauhy.

Fonte: colleccao_leis_1833_parte3, pag. 36/37

N. 86. — IMPERIO. — EM 19 DE FEVEREIRO DE 1833.

Declara que devem ser aceitas pela Mesa eleitoral da freguezia de Santa Rita, as cedulas dos Municipaes Permanentes residentes na fortaleza da Ilha das Cobras.

Tendo representado os Guardas Municipaes Permanentes residentes na ilha das Cobras, que a Mesa eleitoral da freguezia de Santa Rita os excluira de votar na eleição para Juizes de Paz do seu districto, com o unico fundamento de residirem dentro da fortaleza, onde os Sacramentos são administrados, não pelo Parocho daquella freguezia, mas pelo da Capella Imperial, prejudicando com este pretexto notoriamente fantastico o direito dos supplicantes, garantido no Codigo Criminal, art. 100: a Regencia, em Nome do Imperador, Manda pela Secretaria de Estado dos Negocios do Imperio declarar á dita Mesa:

1.º Que nas presentes eleições não se trata de saber a que freguezia pertence qualquer morada, mas dentro de que districto está comprehendida segundo a divisão feita pela Camara Municipal, na conformidade do art. 2.º do Codigo do Processo;

2.º Que a Capella Imperial nunca foi considerada como districto, e por isso desde 1821 foi assentado que os freguezes della votassem nos districtos da sua residencia, como actualmente se está praticando em todas as Assembléas Parochiaes; e talvez nessa mesma a respeito de outros freguezes da referida Capella, não devendo haver excepção a respeito dos supplicantes, a qual mereceria a qualificação do citado art. 100.

O que assim communico á sobredita Mesa para sua intelligencia e execução.

Palacio do Rio de Janeiro, em 19 de Fevereiro de 1833. — *Nicoláo Pereira de Campos Vergueiro.*

Fonte: colleccao_leis_1833_parte3, pag. 61/62

DOCUMENTO - 13

REPRESENTAÇÃO de Bento Marcolino Avena, tenente comandante dos guardas municipais adidos, aquartelados na Fortaleza da Ilha das Cobras a S.M.I. solicitando declaração da freguesia onde deveriam votar para a eleição de juizes de paz, já que a mesa paroquial da freguesia de Santa Rita se recusava a receber seus votos, sob a alegação de pertencerem os suplicantes à freguesia de São José, o que contrariava o edital da Câmara Municipal sobre a divisão de distritos. Rio de Janeiro, 19/02/1833. 5 doc. (28 p.). Orig. Ms., Imp. Ocorre, datada de 2 de março, certidão da ata da eleição dos juízes de paz para o primeiro distrito da freguesia de Santa Rita, procedida nos dias 17 a 21 de fevereiro, onde consta a discussão da referida matéria. Ocorre despacho. Apresenta folhas manchadas e com tonalidades diferentes. Coleção Rio de Janeiro.

II-35,07,027

Fonte: Biblioteca Nacional

EDITAL.

A Camara Municipal desta Muito Leal e Heroica Cidade do Rio de Janeiro, &c. Faz saber: que em conformidade do Codigo de Processo Criminal, e das Instrucções respectivas tem feito as seguintes divisões de Districtos nas seis Freguezias da Cidade:

Artigo 1.° A Freguezia do Sacramento fica dividida em trez Districtos de Juiz de Paz:

O I. Comprehenderá os moradores da dita Freguezia, que estão entre o Parto e a rua de Traz do Hospicio de ambos os lados até a Freguezia incluzive; seguindo pela rua do Sacramento comprehenderá o lado da Matriz, cortando o Largo do Rocio, direito á rua do Espirito Santo, e comprehendendo todos os moradores do lado do mar desta.

O II. Comprehenderá todos os moradores da rua de Traz do Hospicio de ambos os lados, começando da embocadura da rua do Sacramento para o Campo, e dividir-se-ha do primeiro Districto pelas ruas do Sacramento, e Espirito Santo, comprehendendo o lado de terra de ambas, e todos os moradores da referida Freguezia, que ficão destas ruas para o Campo, e ruas do Lavradio, e Invallidos.

O III. Comprehenderá todos os moradores da dita Freguezia, que ficarem da rua de Traz do Hospicio exclusive para o lado de S. Joaquim da rua dos Ourives até o Campo.

Artigo 2.° A Freguezia de S. José, fica dividida em trez Districtos de Juiz de Paz:

O I. Comprehenderá os moradores da dita Freguezia, que ficão desde o seo principio até o lado esquerdo da rua da Guarda Velha incluzive, seguindo pelo largo da Mãy do Bispo lado esquerdo até o mar.

O II. Comprehenderá todos os moradores da dita Freguezia, que ficão do lado direito da rua da Guarda Velha, e convento d'Ajuda incluzive, até a ladeira da Gloria esclusive, e casa da Baroneza de Campos inclusive; e comprehenderá tambem a fortaleza de Villa-Gagnon.

O III. Comprehenderá os moradores da referida Freguezia, que ficão desde a ladeira da Gloria incluzive; e da Casa da Baroneza de Campos excluzive para a parte do Botafogo, e Cosme Velho até os limites da mesma Freguezia.

Artigo 3.° A Freguezia da Candelaria fica dividida em dois Districtos de Juiz de Paz:

O I. Comprehenderá os moradores da dita Freguezia, que ficão desde a rua d'Alfandega de ambos os lados até a rua dos Pescadores excluzive.

O II. Comprehenderá os moradores da dita Freguezia, que ficão entre a rua d'Alfandega exclusive, e a do Cano do lado pertencente á mesma Freguezia.

Artigo 4.° A Freguezia de Santa Rita, fica dividida em dois Districtos de Juiz de Paz:

O I. Comprehenderá os moradores da Freguezia desde a Igreja Matriz até o fim da rua do Valongo, pelo lado de terra do Morro da Conceição excluzive, e da mesma Matriz até o fim das ruas da Prainha, e dos Pescadores de ambos os lados, com o Arsenal da Marinha, e Ilha das Cobras.

O II. Comprehenderá o resto da Freguezia, começando da rua da Prainha exclusive para a parte da Praia do Valongo, e Gambôa, comprehendendo o Morro da Conceição, e Ilha de Santa Barbara.

Artigo 5.° A Freguezia de Santa-Anna, fica dividida em dois Districtos de Juiz de Paz:

O I. Comprehenderá todos os moradores da referida Freguezia, que ficarem para o lado direito da rua de S. Pedro, e do Atterrado incluzive.

O II. Comprehenderá todos os moradores que ficarem do lado esquerdo incluzive da mesma rua e Atterrado.

Artigo 6.° A Freguezia do Enge-Velho, fica dividida em dois Districtos de Juiz de Paz:

O I. Começará no barro Vermelho comprehendendo ambos os lados; seguirá por Matta-Porcos, e estrada de S. Christovão, comprehendendo tambem os moradores em ambos os lados da mesma estrada até a Ponte de Manoel Caetano Pinto; e d'ahi seguirá pelo caminho da Corriola comprehendendo, sómente os moradores do lado direito até chegar a estrada do Macáco; seguirá pelo lado direito della incluindo o Pedregulho pelo caminho da Cancella comprehendidos ambos os lados até a Praia de S. Christovão, e d'ahi seguirá pelas outras Praias até a frente da Ponte de Manoel Caetano comprehendendo todos os moradores, que ficão dentro destes pontos, e Ilhas pertencentes a dita Freguezia:

O II. Districto comprehenderá todo o resto da Freguezia, incluidos todos os moradores da dita Freguezia rezidentes na estrada do Engenho Velho, rua nova do Imperador, e lado esquerdo da Corriola, Rio Comprido, Andrahy grande, e pequeno, Tijúca, Engenho Novo, e Bemfica. E para que chegue a noticia de todos se mandou publicar, e fixar o presente Edital. Paço da Camara Municipal do Rio de Janeiro 28 de Janeiro de 1833. — *Francisco Gomes de Campos*, Presidente. — *Luiz Joaquim de Gouvêa*, Secretario.

RIO DE JANEIRO NA TYPOGRAPHIA DE LESSA & PEREIRA. 1833.
Rua de Traz do Hospicio N° 222.

Fonte: Biblioteca Nacional

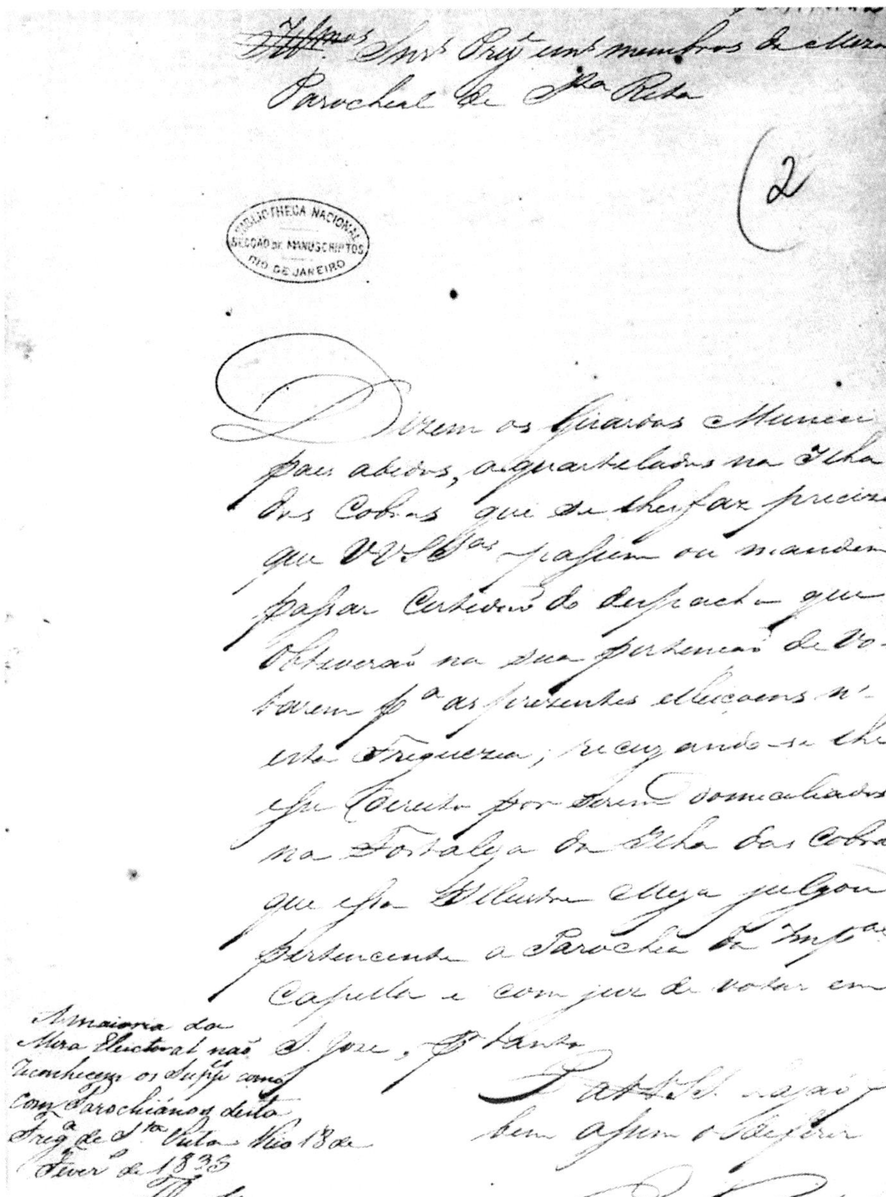

Illmos Snrs Prezte e mais membros da Meza Parochial de Sta Rita

(2)

Dizem os Guardas Municipaes abaixo, aquartelados na Ilha das Cobras que se lhes faz preciso que VV. SSas passem ou mandem passar Certidão do despacho que obtiverão na sua pertenção de votarem pa as prezentes eleições n'esta Freguezia, recuzando-se-lhe esse direito por serem domiciliados na Fortaleza da Ilha das Cobras, que essa Illustre Meza julgou pertencente a Parochia da Imperial Capella e com jus de votar em S. José, portanto

P. a VV. SSas. hajão por bem assim o deferir

E. R. Mce

A maioria da Meza Electoral não reconheceo os Suppes como Parochianos desta Freguª de Sta Rita. Rio 13 de Fevrº de 1835

[illegible]

Fonte: Biblioteca Nacional

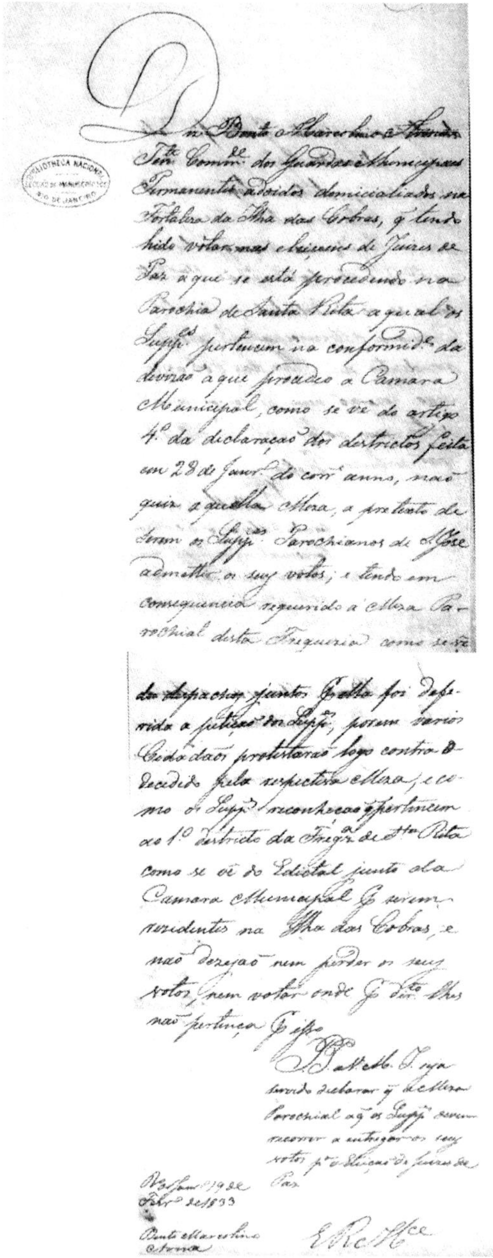

Diz Bento Marcelino [illegible] Tenente Commandante dos Guardas Municipaes Permanentes addidos domiciliados na Fortaleza da Ilha das Cobras, que tendo hido votar nas eleições de Juizes de Paz a que se está procedendo na Parochia de Santa Rita a qual os Supplicantes pertencem na conformidade da divisão a que procedeo a Camara Municipal, como se vê do artigo 4º da declaração dos districtos feita em 28 de Janeiro do corrente anno, não quiz aquella Meza, a pretexto de terem os Supplicantes Parochianos de S. José admittir os seus votos; e tendo em consequencia requerido á Meza Parochial desta Freguezia como se vê do despacho junto. Ella foi deferida a petição dos Supplicantes, porem varios Cidadãos protestarão logo contra o decidido pela respectiva Meza, e como os Supplicantes reconhecem que pertencem ao 1º districto da Freguezia de Santa Rita como se vê do Edital junto da Camara Municipal que serem residentes na Ilha das Cobras, e não desejão nem perder os seus votos, nem votar onde que direito lhes não pertença que isso

P. a V. Ex. [illegible] seja servido declarar que a Meza Parochial a que os Supplicantes devem recorrer a entregar os seus votos para eleição de Juizes de Paz

Rio de Janeiro 19 de Febr. de 1833

Bento Marcelino [illegible]

E. R. Mcê

Fonte: Biblioteca Nacional

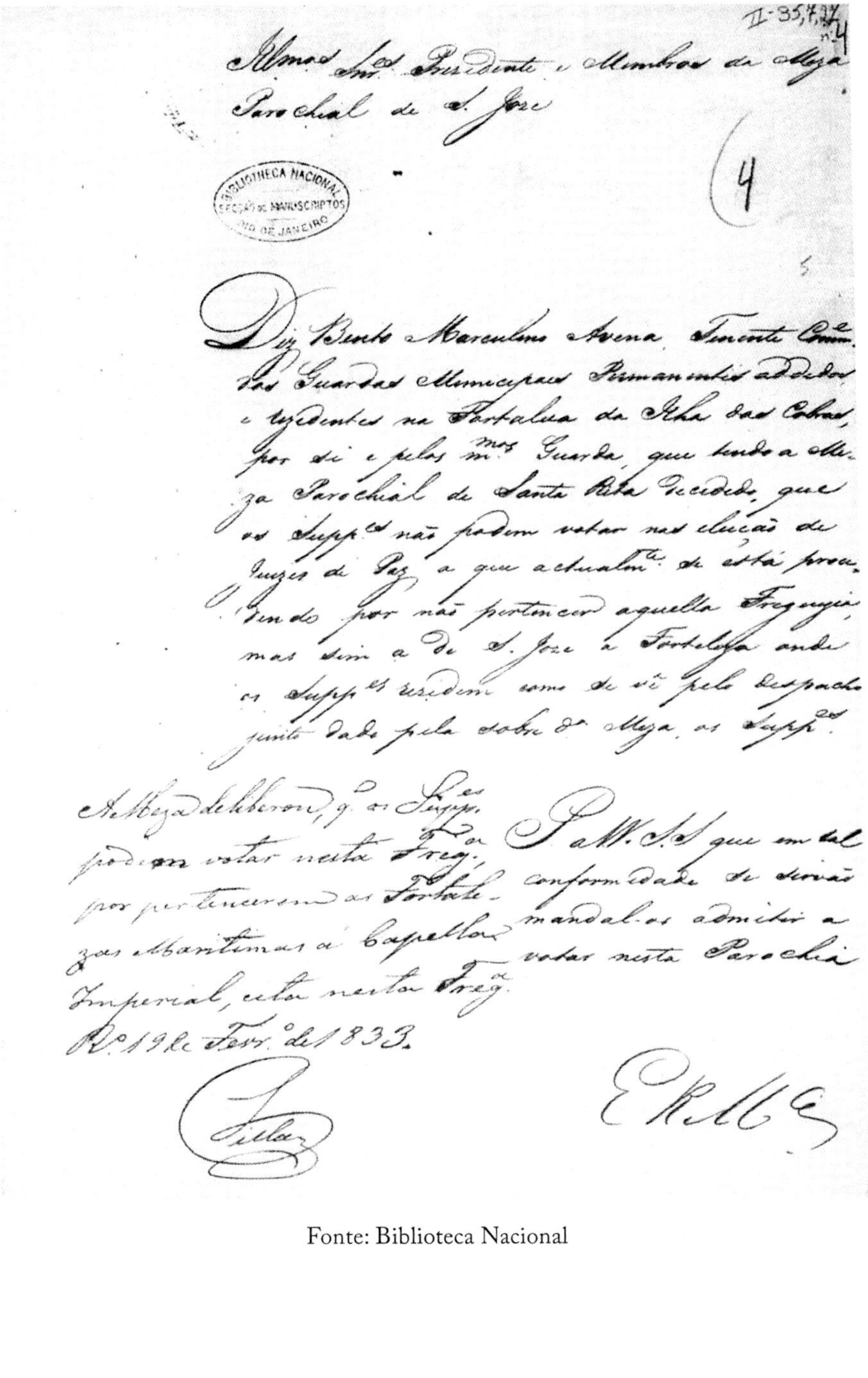

Illmos Snrs Presidente e Membros da Meza Parochial de S. José

Diz Bento Marcelino Arena Tenente Comm.e das Guardas Municipaes Permanentes addidos e rezidentes na Fortaleza da Ilha das Cobras, por si e pelos m.mos Guardas, que tendo a Meza Parochial de Santa Rita decidido, que os Supp.es não podem votar nas eleição de Juizes de Paz a que actualm.te se está procedendo por não pertencer aquella Freguezia, mas sim a de S. José a Fortaleza onde os Supp.es rezidem como se vê pelo despacho junto dado pela sobred.a Meza, os Supp.es

P. a VV. SS. que em tal conformidade se sirvão mandal-os admitir a votar nesta Parochia

E.R.M.cê

A Meza deliberou, q. os Supp.es podem votar nesta Freg.a por pertencerem as Fortalezas Maritimas á Capella Imperial, esta nesta Freg.a
R.o 19 de Fevr.o de 1833.

Fonte: Biblioteca Nacional

Nas fotos ilustrativas acima, temos a solicitação do Tenente Bento Marcolino Avena, Comandante dos guardas municipais permanentes do Rio de Janeiro que atuavam na Fortaleza da Ilha das Cobras (Praça Mauá) onde requer declaração de freguesia para que seus subordinados possam votar na eleição de Juízes de Paz.

N. 143.— JUSTIÇA.— Em 16 de março de 1833.

Manda conservar no serviço das Guardas Nacionaes os antigos Guardas Municipaes, que ás mesmas se acham addidos.

Em resposta ao officio de V. S. da data de hontem, ordena a Regencia, em Nome do Imperador, que V. S. conserve no serviço de que se mandaram despedir por

Aviso de 7 tambem do corrente, os addidos ás Guardas Nacionaes, outr'ora Guardas Municipaes; até que se conclua o novo alistamento.

Deus Guarde a V. S.— Paço, em 16 de Março de 1833.— *Honorio Hermeto Carneiro Leão*.— Sr. Commandante Superior da Guarda Nacional.

Fonte: colleccao_leis_1833_parte3, pag. 100

DOCUMENTO - 12

ORDEM de Manuel do Nascimento Castro e Silva, ministro da Fazenda, ao tesoureiro geral, para que entregasse a José Ceserino, oficial do Corpo de Permanentes, a quantia de seis contos e quatrocentos mil réis. Rio de Janeiro, 12/12/1835. 1 p. Orig. Ms. Coleção Rio de Janeiro. Proveniente da Coleção Castro e Silva.

II-35,05,018

Fonte: Biblioteca Nacional

Documento acima, originário da Coleção Rio de Janeiro, retrata o pagamento de seis contos e quatrocentos mil réis ao oficial do Corpo de permanentes (Guarda Municipal Permanente), José Ceserino.

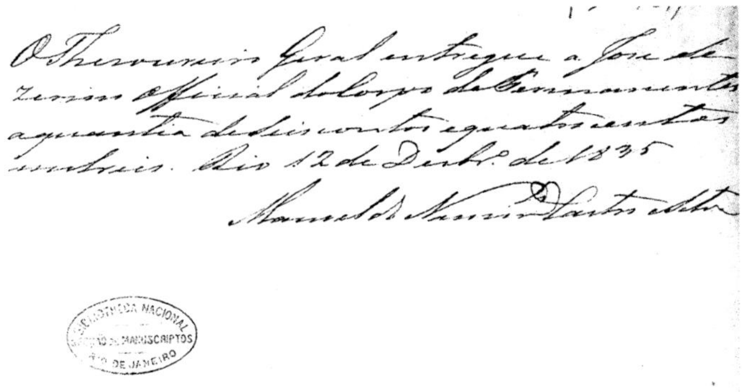

Fonte: Biblioteca Nacional

DECRETO de 4 de Fevereiro de 1836

Mandando addir ao Corpo de Municipaes Permanentes duzentos homens com a denominação de – Urbanos -, para fazerem o serviço de Policia da Cidade.

O Regente em Nome do Imperador o Senhor Dom Pedro II, querendo dar principio e impulso a organisação de uma Policia, que offereça maiores garantias á propriedade, á segurança individual, e tornar mais proficuo, e menos oneroso o serviço que presta o Corpo de Municipaes Permanentes, até que o Poder Legislativo providencie como julgar mais conveniente: ha por bem, na fórma do artigo 102, § 12 da Constituição, decretar o seguinte:

Art. 1º Serão addidos ao Corpo de Municipaes Permanentes, e repartidos proporcionalmente pelas quatro Companhias de Infantaria, 200 homens entre a idade de 18 e 60 annos, com a denomínação de-Urbanos.

Art. 2º Os Urbanos poderão ser escolhidos d›entre os Municipaes Permanentes, e Soldados da 1. a Linha, que tenhão reconhecida probidade, e queirão empregar-se no serviço para que são convidados, tendo preferencia aquelles, que não puderem facilmente desempenhar um trabalho mais activo e pesado nos Corpos a que pertencerem.

Art. 3º Os Urbanos receberão 640 réis diarios, pagos de 10 em 10 dias, e um capote annualmente: em netos de serviço andarão fardados como os Municipaes Permanentes, podendo usar de sapatos: servirão por 2 annos, podendo, se quizerem, renovar o ajuste: .serão despedidos por ordem do Ministro da Justiça, sobre informação do Commandante do Corpo, e estarão sujeitos ao mesmo Regulamento dos Municipaes Permanentes.

Art. 4º Os Urbanos poderão morar nos quarteis, mas não serão a isto obrigados, senão em casos extraordinarios, e por ordem expressa do Ministro da Justiça, c não terão outras obrigações, .além das que vão declaradas no presente Decreto.

Art. 5º Os Urbanos servirão por noite allernadamente, ou repartirão entre si as horas da mesma noite, como se ajustarem, dando primeiramente parte ao Commandante do Corpo, do ajuste que tiverem feito.

Art. 6º Os Urbanos de cada districto comparecerão ás Trindades no lugar designado para servir de parada, afim de receberem do Official de Dia as ordens que tiverem de distribuir-se, e dalli irão immediatamente collocar-se nos seus pontos até Matinas.

Art. 7º Os Urbanos comparecerão ás Malinas no lugar da parada, e ahi darão conta por escripto ao Oficial de Dia, de todos os successos occorridos durante a noite. O Urbano, que no comparecimento exceder meia hora além do tempo marcado neste artigo, e no antecedente, será castigado como omisso.

Art. 8.° Cada Urbano terá um districto marcado, que rondará constantemente de um extremo a outro, podendo demorar-se parado até cinco minutos nas encruzilhadas dos becos e ruas que houverem em seu districto, mas andará sempre em marcha opposta a do outro Urbano, de maneira que um não se encontre com o outro.

Art. 9º Os fins desta ronda são observar qualquer delicto que se commetta, ou pretenda commetter-se na rua, ou dentro das casas, e impedi-los por lodos os modos, para o que poderá o Urbano:

§ 1º Advertir·, e impôr silencio, quando observe altercações, ou rixas, e ordenar a separação, quando haja reuniões perigosas, e suspeitas.

§ 2º Não consentir a approximação de pessoas desconhecidas, ou suspeitas, mandando-as fazer alto, e revistando-as civilmente, para observar se trazem armas, ou instrumento de delicto, em cujo caso deverá prendê-las.

§ 3º Servir-se das armas no desempenho das suas obrigações quanto seja bastante para preenchê-las, e para salvar a sua pessoa de qualquer offensa. physica.

§ 4º Apitar, para ser auxiliado na prisão dos delinquentes, quando pelo seu numero, ou por qualquer outra circunstancia, não fôr prudente fazê-lo por si só, ou quando não possa consegui-lo, porque elles fujão ou resistão.

Art. 10. Nos casos em que o Urbano fizer alguma prisão, o preso será, com declaração do crime, conduzido de Urbano em Urbano até a Casa de prisão, ou custodia mais proxima, e ahi conservado até que o Juiz competente dê as providencias legaes.

Art. 11. No caso de que algum morador do districto tenha repentinamente necessidade de Medico, Medicina, ou Sacramentos, os Urbanos transmittirão de uns para outros o aviso, até fazer chega-lo á sua direcção, ou acompanharão, na mesma fôrma, a pessoa que o levar, uma voz que para isso sejão rogados.

Art. 12. No caso de incendio, os Urbanos baterão immediatamente ás portas dos vizinhos para acudirem, e transmittirão aviso de uns para outros até a Igreja mais proxima, para tocar-se o sino, na fórma do estylo, e até a primeira Guarda militar para prestar auxilio.

Art. 13. No caso de encontrarem alguma casa aberta, ou alguma pessoa cabida na rua por embriaguez, ou enfermidade, avisarão ao dono da casa para fecha-la e fazer recolher o bebado a algum corredor, e o enfermo á sua casa, se fôr• conhecido ou onde se lhe possa ministrar prompto soccorro, no caso de ignorar-se onde mora.

Art. 14. Quando os Urbanos precisarem de auxilio immediato por qualquer motivo, darão um tiro, para que as patrulhas de reserva, e os Cidadãos acudão promptamente.

Art. 15. Os Urbanos trarão consigo, estando de serviço duas pistolas, uma espada curta, e um apito, podendo usar da espada ainda fóra do serviço, estando fardados.

Art. 16. A Cidade do Rio de Janeiro será dividida em tantas paradas, quantas forem indispensaveis para os fins mencionados nos arts. 6º e 7º Havendo no lugar da parada algum edificio publico de que o Governo possa dispor, nelle se reunirão os Urbanos que pertencerem a essa parada, as horas marcadas nos referidos artigos, pondo-se alli uma mesa, cadeiras, papel, pennas e tinta para o Oficial de dia poder tomar as declaracões dos Urbanos, e fazer uma parte geral, que remeterá ao Ministro da Justiça, para por intermedio deste se darem as providencias necessarias.

Art. 17. O Commandante do Corpo conservará estacionadas em diferentes pontos da Cidade, desde as Trindades até as Matínas, patrulhas de cavalaria de reserva destinadas a auxiliar os Urbanos no desempenho de suas obrigações, principalmente quando estes, pelo signal do tiro, reclamarem soccorro.

Art. 18. O mesmo Commandante designará todas as noites os Officiaes que a horas incertas vão observar a conducta dos Urbanos.

Art. 19. O Urbano que ou vil· a outro apitar, ou dar um tiro, repetirá o signal do apito, e isto deverão fazer os outros Urbanos que estiverem na mesma rua, e acudir todos elles ao chamamento, retirando-se logo que a sua presença não se fizer mais necessaria.

Art. 20. Os Urbanos quando se reunirem no quartel, na fórma e nos casos do art. 4º, prestarão o serviço que lhes fôr determinado, em quanto subsistir a ordem que os tiver alli mandado reunir.

Art. 21. Todo o Guarda Nacional, e os moradores de Lojas, Botequins, Tabernas, ou Casas de negocio de qualquer Nação que sejão, são obrigados a sahir armados para a rua, quando qualquer Urbano der o tiro para pedir auxilio, ou quando para este fim lhe bater á porta, na fórma, e com as penas que determina a Postura da Camara Municipal desta Cidade de 22 do mez proximo passado. Os Juizes de Paz e Inspectores de Quarteirão, deverão igualmente apresentar-se para dirigir neste caso a diligencia e providenciar na fórma da Lei.

Art. 22. O Chefe de Policia requisitará as lanças necessarias para armar duas pessoas em cada uma das Casas de Negocio, Lojas, Botequins e tabernas, de que trata o artigo antecedente, entregando-as com recibo, e ficando por ellas responsavel a pessoa que o assignar.

Art. 23. O Chefe de Policia poderá dvertir e activar os Urbanos no desempenho de suas obrigações, e os Juizes de Paz devem dar-lhe parte das faltas que obsevarem por si, ou pelos Inspectores de Quarteirão.

Art. 24 As diarias, e mais despezas com os Urbanos, serão feitas á custa de uma subscripção voluntaria que para este fim se abrirá, sendo agenciada pelo Chefe de Policia, segundo as Instrucções que receberá do Governo.

Art. 25. A escriptunção e arrecadação da subscripção, de que trata o artigo antecedente, ficará a cargo do Thesouro Publico Nacional na fôrma que fôr determinada.

Art. 26. O presente Decreto começará a executar-se logo que houver quantia que baste para pagar-se aos Urbanos de um districto, executando-se pela mesma fôrma successivamente nos outros districtos.

Antonio Paulino Limpo de Abrco, Ministro e Secretario de Estado dos Negocias da Justiça, o tenha assim entendido e faça executar com os despachos necessarios. Palacio do Rio de Janeiro em quatro de Fevereiro de mil oitocentos trinta e seis, decimo quinto da Independencia e do Imperio.

DIOGO ANTONIO FEIJÓ.

Antonio Paulino Limpo de Abreo.

Fonte: Biblioteca da Camara dos Deputados - Colleção das Leis do Imperio do Brasil, 1836, Parte II, pag. 4.

Registro de guardas municipais que labutavam nas Paineiras

DOCUMENTO - 01

GOMES, João Vicente. Ofício a Bernardo Pereira de Vasconcelos informando sobre o requerimento dos guardas das Paineiras, que solicitavam aumento de ordenado. Rio de Janeiro, 21/02/1838. 2 doc. (3 p.). Orig. Ms. Ocorre despacho. Apresenta folhas manchadas, mutiladas e com tonalidades diferentes. Coleção Rio de Janeiro.

II-34,25,001

Fonte: Biblioteca Nacional

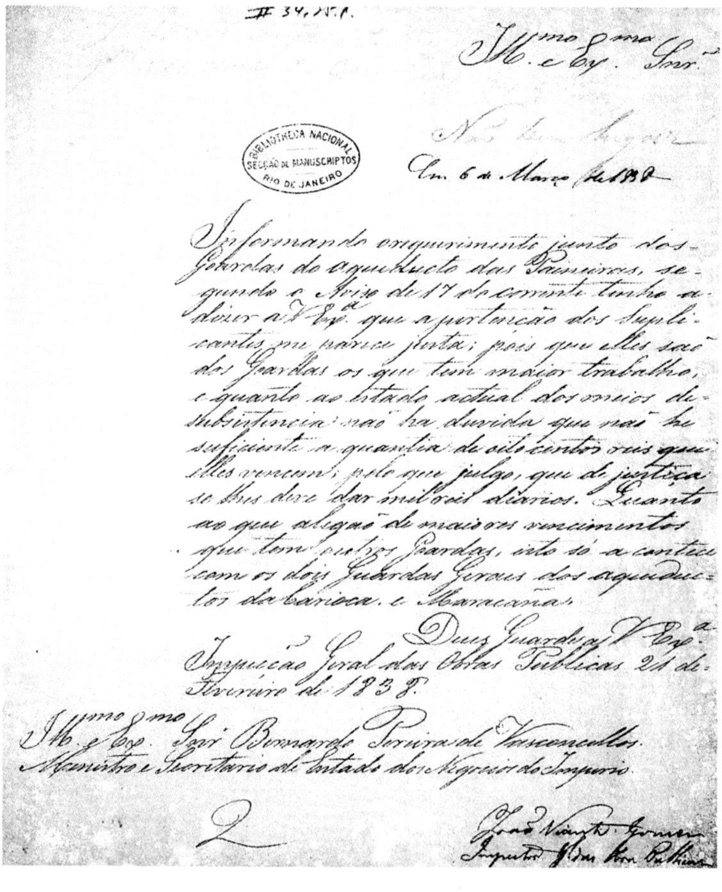

Illmo e Exmo Snr.

Em 6 de Março de 1838

Informando o requerimento junto dos Guardas do aqueducto das Paineiras, segundo o Aviso de 17 do corrente tenho a dizer a V. Exa. que a pertenção dos Supplicantes me parece justa; pois que elles são dos Guardas os que tem maior trabalho, e quanto ao Estado actual dos meios de subsistencia não ha duvida que não he sufficiente a quantia de oito centos reis que elles vencem; pelo que julgo, que de justiça se lhes deve dar mil reis diarios. Quanto ao que allegão de maiores vencimentos que tem outros Guardas, isto só acontece com os dois Guardas Geraes dos aqueductos da Carioca, e Maracanã.

Deus Guarde a V. Exa.

Inspecção Geral das Obras Publicas 21 de Fevereiro de 1838.

Illmo e Exmo Snr Bernardo Pereira de Vasconcellos.
Ministro e Secretario de Estado dos Negocios do Imperio.

2

João Vicente Gomes
Inspector Geral das Obras Publicas

Fonte: Biblioteca Nacional

Os guardas municipais que labutavam nas Paineiras (caminho para o Cristo Redentor atualmente) escreveram pedindo aumento de salários para o então Ministro e Secretário de Estado dos Negócios da Justiça, Bernardo Pereira de Vasconcellos. Vale destacar que Bernardo de Vasconcellos contribuiu para a formação política do Estado Brasileiro na criação do Ato Adicional, Lei de Terras, Códigos Civil e Criminal, fundador do Arquivo Nacional e do Colégio Pedro II.

O Ministro e Secretário de Estado e Negócios da Justiça em resposta na carta datada de 06 de março de 1838, diz que os guardas municipais devem ser aumentados nos vencimentos passando de oitocentos réis para mil réis, julgando ser justo o pedido.

Bernardo Pereira Vasconcellos nesta carta ainda faz menção aos vencimentos dos guardas municipais que laboram na Carioca (área central da cidade do Rio de Janeiro) e Maracanã (zona Norte). Podemos verificar que empregamos guardas municipais por todos os bairros da cidade desde o Império e estes efetivos atuando no policiamento preventivo e ostensivo desta cidade que outrora foi o berço da Monarquia e capital da República de forma plena e com visibilidade latente.

Os documentos apresentados evidenciam a forma de tratamento que um Ministro dava a uma instituição de importância relevante para segurança pública do período Imperial e retrata a capilaridade do atendimento à população do Município exercido pela Guarda Municipal Permanente do Rio de Janeiro. Destacamos ainda a redução de burocracia no atendimento quase direto do solicitado pelos guardas municipais ao então Ministro.

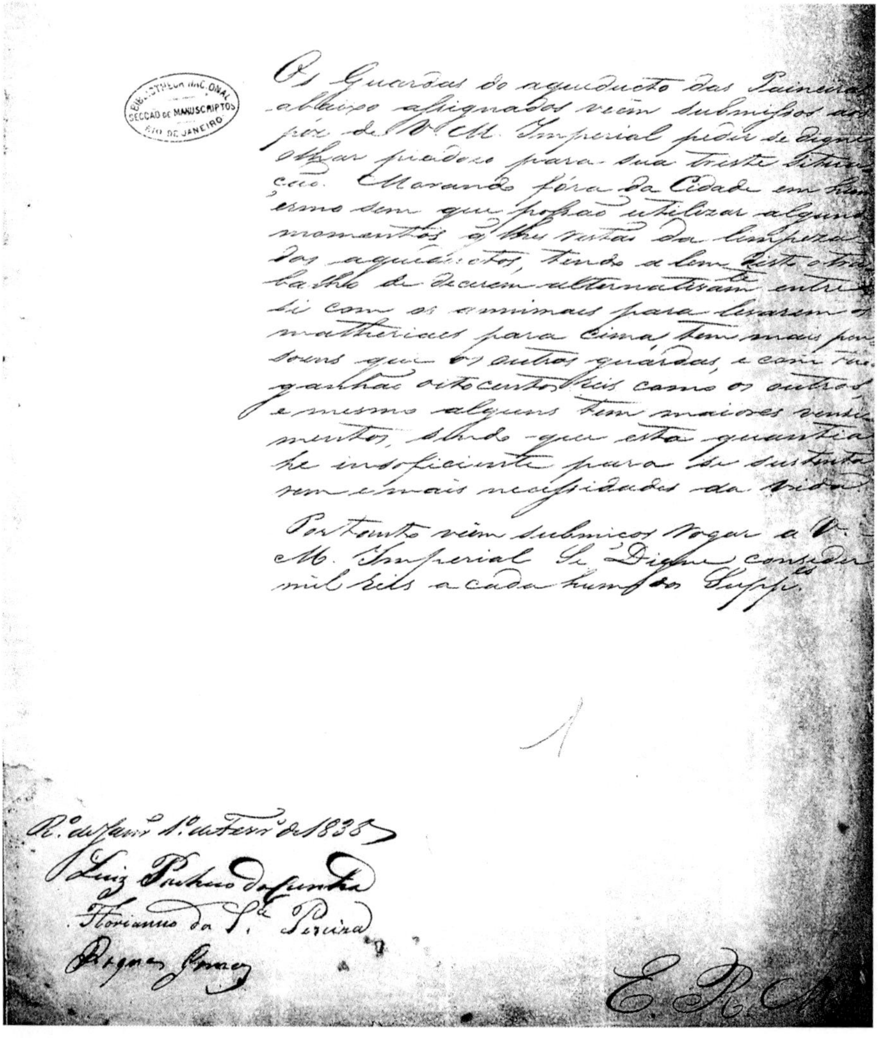

Os Guardas do aqueducto das Paineiras abaixo assignados veem submissos ao pé de V. M. Imperial pedir se digne olhar piedoso para sua triste situação. Morando fóra da Cidade em hum ermo sem que possão utilizar alguns momentos q lhes restão da limpeza dos aqueductos, tendo alem disto o trabalho de decerem alternativamente entre si com os animaes para levarem os matheriaes para cima, tem mais penosos que os outros guardas, e com tão ganhão oitocentos reis como os outros e mesmo alguns tem maiores vencimentos, sendo que esta quantia he insoficiente para se sustentarem e mais necessidades da vida.

Portanto veem submissos rogar a V. M. Imperial se digne conceder mil reis a cada hum dos Suppes.

E. R. M.

R. de Janro 1º de Ferro de 1838

Luiz Pinheiro da Cunha
Floriano da Sa Pereira
[illegible]

Fonte: Biblioteca Nacional

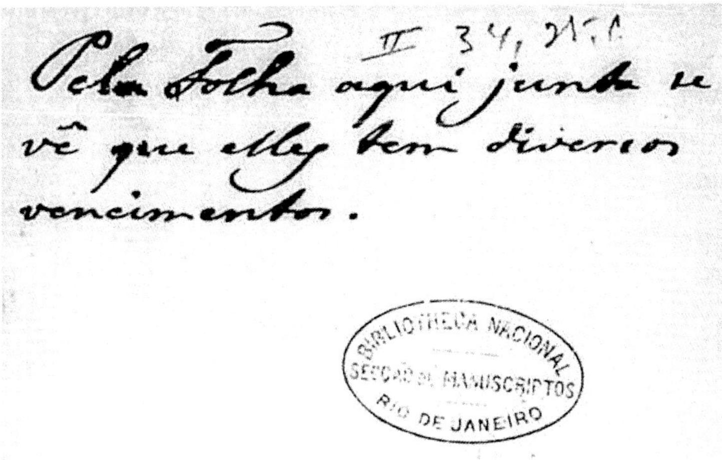
Pela Folha aqui junta se vê que elles tem diversos vencimentos.

Fonte: Biblioteca Nacional

Marechal Polidoro: Comandante do Corpo de Guardas Municipais

Fonte: Brazil Imperial

O Marechal Polidoro da Fonseca Quintanilha Jordão foi Comandante da Guarda Municipal Permanente da cidade do Rio de Janeiro (Corte) entre 1841 e 1844 bem como Comandante do Corpo Municipal Permanente (Guarda Municipal Permanente) atual Guarda Municipal da cidade do Rio de Janeiro, entre 1846 e 1856. Vale destacar que a nomenclatura da Guarda Municipal por vezes sofria alterações e após um período retornava a nomenclatura primária (original).

Polidoro da Fonseca foi o Comandante da Guarda Municipal da cidade do Rio de Janeiro que por mais tempo a comandou perfazendo 13 anos.

O Marechal Polidoro da Fonseca, nascido em 1802 e falecido em 1879, defendeu o Império na Revolução Farroupilha (1835-1845), percebam que neste período, o então Marechal, era Comandante da Guarda Municipal Permanente que teve participação ativa debelando esta revolução. Polidoro da Fonseca atuou também na Guerra do Paraguai entre 1864 e 1870.

O Marechal Polidoro da Fonseca Quintanilha Jordão recebeu a comenda de Visconde de Santa Teresa, foi Ministro da Guerra em 1862, vogal do Conselho Militar, Brigadeiro, Deputado do ajudante-general do Exército da cidade do Rio de Janeiro, Diretor e Comandante da Escola Militar de Aplicação, Ajudante-general do Exército (1865), Marechal de campo (1866), Conselheiro de Guerra e Tenente-general (1867) e Comandante do 1º e 2º Corpo do Exército na Guerra do Paraguai.

Fonte: Brazil Imperial

Na Guerra do Paraguai, o Marechal Polidoro da Fonseca foi chamado pelo General Osório, Comandante-chefe do Exército Brasileiro, para ser nomeado oficial de confiança que pudesse substituí-lo nos impedimentos, neste diapasão o então General Polidoro, nomeado pelo governo Imperial tanto para substituir o General Osório nos seus impedimentos, bem como substituir o Visconde de Porto Alegre no comando do 2° Corpo Militar durante a Guerra do Paraguai.

Polidoro da Fonseca foi administrador de Hospitais Militares que além de atender os feridos durante a Guerra do Paraguai também abrigou milhares de civis paraguaios refugiados desta Guerra.

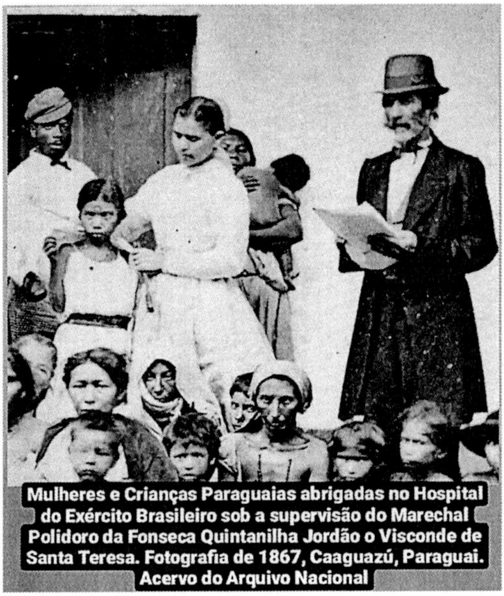

Mulheres e Crianças Paraguaias abrigadas no Hospital do Exército Brasileiro sob a supervisão do Marechal Polidoro da Fonseca Quintanilha Jordão o Visconde de Santa Teresa. Fotografia de 1867, Caaguazú, Paraguai. Acervo do Arquivo Nacional

Fonte: Brazil Imperial

O Marechal Polidoro da Fonseca Quintanilha Jordão, Comandante da Guarda Municipal Permanente da cidade do Rio de Janeiro (Corte) / Comandante do Corpo Municipal Permanente (Guarda Municipal Permanente) foi agraciado várias vezes com menções de louvor por sua primazia durante suas atuações recebendo os títulos de Cavaleiro da Ordem Imperial do Cruzeiro, Comendador da Ordem da Rosa, Comendador da Ordem Militar de São Bento de Aviz, Grã-Cruz da Ordem Militar de São Bento de Aviz, dignatário da Ordem Imperial do Cruzeiro e medalha do Mérito Militar.

Regulamento Disciplinar e Estrutura Organizacional em 1842

A Guarda Municipal cada vez mais aumentava seu espaço de atuação e de representatividade, pois atuava em apoio ao Exército e a Guarda Nacional também nas diversas revoltas que aconteciam no país, com isso em 1º de julho de 1842 foi promulgado o Decreto nº 191 que tem a finalidade de organizar estruturalmente a instituição fazendo com que a Guarda Municipal tivesse patentes, armas, uniformes e regulamento disciplinar similares ao do Exército. Destacamos que as instituições atuavam juntas contra revoltas, rebeliões e mais tarde na Guerra do Paraguai, sendo assim os comandos e comandados deveriam estar em plena harmonia e igualdade de níveis hierárquicos para que as demandas fossem cumpridas na sua plenitude do escalão superior até o último soldado, evitando assim ruídos hierárquicos na comunicação e cumprimento das ações.

Decreto nº 191, de 1º de Julho de 1842

Regula a organisação e disciplina da Guarda Municipal Permanente.

Hei por bem, em virtude do art. 3º da Lei nº 243 de 30 de Novembro do anno passado, Decretar o seguinte.

REGULAMENTO PARA O CORPO MUNICIPAL PERMANENTE DA CÔRTE

CAPITULO I

Disposições geraes

Art. 1º O Corpo de Guardas Municipaes Permanentes da Côrte, creado por Decreto de 22 de Outubro de 1831, terá a organisação marcada na Tabella nº 4, que acompanha este Regulamento.

Art. 2º Neste Corpo serão alistados cidadãos brasileiros de dezasete a quarenta annos de idade, e bom procedimento.

Art. 3º O alistamento para o Corpo será de voluntarios. Se porém destes não concorrer numero sufficiente para elevar o Corpo ao estado completo, o Governo poderá, se o serviço publico assim o exigir, completa-lo com praças escolhidas dos Corpos do Exercito, como dispõe a Lei nº 243 de 30 de Novembro do anno proximo passado, no Cap. 1º art. 3º § 13.

Art. 4º Os voluntarios servirão pelo tempo de seu engajamento, que nunca poderá ser menor de dous annos; os que vierem dos Corpos do Exercito servirão até completarem o tempo de praça que alli tinhão de servir, podendo uns e outros, findo o prazo respectivo, engajar-se novamente, se assim o quizerem e forem bem procedidos.

Art. 5º Aquelle que tiver concluido seu engajamento ou tempo de serviço, será despedido pelo Commandante geral, se assim o requerer, independentemente de outra qualquer ordem.

Art. 6º O voluntario que servir neste Corpo por seis annos consecutivos, não se levando em conta o tempo de prisão cumprindo sentença, ficará isento do serviço do Exercito: o que lhe será declarado no seu respectivo titulo de escusa.

O que fôr promovido a Official ficará tambem isento do serviço do Exercito, ainda quando tenha demissão do posto antes de completar os seis annos de serviço voluntario.

As praças actualmente existentes no Corpo, que tiverem servido menos de quatro annos, gozarão da isenção quando completarem os seis annos. Aquellas porém que contarem já quatro ou mais annos consecutivos de serviço, para poderem gozar da mesma isenção, serão obrigadas a servir por mais dous annos.

Art. 7º O Official que prestar serviços neste Corpo por dez annos consecutivos, sem nota de prisão por effeito de sentença e com irreprehensivel procedimento, terá direito á sua patente honoraria sem algum vencimento por ella, ainda quando voluntariamente queira despedir-se do Corpo.

Esta disposição comprehende os actuaes Officiaes, que em identicas circumstancias contarem os dez annos de serviço; bem como os das quatro classes do Exercito estabelecidas pela Lei nº 260 do 1º de Dezembro do anno proximo passado, em exercicio no dito Corpo, que não tiverem direito a accesso no mesmo Exercito, quando estejão em semelhante caso.

Art. 8º Os Officiaes deste Corpo poderão ser tirados das quatro classes dos Officiaes do Exercito, de que trata a Lei indicada no artigo antecedente; ou por accesso dos inferiores do Corpo; e servirão emquanto pelo seu procedimento se fizerem dignos de confiança.

Art. 9º Os inferiores, cabos e anspeçadas serão nomeados, promovidos, ou tornados á classe de soldados, pelo Commandante geral, sob informações dos Commandantes de companhias, a qual póde deixar de preceder, quando os inferiores forem rebaixados temporariamente.

Art. 10. O Governo mandará demittir os individuos praça de pret, quando por fortes e urgentes motivos assim convenha a boa ordem do serviço e do Corpo, por factos que as Leis e este Regulamento não podem alcançar e prevenir, sendo essa demissão dada sobre proposta do Commandante geral.

Art. 11. Os Officiaes e mais praças deste Corpo terão os vencimentos indicados na Tabella nº 2, annexa a este Regulamento, os quaes lhes serão pagos mensalmente por meio de relações de todas as praças das Companhias, assignadas pelos respectivos Commandantes, rubricadas pelo Commandante geral, e cobertas com attestado deste sobre a exactidão das observações e mais circumstancias de taes relações, que devem mencionar escrupulosamente todo o movimento pessoal que puder influir nos vencimentos.

Art. 12. A cada individuo praça de pret, que se alistar no Corpo, ou renovar seu engajamento, se abonará a quantia de quarenta mil réis para fardamento.

Art. 13. As quantias de que trata o artigo antecedente serão pagas, assim como todas as que forem destinadas para armamento, correame e equipamento, utensis, remonta e mais objectos precisos, á vista de uma folha mensal, que especificará cada uma dellas, e a ordem que autorisa a sua despeza. Esta folha, assignada pelo Commandante geral, acompanhará as relações de que trata o art. 11.

Art. 14. A quantia destinada para fardamento dos que assentão praça, lhes poderá ser entregue quando o individuo que fizer novo engajamento tiver em bom estado os seus uniformes.

Art. 15. O fardamento, armamento e equipamento do Corpo será determinado por padrões approvados pelo Governo. Os distinctivos dos Officiaes e Officiaes inferiores, serão os mesmos usados na 1ª Linha do Exercito.

Art. 16. O armamento, correame, arreamento, equipamento e mais objectos precisos, serão fornecidos pelo tempo que marcão as Tabellas nos 3, 4 e 5, annexas a este Regulamento; ficando cada praça responsavel pelos objectos a seu cargo, segundo o preço por que forem carregados ao Corpo na occasião do recebimento. Quando tiverem mais de metade do tempo de sua duração valerão metade de seu custo.

Art. 17. Haverá no Corpo um livro mestre, ou de registro geral, onde se lançarão os numeros e nomes das praças, com designação dos voluntarios, suas filiações, naturalidades, idades, alturas, signaes e feições, e dia em que assentárão praça, com declaração das sahidas, entradas, baixas, doenças, altas e licenças da Secretaria de Estado; fazendo-se nelle as observações que occorrerem sobre premios e castigos por effeito de sentença, serviços extraordinarios, e tudo quanto de notavel succeder, durante o tempo de serviço. Os livros mestres serão sempre uniformes e organisados segundo o modelo do que actualmente existe no Corpo.

Art. 18. Haverá um livro de registro para os cavallos, onde se lançarão os seus numeros, côres e signaes, altura, idade provavel, o dia de assentamento de praça, o preço por que foi comprado, sahidas, ou morte, fazendo-se as observações que forem convenientes.

Art. 19. Haverá um livro no qual serão inventariados todos os objectos, que o Corpo receber por conta da Fazenda Publica, declarando-se a importancia de cada um e o dia do seu recebimento.

E haverá outro livro de descarga dos ditos objectos, em o qual se declare a sua sahida ou consumo e os documentos comprovatorios.

Art. 20. Além dos livros que ficão mencionados, haverá os mais que o Commandante geral julgar necessarios.

Art. 21. Todo o individuo que se ausentar, ou fôr qualificado desertor, soffrendo por isso pena em virtude de sentença, perderá seus vencimentos desde o dia da ausencia, os quaes lhe tornarão a ser abonados desde o em que fôr preso, ou se apresentar.

Art. 22. Aquelle que se ausentar, ou desertar, deixando vencimentos ainda não recebidos do Thesouro Publico, perderá o direito a elles, e servirão para indemnisação do rancho, hospital e mais dividas que tiver contrahido para com o Corpo, revertendo o remanecente para a caixa de economias.

Art. 23. Aquelle que fôr condemnado a mais de um anno de prisão com trabalho, terá baixa do Corpo para não servir mais nelle, salvo o caso em que a prisão tenha tido lugar por crime de deserção.

Art. 24. O individuo que se alistar neste Corpo, depois de lhe serem lidos os arts. 4º, 5º, 6º, 16, 21, 22, 23 e 24 do presente Capitulo, e os do Cap. 2º, prestará juramento aos Santos Evangelhos de cumprir bem, prompta e fielmente todas as ordens superiores concernentes ao serviço, de ser fiel ao Imperador, e ao systema politico adoptado no Imperio.

Art. 25. Os artigos supramencionados serão lidos em frente das companhias, formadas duas vezes em cada mez, e o presente Regulamento estará publico em cada uma das companhias.

Art. 26. O Commandante geral, Officiaes, Commandantes de guardas, destacamentos, patrulhas, etc., que tiverem força disponivel, são obrigados a prestar immediatamente, debaixo de sua responsabilidade, a que lhes fôr requisitada pelas Autoridades, que tem direito de as requisitar. A requisição deverá ser feita por escripto. Se porém as requisições forem em tal numero, que ao mesmo tempo desfalquem o Corpo de mais de quarenta homens, o Commandante geral poderá deixar de as satisfazer, e participará immediatamente ao Ministro e Secretario de Estado dos Negocios da Justiça para deliberar como convier.

Art. 27. O Quartel Mestre e Secretario coadjuvarão o serviço de rondas, e todo o que fôr compativel com o de seus exercicios.

Art. 28. Os postos dos Officiaes e Officiaes inferiores deste Corpo, são considerados commissão; e os que nelles servirem, durante o seu exercicio, gozarão de todas as honras distincções e isenções que pertencem aos do Exercito.

Art. 29. Os artigos do presente Regulamento obrigão a todos os Officiaes, Officiaes inferiores e mais praças effectivas do Corpo, ou addidas a elle, na parte que lhes fôr applicavel.

Art. 30. O Governo poderá conservar a companhia que actualmente se acha addida ao Corpo, emquanto este não chegar ao seu estado completo, podendo mesmo em tal caso crear outras companhias addidas, se o numero dos soldados da actual exceder a cem.

Art. 31. As companhias addidas poderão ser compostas de soldados do Exercito, ou de quaesquer individuos que nellas se queirão alistar, e sua disciplina e Regulamentos serão os mesmos dos Corpos de 1ª Linha.

Art. 32. Os Officiaes das ditas companhias serão tirados das quatro classes dos Officiaes do Exercito, segundo a Lei acima citada; e na falta destes poderão os do Corpo ir fazer serviço nellas.

CAPITULO II

Dos crimes e penas

Art. 33. Todo aquelle que sem legitima licença faltar ao serviço por oito dias consecutivos, será no fim delles qualificado desertor; mas se a falta fôr por excesso de licença, a deserção será qualificada no fim de quinze dias, contados inclusivamente daquelle em que principiou o dito excesso.

Art. 34. Todo aquelle que faltar por mais de tres dias ao serviço, e fôr preso antes de ser qualificada a deserção, na fórma do artigo antecedente, terá um mez de prisão no Corpo, fazendo o serviço que lhe pertencer, e irá nos dias de folga á escola de recrutas. Se fôr Official inferior, antes de lhe ser imposta a referida pena, terá baixa do posto por determinação do Commandante geral.

Art. 35. Aquelle porém que se apresentar no Corpo antes dos prazos em que é qualificada a deserção, ou que dentro delles declarar, perante alguma autoridade territorial, civil, ou militar, que quer logo voltar ao serviço, e assim o praticar, provando com documento authentico a sua declaração, e que depois disso fez sempre marchas, para chegar ao quartel do Corpo, de quatro leguas pelo menos por dia, quando não tenha para tal fim impedimento invencivel, o que deve tambem provar a satisfação do Conselho criminal, haverá sómente prisão pelo dobro dos dias que tiver faltado, fazendo o serviço que lhe competir.

Art. 36. As faltas que não excederem a tres dias serão castigadas a arbitrio do Commandante geral.

Art. 37. Todo aquelle que commetter a primeira deserção simples, e fôr preso, haverá em castigo seis mezes de prisão, ou com trabalho, ou com obrigação de ir á escola de recrutas, como melhor parecer ao Commandante geral.

Art. 38. O desertor de primeira deserção simples, que se apresentar voluntariamente dentro de um mez, contado do dia em que houver sido qualificada a dita deserção, e trouxer em bom estado os seus uniformes, e outros objectos por que esteja responsavel (á excepção daquelles por cujo extravio se aggrava a deserção) ou fizer promptamente indemnisação delles, ficará preso por dous mezes, fazendo o serviço que lhe pertencer.

Art. 39. O que se apresentar voluntariamente da primeira deserção simples, dentro de um mez, contado do dia da qualificação, e não trouxer seus uniformes, ou os objectos por que esteja responsavel (não sendo dos que aggravão a deserção) soffrerá quatro mezes de prisão, fazendo o serviço que lhe tocar e ficando obrigado á indemnisação do que dever, por meio de descontos razoaveis nos vencimentos que lhe pertencerem.

Art. 40. O que faltar tres vezes dentro do mesmo anno, contado do dia da primeira falta, quando elles excedão de tres dias, e não chegarem a qualificar deserção, será julgado na terceira falta réo de primeira deserção simples, e como tal lhe serão impostas as penas correspondentes; ou elle se apresente de todas as faltas voluntariamente, ou seja conduzido preso.

Art. 41. O réo de segunda e simples deserção terá em castigo um anno de prisão com trabalho, se se apresentar voluntariamente; porém sendo preso, soffrerá igual pena por dezoito mezes.

Art. 42. Em todos os casos em que o réo tenha de cumprir sentença por deserção, perderá o tempo que anteriormente tiver de serviço no Corpo, e principiar-se-lhe-ha a contar novamente o tempo de praça do dia em que acabar de cumprir a sentença.

Art. 43. O que fugir, estando cumprindo sentença por crime de deserção, sofrerá de castigo o dobro do tempo que lhe faltar para cumprimento da sentença.

Art. 44. A deserção se julgará aggravada, quando o réo a commetter: 1º, estando de guarda, ou em serviço importante; 2º, em destacamento; 3º, levando armas, cavallo, ou qualquer objecto da Fazenda Publica; 4º, roubando aos seus camaradas: e nestes casos haverá em castigo o dobro do que lhe pertenceria, segundo a natureza da deserção, na conformidade dos artigos antecedentes.

Art. 45. A injuria, ameaça ou offensa physica de superior para subdito, ou entre iguaes, bem como a desobediencia de subdito ao superior em objectos concernentes ao serviço, serão punidas com a pena de dias, mezes, ou annos de prisão com trabalhos, ou sem elles, segundo as circumstancias do caso: mas se o subdito se oppuzer ao superior servindo-se de qualquer arma, ou ameaço, será punido pelas Leis militares em vigor.

Art. 46. Todo aquelle que se servir das armas para fazer ou ajudar algum ajuntamento illicito, será punido com um a quatro annos de prisão com trabalho em fortificações.

Art. 47. Todo aquelle que, por omissão, neglicencia, ou peita, deixar fugir um preso, que estiver confiado á sua guarda, será punido com pena correspondente á gravidade do crime, por que o mesmo preso fôr accusado, a qual todavia não poderá exceder a dez annos de prisão com trabalho, e a quinze, no caso de peita.

Art. 48. Todo aquelle que estando de sentinella abandonar o seu posto, ou dormir, será punido em cada vez com quinze dias a um mez de prisão, ou dobras de serviço; e sendo em cadêa, ou lugar importante, com o dobro.

Art. 49. Todo aquelle que abandonar a patrulha, será punido com oito a quinze dias de prisão.

Art. 50. Todo aquelle que furtar alguma cousa ao seu companheiro, inferior, ou Official, será punido com tres mezes a um anno de prisão com trabalho, e obrigado a restituição do objecto furtado, ou á indemnisação do seu valor. No caso de reincidencia será punido com a mesma pena, e expulso do Corpo por indigno.

Art. 51. O deleixo, negligencia, e faltas de serviço não especificadas neste Regulamento, serão punidas com quinze dias a dous mezes de prisão e dobras de serviço, se o caso fôr mais grave do que o declarado no art. 65.

Art. 52. Todo aquelle que distrahir em seu proveito, ou de outrem, dinheiros, ou objectos do Corpo, ou das praças, será condemnado em um a quatro annos de prisão com trabalho; salvas as acções competentes para a restituição; e, em todo o caso, expulso do Corpo por indigno.

Art. 53. Serão circumstancias aggravantes para imposição de pena maior que a minima: 1º, ser praticado o crime em acto de serviço; 2º a reincidência; 3º, ser commettido de caso pensado; 4º, sê-lo por paga ou esperança della.

Art. 54. As penas impostas por este Regulamento, não isentão os réos daquellas em que incorrerem pelas Leis existentes, e que forem impostas por autoridade civil.

Art. 55. Toda a praça de pret, que fôr condemnada a pena maior que a de um anno de prisão com trabalho, será entregue á justiça para o cumprimento da sentença. Aquellas que forem sentenciadas nesse gráo de pena, ou em menor, cumprirão a sentença na prisão do Corpo; e o trabalho será aquelle que houver a fazer nos quarteis, e que lhes destinar o Commandante geral. Se o procedimento dos sentenciados fôr mão, e não convenha por isso que cumprão a sentença no quartel, poderão ser remettidos para as prisões militares, e neste caso ficarão sujeitos aos seus Regulamentos.

Art. 56. As praças de pret que forem presas perderão, durante o tempo de prisão, a metade de seu soldo, que terá a applicação marcada no art. 121 deste Regulamento.

Art. 57. As praças de pret que não conservarem o seu armamento, fardamento, correame, equipamento, arreios, e cavallos limpos e tratados, serão punidas com dobras de serviço, instrucção de recrutas, ou com prisão de um a oito dia.

Art. 58. Todo aquelle que mover contandas, differenças, disputas, vozerias e intrigas no quartel, ou entre seus camaradas, será punido com alguma das penas do artigo antecedente.

Art. 59. Todo aquelle que se embriagar será punido por cada vez que o fizer, com um a quinze dias de prisão e dobras de serviço, ou instrucções de recrutas; não ficando isento das penas em que incorrer pelos crimes commettidos por effeito da embriaguez.

Art. 60. Todo aquelle que no quartel, em casas publicas de jogo, ou com seus companheiros jogar jogos de azar, será punido com prisão de seis a doze dias, ou com dobras de serviço e instrucção de recrutas.

Art. 61. Todo aquelle que vender, empenhar, ou jogar peças de seu fardamento, armamento, o seu cavallo, ou qualquer objecto necessario ao serviço, ou os perder, ou deixar destruir por omissão sua, será punido com prisão de um até quinze dias; perderá o resto do soldo que ficar, depois de abatido o desconto para o rancho, até prefazer o valor do objecto jogado, vendido, ou destruido, ou preencher a quantia por que o empenhou, e nesse caso mais um terço delta sendo tudo (excepto o caso de destruição) para a caixa de economias particulares. O comprador ou aquelle que tomou o penhor, ou ganhou os objectos, ficará obrigado á entrega delles, salvo o direito contra quem os vendeu, empenhou ou jogou.

Art. 62. Todo aquelle que pernoitar fóra do seu quartel sem licença do Commandante geral, ou fôr encontrado nas ruas fóra de horas, armado, sem ir a serviço, será castigado com prisão de um a oito dias.

Art. 63. O que faltar ao serviço, de proposito, tendo sido nomeado para elle, será castigado com a pena do artigo antecedente, ou maior, segundo as circumstancias da falta, e o disposto no presente Regulamento.

Art. 64. O Commandante geral poderá mandar servir nas companhias addidas, temporariamente, ou até completarem o tempo de serviço, os individuos praças de pret de procedimento menos regular; ou requererá a passagem de taes individuos para os Corpos da 1ª Linha do Exercito ao Ministro e Secretario de Estado dos Negocios da Justiça.

Art. 65. As penas conteudas nos arts. 48, 49, 57, 58, 59, 60, 61, 62 e 63 deste capitulo, serão impostas por ordem do Commandante geral, que poderá igualmente castigar com prisão até quinze dias as faltas não especificadas neste Regulamento, e que por sua natureza não possão incorrer em pena mais grave do que a de quinze dias de prisão; e bem assim o Commandantes de companhias poderão castigar com reclusão nellas até oito dias aos que commetterem taes faltas, participando immediatamente ao Commandante geral, para approvar ou alterar o castigo, quando assim lhe pareça justo. Se as faltas forem commettidas em destacamento commandado por Official, poderá este impor a pena de prisão até oito dias; se por official inferior, dará este parte immediatamente ao Commandante geral, podendo todavia prender o culpado, a fim de o pôr em segurança: o que tambem fará no caso de serem commettidos outros delictos pelos quaes se deva proceder a conselho.

Art. 66. Em todos os casos em que o Commandante geral, e os Commandantes de companhias, ou destacamentos podem impor pena de prisão, poderão tambem impor a de dobras de serviço, escolas de recrutas, simultanea ou separadamente, sendo ou não com mochila em ordem de marcha, limpeza do armamento da reserva, de cavallos, ou de utensis do serviço.

Art. 67. O Commandante geral tendo de punir por algum crime os officiaes inferiores, cabos e anspeçadas, os mandará, se quizer, rebaixar temporariamente.

CAPITULO III

Do processo

Art. 68. As ausencias que, excedendo de tres dias, não chegarem a constituir deserção, serão julgadas por um Conselho peremptorio, composto do Major como Presidente, e mais dous Officiaes, dos quaes um, por escolha do Presidente, escreverá no Conselho; e na falta ou impedimento do Major o substituirá um Capitão.

Art. 69. Logo que o réo fôr preso, ou se apresentar da ausencia, o Commandante da companhia a que elle pertencer, entregará, ao Commandante geral uma parte que mencione o dia da ausencia, e aquelle em que veio, se preso, ou apresentado. Quando do crime de ausencia accrescer outro que deva ser julgado em Conselho criminal, dar-se-ha delle parte em separado para o respectivo processo.

Art. 70. O Conselho peremptorio, á vista da parte da ausencia, ouvindo verbalmente a defesa do réo, lhe impóra a pena que houver merecido, lavrando-se em assento, que assignarão todos; e com referencia do mesmo assento se porá a competente nota no livro mestre.

Art. 71. Terminado o processo do Conselho peremptorio, será immediatamente apresentado ao Commandante geral, que lhe porá o - Cumpra-se - mandando executar a sentença.

Art. 72. Se houverem circumstancias tão attendiveis, ou se o réo por sua exemplar conducta, e serviços no Corpo merecer contemplação, o Conselho peremptorio poderá releva-lo de toda a pena, salvo pelo que tocar á satisfação de algum prejuizo que tiver causado.

Art. 73. No caso de deserção, o no dia seguinte ao da qualificação, na fórma do art. 33, o Commandante da companhia a que pertencer o réo, dará ao Commandante geral uma parte, notando o dia da ausencia; aquelle em que e completou a deserção; se esta foi por excesso de licença; se primeira, ou segunda; simples, ou agravada; e qual a circunstancia aggravante; assim como qualquer outro crime que conjunctamente fosse commettido, mencionando tres testemunhas para verificação da parte.

Art. 74. O Commandante geral, mandando extrahir do livro mestre uma nota de todos os assentos do réo, fará reunir no primeiro dia util um Conselho de investigação, composto de tres Officiaes, dos quaes um será o Presidente, e outro escreverá o processo; e sobre a parte de deserção e nota do livro mestre, serão interrogadas as testemunhas, e escriptos seus depoimentos.

Art. 75. O Conselho de investigação, segundo o depoimento das testemunhas, parte de deserção, e assentos do livro mestre, escreverá seu parecer, qualificando o réo desertor de primeira ou segunda deserção simples ou aggravada. Se durante o Conselho apparecerem provas ou indícios acerca de qualquer outro delicto ou delinquente, deverá o mesmo Conselho declarar o que a tal respeito houver colhido, a fim de se proceder nos termos ulteriores. Todos os Vogaes assignaráõ o parecer, e o processo será entregue ao Commandante geral.

Art. 76. O Commandante geral mandará averbar no livro mestre o parecer do Conselho de investigação, e archivar o processo para servir de base no Conselho criminal, quando houver de installar-se.

Art. 77. Os réos que incorrerem nos crimes mencionados neste Regulamento, e cujas penas não devão ser impostas pelo Conselho peremptorio, pelo Commandante geral, Commandantes de companhias, ou destacamentos, serão julgados por um Conselho criminal, composto de um Presidente, um Auditor, e tres Vogaes, dos quaes o mais graduado ou antigo será o interrogante.

Art. 78. O Auditor será o mesmo do Exercito, sem que por este serviço tenha direito a maior vencimento do que goza, e no seu impedimento servirá um Capitão. O Presidente e Vogaes serão sempre Officiaes do Corpo, cuja falta será substituida por Officiaes das quatro classes estabelecidas no Exercito, á requisição do Commandante geral. Se o réo fôr Official, o Presidente e Vogaes serão de graduação maior, ou pelo menos igual á do réo.

Art. 79. A nomeação e convocação de todos os Conselhos será feita pelo Commandante geral, que lhes marcará dia, hora e lugar para as sessões.

Art. 80. Não será Vogal do Conselho o Official que tiver dado contra o réo a parte accusatoria, ou que tenha do depor no processo.

Art. 81. Feita a nomeação do Conselho criminal, o Presidente remetterá ao Auditor os papeis pertencentes ao processo, para que faça intimar por escripto o réo, com declaração dos factos por que vai ser processado.

Art. 82. O Conselho criminal se regulará, quanto á formula do processo, interrogatorios e inquirição de testemunhas, garantias e recursos do réo, funcções do Auditor e mais Juizes do Conselho, pelo disposto no Alvará de 4 de Setembro de 1765 e mais Leis, usos e disposições que regem os Auditores e Conselhos de Guerra, e não forem alteradas, ou revogadas pelo presente Regulamento.

Art. 83. E› permittido ao réo, por si, ou por seu curador, ou defensor, pedir que seja adiada a reunião do Conselho, quando para isso apresente motivo justo. Este adiamento não poderá exceder a 10 dias.

Art. 84. Para cada sessão dos Conselhos se nomeará uma ordenança para fazer as intimações e cumprir as ordens do Conselho.

Art. 85. Concluida a sentença do Conselho criminal, será o processo remettido ao Commandante geral, que o fará subir ao Conselho Supremo Militar de Justiça, para ser julgado em ultima instando.

Art. 86. O Conselho Supremo Militar de Justiça, no seu julgamento, se regulará pelo que se acha estabelecido no presente Regulamento, com applicação ás desposições Legislativas que regem o mesmo Tribunal.

Art. 87. Baixando ao Corpo o processo com a sentença do Tribunal de superior instancia, o Commandante geral lhe porá o - cumpra-se -, a fará ler ao réo, executar, averbar no livro mestre, e publicar na ordem do dia.

Art. 88. Todas as decisões dos Conselhos serão publicadas na ordem do dia do Corpo, e as dos Conselhos peremptorios criminaes, o Conselho Supremo Militar de Justiça, serão sempre averbadas no livro mestre.

Art. 89. Os réos que commetterem algum delicto em destacamento serão remettidos para o lugar onde se achar o Estado Maior do Corpo, a fim de serem processados; devendo acompanha-los as provas, ou instrumentos do crime; assim como as testemunhas que pertencerem ao Corpo, e não fizerem falta ao serviço do destacamento; providenciando-se para que todas as outras possão igualmente comparecer perante o Conselho criminal.

Art. 90. Logo que qualquer réo tiver de responder a Conselho, será immediatamente preso.

Art. 91. No caso em que o réo seja accusado de dous ou mais crimes dos mencionados neste Regulamento, será julgado por todos elles no mesmo Conselho, impondo-se-lhe a pena respectiva a cada um.

Art. 92. Constando a existencia do algum delicto, e não se sabendo quem seja o delinquente, nomeará o Commandante geral um Conselho de investigação, composto de tres Officiaes, dos quaes o mais graduado ou o mais antigo será o Presidente, e, por escolha deste, um dos outros dous escreverá no Conselho.

Art. 93. O Conselho procederá na investigação de quem seja o delinquente, e de todas as circumstancias que possão esclarecer o facto. Não sendo o réo descoberto, proseguir-se-ha na investigação a todo o tempo em que appareção provas ou indicios ácerca do delicto.

Art. 94. O Conselho, concluida a investigação, dará por escripto o seu parecer, o qual servirá de base ao Conselho criminal, quando o réo tenha de responder perante elle.

Art. 95. No caso do deserção o Commandante da companhia a que pertencer o réo dará ao Commandante geral, para ser presente ao Conselho, uma parte, que declare se o réo veio preso, ou apresentado, e em que dia.

Art. 96. Occorrendo falta ou impedimento de algum dos membros dos Conselhos, durante o tempo de suas sessões, o Commandante geral nomeará outros; ou na falta de Official que possa entrar no Conselho, representará coma fica disposto no art. 78. Lavrar-se-ha termo da substituição, motivando aquella falta ou impedimento.

Art. 97. Os Officiaes addidos, ou aggregados ao Corpo podem servir nos Conselhos.

CAPITULO IV

Conselho administrativo e economico do Corpo

Art. 98. Haverá um Conselho de administração; composto do Commandante geral, que será o Presidente, do Major e Commandantes de companhias, que serão, Vogaes, sendo um Thesoureiro.

Art. 99. Haverá mais um Agente do Conselho, que será nomeado d›entre os Officiaes do Corpo, que não forem Vogaes. O Thesoureiro e o Agente serão nomeados animalmente pelo Conselho, por maioria absoluta de votos, até o dia 10 de Janeiro. No caso de empate decidirá o Presidente do Conselho, lavrando-se de tudo termo, e não poderão ser reeleitos por dous annos consecutivos.

Art. 100. Se por qualquer motivo vagar o lugar de Thesoureiro, ou Agente, o Conselho procederá logo á eleição de outro, que o substitua pelo tempo que ainda deverião servir.

Art. 101. O impedimento temporario de qualquer dos Vogaes não suppõe vaga, salvo o impedimento do Thesoureiro ou Agente; quando tiver de ser prolongado por mais de trinta dias.

Art. 102. Para que o Conselho possa deliberar, bastará que se reuna a metade e mais um do numero dos membros que nelle estiverem em effectividade. O Presidente, no caso de empate, tem voto de qualidade.

Art. 103. Haverá no Conselho um livro para nelle se lançarem os termos de suas sessões, e todas as suas deliberações e ordens. Toda a escripturação do Conselho será feita pelo Secretario do Corpo, e os termos assignados por todos os Vogaes presentes.

Art. 104. Haverá tambem um livro de conta corrente de receita e despeza. Debaixo da rubrica - receita - se lançaráõ separadamente as quantias que derem entrada no cofre, com declaração dos titulos por que entrão, e do fim a que são destinadas. Debaixo da rubrica - despeza - em correspondencia aos mesmos titulos da receita, se lançaráõ as sommas totaes das despezas que com cada um daquelles titulos se houverem feito. Cada uma dessas sommas totaes de despeza será demonstrada por uma folha volante, á qual se referirá, assignada pelo Agente, e que deverá declarar especificadamente as despezas feitas, os objectos, suas qualidades, quantidades, preço parcial e total, e cobrirá esta folha os documentos que próvem as ditas despezas, os quaes serão exigidos das pessoas que fizerem o fornecimento; exceptuando-se desta regra as despezas miudas, ou que por sua natureza não seja possivel apresentar documento dellas, o que será julgado pelo Conselho, ou pelo Commandante geral.

Art. 105. Haverá um cofre em que se guardará todo o dinheiro do Corpo, com tres chaves, das quaes serão clavicularios e Commandante geral, o Major, o Vogal Thesoureiro. Se por substituição de emprego acontecer que um mesmo individuo venha a ficar com duas chaves, passará uma dellas a qualquer dos Commandantes de companhias, por deliberação do Conselho. O cofre sómente será aberto em acto de Conselho.

Art. 106. O Conselho se reunirá pelo menos duas vezes em cada mez, para fazer-se carga ao Thesoureiro dos dinheiros recebidos; para se tomarem as contas do mez antecedente; e pagarem-se as despezas nelle feitas. Além disso se reunirá todas vezes que o Commandante geral julgar necessario, ou houver requisição de um dos Vogaes.

Art. 107. As contas serão tomadas em sessão, por um termo, á vista do livro da conta corrente da receita e despeza, da demonstração desta, dos documentos que a provão, e do saldo existente em cofre; dando-se descarga ao Thesoureiro por cada um dos titulos de receita e despeza.

Art. 108. Nenhuma despeza será levada em conta senão quando fôr feita em virtude de deliberação do Conselho, ou autorisação do Commandante geral. Far-se-ha um pedido, ou nota do que fôr preciso comprar, declarando-se a qualidade, quantidade e fim para que se precisa o objecto; e o pedido será rubricado pelo Commandante geral, para que se effectue a compra.

Art. 109. Pertence ao Conselho a applicação, administração, fiscalisação e economia das quantias destinadas para sustento, ferragem, e curativo dos cavallos: para as despezas do Hospital e suas dietas; para o rancho geral; assim como da quantia de quarenta mil réis, destinada no art. 12 para fardamento das praças quando se engajão.

Art. 110. O Commandante geral poderá ordenar qualquer despeza em reconhecido beneficio das praças do Corpo, quando assim seja preciso, antes da reunião do Conselho.

Art. 111. Aos Vogaes cumpre propor, para ser tomada na divida consideração, qualquer medida de melhor economia e proveito para a caixa da administração, assim como em beneficio das praças do Corpo.

Art. 112. Ao Agente compete fazer todas as compras que pelo Conselho forem julgadas necessarias e apresentará, sendo possivel, antes de as ultimar, as amostras e preços ao Conselho, para serem examinadas e approvadas.

Art. 113. O recebimento dos dinheiros para o Corpo será feito pelo Quartel Mestre, ou por qualquer Official que vá ao Thesouro, com autorisação por escripto do Commandante geral.

Art. 114. Recebido do Thesouro o dinheiro pertencente ao Corpo, o Quartel Mestre entregará immediatamente a cada Commandante de companhia a quantia que a ella pertencer, segundo a sua relação de vencimentos, a fim de que sejão promptamente pagas as praças, deduzindo-se o que estas devão dar para o rancho, hospital e dividas para com o Corpo, etc.; assim como o dinheiro destinado para sustento dos cavallos, que tudo será na primeira reunião do Conselho administrativo recolhido ao cofre, e lançado em receita ao Thesoureiro, em vista das guias dos mesmos Commandantes de companhias para cada uma e especie de addição da receita.

Art. 115. Semelhantemente fará o Quartel Mestre entrega, com as respectivas guias, de todo o dinheiro que tenha recebido para as diversas despezas do Corpo, eu que por qualquer titulo deva entrar em receita, e tudo será carregado ao Thesoureiro.

Art. 116. Todas as guias dos Commandantes de companhias para entradas de dinheiros em o cofre, devem demonstrar a quantia com que cada praça individualmente concorre, e serão authenticadas com a rubrica do Major, como fiscal do Corpo, e conferidas com as alterações que escorressem durante o mez em cada companhia. As guias do Quartel Mestre serão igualmente rubricadas pelo Major, e confrontadas com os registros dos pedidos de dinheiros ao Thesouro, e com as ordens do Commandante geral, que provem a existencia de qualquer quantia em mão do mesmo Quartel Mestre,

Art. 117. A importancia das forragens será entregue na caixa do Corpo para com a sua totalidade se sustentar, ferrar, curar os cavallos, e pagar os pastos para onde tenhão de ser mandados quando precisarem.

Art. 118. Das praças que entrarem para o hospital se descontarão, para a caixa do Corpo para dietas, os seus vencimentos, á excepção da quantia de cem réis por dia, que ficará em mão do respectivo Commandante de companhia para promptificação de fardamento quando a praça tiver alta; ou para lhe ser entregue, se tendo o seu fardamento em bom estado, não tiver tambem dividas a pagar. No caso de fallecer no hospital a praça, a quantia de cem réis diarios reservada, será applicada para despezas do seu funeral, e o remanecente entrará para a caixa do Corpo, se não houver herdeiro, a quem deva ser entregue.

Art. 119. O importe dos medicamentos, o sanguesugas para o hospital será tirado mensalmente de Thesouro, como se pratica actualmente, assim como se necessario para utensis e roupa do mesmo hospital, quando o uso tenha estragado o que estiver em serviço, devendo isto ser exposto pelo Commandante geral ao Ministro e Secretario de Estado dos Negocios da Justiça. Todas as despezas de dietas e mais misteres serão feitas á custa do que se descontar ás praças enfermas, na fórma do artigo antecedente; e quando isso não chegue, serão suppridas pela caixa de economias.

Art. 120. Do vencimento de cada praça arranchada se descontará, para entrar para a caixa do Corpo, a quantia indispensavel para seu alimento, e que lhe pertencer prorata, segundo a despeza total com o rancho geral.

Art. 121. O Commandante geral poderá conceder até quatro licenças em cada companhia, que não excederás de vinte dias, ás praças de pret, sem prejuizo do serviço. Mas nenhum individuo que tiver tido licença poderá ser novamente licenciado, sem que todos os outros da companhia, habilitados por sua boa conducta para gozarem deste favor, o tenhão sido. O vencimento das praças que obtiverem taes licenças entrará para a caixa por inteiro, ou em parte, conforme fôr a licença, e será igualmente applicado ás despezas particulares e extraordinarias do Corpo. Terá o mesmo destino a metade do soldo dos presos praças de pret.

Art. 122. O producto da venda, em hasta publica, dos cavallos, que tiverem baixa do Corpo por incapazes, entrará para a caixa para ser applicado á compra de outros, ou para as despezas extraordinarias e particulares do Corpo.

Art. 123. Em mão do Quartel Mestre, do Agente, ou do Official encarregado do rancho, haverá uma quantia calculada pelo Conselho para satisfazer ás despezas miudas e eventuaes: e essa quantia ficará representada no cofre como dinheiro existente, até a apresentação de contas, por um recibo daquelle que a receber. Todos os pagamentos de quantias maiores de cincoenta mil réis serão feitos em Conselho pelo Vogal Thesoureiro.

Art. 124. Com a conta mensal do rancho apresentará o Official encarregado delle um mappa demonstrativo da distribuição por companhias dos generos que entrarem nas rações, de modo que se possa facilmente conhecer se o numero de rações consummidas corresponde á quantidade total de cada genero. São exceptuadas desta demonstração os temperos e adubos empregados na massa geral do rancho.

Art. 125. Cada Commandante de companhia dára no principio do mez, uma nota que mostre quantas praças diariamente arranchárão em sua companhia, e cuja somma total deverá combinar com os respectivos vales diarios, e com a do mappa geral dado pelo Official rancheiro.

Art. 126. O que fica disposto nos dous artigos antecedentes a respeito do rancho, se praticará com o sustento dos cavallos, de maneira que a distribuição das rações de forragem combine com o numero de cavallos effectivos. O mesmo se fará conferindo-se o mappa geral das dietas, e extras consummidas no hospital, com o numero de doentes, confrontadas as respectivas papeletas de enfermaria.

Art. 127. Organisadas as folhas volantes demonstrativas da despeza, com todos os documentos relativos, na fórma do art. 104, e presentes as gaias das entradas dos dinheiros e ordens do Commandante geral para a compra dos objectos, ou para qualquer despeza; assim como os documentos que demonstrem o consumo dos generos e objectos comprados, será tudo examinado escrupulosamente por uma commissão de tres membros do Conselho, nomeada pelo Presidente, a fim de dar na sessão de tomada das contas o seu parecer sobre a certeza de todos os documentos, sua moralidade e mais circumstancias que possão guiar o Conselho na approvação das contas. Os membros do Conselho podem examinar de per si todas as contas, as quaes depois de conferidas e approvadas, serão immediatamente lançadas no livro, e exarado o respectivo termo; podendo ser inutilisadas as ordens do Commandante geral para a compra dos generos; sendo porém archivados todos os mais documentos.

Art. 128. O saldo em favor da Caixa de administração, depois de feitas as despezas de economias, e arranjos particulares do Corpo, será privativamente empregado, em cada anno, em peças de fardamento, que serão distribuidas gratuitamente ás praças mais antigas, e ás que por sua assiduidade de serviço, e outras circumstancias se fizerem merecedoras.

Art. 129. O Commandante geral estabelecerá os modelos de todos os mappas, e mais papeis relativos ao Conselho de administração.

Art. 130. O Conselho determinará a qualidade e quantidade dos generos de que deva ser composta cada ração das praças arranchadas.

Art. 131. O Quartel Mestre será rancheiro, podendo todavia o Commandante geral encarregar a outro Official do rancho, ou nomear mais rancheiros, marcando-lhes suas obrigações e fiscalizando o cumprimento dellas.

Art. 132. O Conselho poderá suspender o Agente, logo que desmereça da sua confiança.

Art. 133. Depois da eleição do novo Thesoureiro o Agente, se tomarão e fecharão todas as contas e se fará entrega, por termo, ao Thesoureiro eleito das quantias existentes em caixa.

Art. 134. Tendo de sahir do Corpo algum destacamento, o Commandante geral lhe dará as instrucções necessarias para o provimento do rancho, o do mais que fôr preciso, e a encarregará ao respectivo Commandante de as pôr em execução, dando contas ao Conselho administrativo nos prazos convenientes.

Art. 135. O Corpo Municipal Permanente, será inspeccionado em épocas que o Governo determinar e então se tomaráõ contas sobre os objectos insertos no presente Regulamento, bem como a respeito de todos os mais concernentes á disciplina, economia, e administração do Corpo.

Paulino José Soares de Sousa, do Meu Conselho, Ministro e Secretario de Estado dos Negocios da Justiça, o tenha assim entendido e faça executar. Palacio do Rio de Janeiro em o primeiro de Julho de mil oitocentos quarenta e dous, vigesimo primeiro da Independencia e do Imperio.

Com a Rubrica de Sua Magestade o Imperador.

Paulino José Soares de Sousa.

TABELLA N. 1

A que se refere o art. 1º do Regulamento nº 191, para o Corpo Municipal Permanente da Côrte, da data desta

ESTADO MAIOR E MENOR	HOMENS	CAVALLOS
Commandante Geral com a graduação de Tenente Coronel ou Coronel	1	2
Major	1	2
Ajudante	1	2
Quartel Mestre com a graduação de alferres ou Tenente	1	2
Secretario	1	1
Cirurgião-môr ou Medico, com a graduação de Capitão	1	1
Cirurgião Ajudantes ou Medico, com a graduação de Alferes	2	2
Sargento Ajudante	1	1

Sargento Quartel-Mestre	1	1
Correeiro e Selleiro com a graduação e 2º Sargento	1	1
Clarin ou Corneta-môr	1	1
Total	12	15
1ª COMPANHIA - CAVALLARIA	HOMENS	CAVALLOS
Capitão Commandante	1	2
Tenente	1	2
Alferes	2	2
Primeiros Sargentos	1	1
Segundos Sargentos	2	2
Forriel	1	1
Cabos de Esquadra	8	8
Anspeçadas	8	8
Soldados	72	72
Ferrador	1	1
Clarin	2	2
Total	99	101
*Como esta será a 6ª Companhia também da Cavallaria, contendo noventa e nove homens, e cento e um cavalos, pois que os outros pertencem ao Estado Maior e Menor.		
2ª COMPANHIA - INFANTARIA	HOMENS	CAVALLOS
Capitão Commandante	1	2
Tenente	1	2
Alferes	2	2
Primeiro Sargento	1	----
Segundos Sargentos	2	----
Forriel	1	----
Cabos de Esquadra	8	----
Anspeçadas	8	----
Soldados	96	----
Corneta ou Tambores	2	----
Total	122	6

Como esta será a 3ª, 4ª e 5ª Companhias todas também de Infantaria.

Recapitulação

HOMENS	CAVALLOS
ESTADO MAIOR E MENOR = 12	12
DUAS COMPANHIAS DE CAVALARIA = 198	202
QUATRO COMPANHIAS DE INFANTARIA = 488	24
TOTAL = 698	TOTAL = 241

Palacio do Rio de Janeiro em o 1º de Julho de 1842. - Paulino José Soares de Sousa.

TABELLA N. 2

A que se refere o art. 11 do regulamento N. 191, para o corpo municipal permanente da côrte, da data desta

ESTADO MAIOR E MENOR	VENCIMENTO MESAL	VENCI-MENTO DIARIO	RAÇÃO DIARIA CA-VALLOS
Commandante Geral	150$		2
Major	80$		2
Ajudante			2
Quartel Mestre	Vencimento na graduação que tiver		1
Secretario			1
Cirurgião Môr ou Medico	50$		
Cirurgião Ajudante	40$		
Sargento Ajudante		Soldo = 870 rancho = 40	
Sargento Quartel Mestre		Soldo = 870 rancho = 40	

Correeiro, Selleiro		Soldo = 740 rancho = 40	
Clarin ou Corneta môr		Soldo = 740 rancho = 40	
Capitão Commandante de companhia	70$		2
Tenente	60$		2
Primeiro Sargento		Soldo = 840 rancho = 40	
Segundo Sargento		Soldo = 740 rancho = 40	
Forriel		Soldo = 700 rancho = 40	
Cabo Esquadra		Soldo = 670 rancho = 40	
Anspeçadas		Soldo = 650 rancho = 40	
Soldado		Soldo = 640 rancho = 40	
Ferrador		Soldo = 640 rancho = 40	
Clarin, Corneta ou Tambor		Soldo = 640 rancho = 40	

A cada cavalo da massa geral do corpo se abonará, para forragem e curativo, uma quantia determinada semestralmente pela Secretaria de Justiça, á semelhança do que se pratica no Exercito.

Aos bois precisos para carroças do serviço do Corpo, cujo numero será determinado em virtude de ordem, se abonará a cada um uma forragem diária.

Palacio do Rio de Janeiro em o 1º de Julho de 1842. - Paulino José Soares de Sousa.

TABELLA N. 3

A que se refere o art. 16 do regulamento n. 191, para o Corpo Municipal Permanente da Corte, da data desta

PEÇAS DE ARMAMENTO E CORREAME		ANNOS DE DURAÇÃO
INFANTARIA	CAVALLARIA	
Espingarda completa		10
Refle completo		10
	Clavina completa	10
	Pistola completa (o par)	10
Pistola completa (uma)		10
Bayoneta		10
Espada		8
	Espada	6
Martellinho	Martellinho	10
Sacatrapo	Sacatrapo	10
Bandoleira		8
Escovinha e agulheta	Ecovinha e agulheta	6
Patrona		8
Corrêa de patrona		8
	Canana com corrêa	8
Cartucheira de folha	Cartucheira de folha	8
Cinturão com canana		8
Cartucheira de páo para a canana		8
Bainha de bayoneta		6
	Boldrié de espada	8
	Fiador de espada	2
Bainha de espada	Bainha de espada	6
Guarda fechos	Guarda fechos	8
Porte para pistola		8
	Pastas com corrêas	4
Corneta	Clarim	8

Palacio do Rio de Janeiro em o 1º de Julho de 1842. - Paulino José Soares de Sousa.

Este texto não substitui o original publicado no Coleção de Leis do Império do Brasil de 1842

Em 1842 a Guarda Municipal Permanente da cidade do Rio de Janeiro foi enviada para a Província de São Paulo e Minas Gerais com o fito de pacificar revoltas liberais e o sucesso da missão posteriormente foi reconhecido pelo Imperador D. Pedro II por meio da autorização para que a corporação portasse o Estandarte do Império.

O Decreto nº 191, de 1º de Julho de 1842, além de no seu artigo 15 que fala sobre fardamento, armamento, equipamentos e distintivos serão os mesmos utilizados pelo Exército, é bem abrangente no que tange como deveria se organizar as Guardas Municipais aumentando ainda mais a responsabilidade e prestígio desta instituição que é a pioneira em segurança pública no Brasil.

> "Art. 15. O fardamento, armamento e equipamento do Corpo será determinado por padrões approvados pelo Governo. Os distinctivos dos Officiaes e Officiaes inferiores, serão os mesmos usados na 1ª Linha do Exercito."

Fonte: http://mountblade31vp.blogspot.com/

"No Segundo Reinado (1840-1889), o Corpo de Guardas Municipais já havia se transformado num instrumento de coerção nas mãos do Estado, atuando não só nas tarefas ligadas ao policiamento urbano, mas também como força armada no combate aos opositores do regime e em casos de guerra. Em 1842, o Corpo de Guardas Municipais foi enviado para pacificar as revoltas liberais que ocorreram nas províncias de São Paulo e Minas Gerais, sendo o sucesso da missão reconhecido, posteriormente, pelo Imperador D. Pedro II por meio da autorização para que a corporação portasse o estandarte do Império. Mais tarde, na década de 1860, quinhentos homens do seu 31º Batalhão saíram do Quartel dos Barbonos para se unirem às tropas brasileiras na Guerra do Paraguai (1864-1870), participando de várias batalhas." (LEAL, PEREIRA, MUNTEAL FILHO, 2010, p. 69-71).

Ministério da Justiça e o Corpo Municipal Permanente

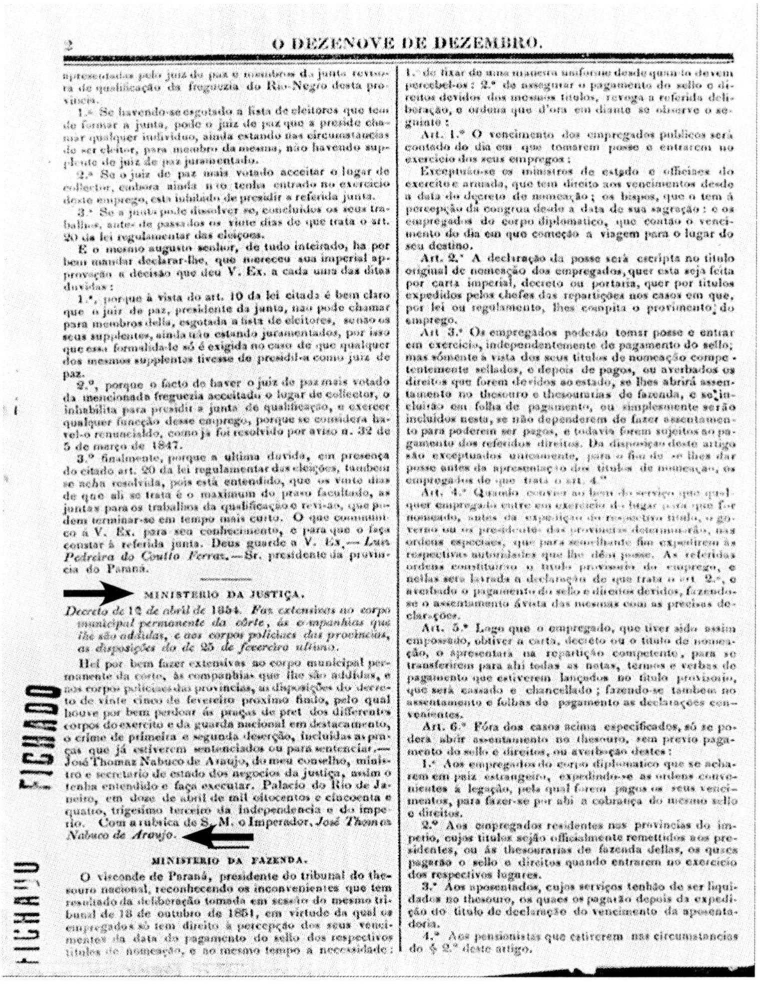

2 O DEZENOVE DE DEZEMBRO.

apresentadas pelo juiz de paz e membros da junta revisora de qualificação da freguezia do Rio-Negro desta provincia.

1.º Se havendo-se esgotado a lista de eleitores que tem de formar a junta, pode o juiz de paz que a preside chamar qualquer individuo, ainda estando nas circumstancias de ser eleitor, para membro da mesma, não havendo supplente do juiz de paz juramentado.

2.º Se o juiz de paz mais votado aceitar o lugar de collector, embora ainda não tenha entrado no exercicio deste emprego, está inhibido de presidir a referida junta.

3.º Se a junta pode dissolver-se, concluidos os seus trabalhos, antes de passados os vinte dias de que trata o art. 20 da lei regulamentar das eleições.

E o mesmo augusto senhor, de tudo inteirado, ha por bem mandar declarar-lhe, que mereceu sua imperial approvação a decisão que deu V. Ex. a cada uma das ditas duvidas:

1.º, porque á vista do art. 10 da lei citada é bem claro que o juiz de paz, presidente da junta, não pode chamar para membros della, esgotada a lista de eleitores, senão os seus supplentes, ainda não estando juramentados, por isso que essa formalidade só é exigida no caso de que qualquer dos mesmos supplentes tivesse de presidil-a como juiz de paz.

2.º, porque o facto de haver o juiz de paz mais votado da mencionada freguezia aceitado o lugar de collector, o inhabilita para presidir a junta de qualificação, e exercer qualquer funcção desse emprego, porque se considera havel-o renunciado, como já foi resolvido por aviso n. 32 de 5 de março de 1847.

3.º finalmente, porque a ultima duvida, em presença do citado art. 20 da lei regulamentar das eleições, tambem se acha resolvida, pois está entendido, que os vinte dias de que ali se trata é o maximum do praso facultado, as juntas para os trabalhos da qualificação e revisão, que podem terminar-se em tempo mais curto. O que communico a V. Ex. para seu conhecimento, e para que o faça constar á referida junta. Deus guarde a V. Ex. — *Luiz Pedreira do Coutto Ferraz*. — Sr. presidente da provincia do Paraná.

MINISTERIO DA JUSTIÇA.

Decreto de 12 de abril de 1854. Faz extensivas ao corpo municipal permanente da côrte, ás companhias que lhe são addidas, e aos corpos policiaes das provincias, as disposições do de 25 de fevereiro ultimo.

Hei por bem fazer extensivas ao corpo municipal permanente da côrte, ás companhias que lhe são addidas, e aos corpos policiaes das provincias, as disposições do decreto de vinte cinco de fevereiro proximo findo, pelo qual houve por bem perdoar ás praças de pret dos differentes corpos do exercito e da guarda nacional em destacamento, o crime de primeira e segunda deserção, incluidas as praças que já estiverem sentenciados ou para sentenciar. — José Thomaz Nabuco de Araujo, do meu conselho, ministro e secretario de estado dos negocios da justiça, assim o tenha entendido e faça executar. Palacio do Rio de Janeiro, em doze de abril de mil oitocentos e cincoenta e quatro, trigesimo terceiro da independencia e do imperio. Com a rubrica de S. M. o Imperador. *José Thomaz Nabuco de Araujo.*

MINISTERIO DA FAZENDA.

O visconde de Paraná, presidente do tribunal do thesouro nacional, reconhecendo os inconvenientes que tem resultado da deliberação tomada em sessão do mesmo tribunal de 18 de outubro de 1851, em virtude da qual os empregados só tem direito á percepção dos seus vencimentos da data do pagamento do sello dos respectivos titulos de nomeação, e ao mesmo tempo a necessidade: 1.º de fixar de uma maneira uniforme desde quando devem percebel-os: 2.º de assegurar o pagamento do sello e direitos devidos dos mesmos titulos, revoga a referida deliberação, e ordena que d'ora em diante se observe o seguinte:

Art. 1.º O vencimento dos empregados publicos será contado do dia em que tomarem posse e entrarem no exercicio dos seus empregos:

Exceptuão-se os ministros de estado e officiaes do exercito e armada, que tem direito aos vencimentos desde a data do decreto de nomeação; os bispos, que o tem á percepção da congrua desde a data de sua sagração: e os empregados do corpo diplomatico, que contão o vencimento do dia em que começão a viagem para o lugar do seu destino.

Art. 2.º A declaração da posse será escripta no titulo original de nomeação dos empregados, quer esta seja feita por carta imperial, decreto ou portaria, quer por titulos expedidos pelos chefes das repartições nos casos em que, por lei ou regulamento, lhes compita o provimento do emprego.

Art. 3.º Os empregados poderão tomar posse e entrar em exercicio, independentemente de pagamento do sello; mas sómente á vista dos seus titulos de nomeação competentemente sellados, e depois de pagos, ou averbados os direitos que forem devidos ao estado, se lhes abrirá assentamento no thesouro e thesourarias de fazenda, e se incluirão em folha de pagamento, ou simplesmente serão incluidos nesta, se não dependerem de fazer assentamento para poderem ser pagos, e todavia forem sujeitos ao pagamento dos referidos direitos. Da disposição deste artigo são exceptuados unicamente, para o fim de se lhes dar posse antes da apresentação dos titulos de nomeação, os empregados de que trata o art. 4.º

Art. 4.º Quando convier ao bem do serviço que qualquer empregado entre em exercicio do lugar para que for nomeado, antes da expedição do respectivo titulo, o governo ou os presidentes das provincias determinarão, nas ordens especiaes, que para semelhante fim expedirem ás respectivas autoridades que lhe dêm posse. As referidas ordens constituirão o titulo provisorio do emprego, e nellas será lavrada a declaração de que trata o art. 2.º, e averbado o pagamento do sello e direitos devidos, fazendo-se o assentamento á vista das mesmas com as precisas declarações.

Art. 5.º Logo que o empregado, que tiver sido assim empossado, obtiver a carta, decreto ou o titulo de nomeação, o apresentará na repartição competente, para se transferirem para ahi todas as notas, termos e verbas do pagamento que estiverem lançados no titulo provisorio, que será cassado e chancellado; fazendo-se tambem no assentamento e folhas de pagamento as declarações convenientes.

Art. 6.º Fóra dos casos acima especificados, só se poderá abrir assentamento no thesouro, sem previo pagamento do sello e direitos, ou averbação destes:

1.º Aos empregados do corpo diplomatico que se acharem em paiz estrangeiro, expedindo-se as ordens convenientes á legação, pela qual forem pagos os seus vencimentos, para fazer-se por ahi a cobrança do mesmo sello e direitos.

2.º Aos empregados residentes nas provincias do imperio, cujos titulos sejão officialmente remettidos aos presidentes, ou ás thesourarias de fazenda dellas, os quaes pagarão o sello e direitos quando entrarem no exercicio dos respectivos logares.

3.º Aos aposentados, cujos serviços tenhão de ser liquidados no thesouro, os quaes os pagarão depois da expedição do titulo de declaração do vencimento da aposentadoria.

4.º Aos pensionistas que estiverem nas circumstancias do § 2.º deste artigo.

Fonte: Biblioteca Nacional

Integração ao Corpo Policial da Corte

Em 16 de janeiro de 1858, através do Decreto Imperial n. 2.081, o Corpo de Guardas Municipais foi denominado Corpo Policial da Côrte. O ingresso nessa força era franqueado a todos os cidadãos brasileiros que tivessem bem fisicamente e boa conduta para desempenhar o serviço de patrulha e rondas na cidade, ter idade de 17 a 45 anos, e para os estrangeiros de bom comportamento e ainda dois anos de residência no Brasil também podiam ingressar nesta força. Os integrantes atuariam por três anos, podendo ser estendido por mais dois. Se por ventura o alistamento voluntário não fosse o suficiente seriam recrutados praças do Exército. Quanto à aplicação de penalidades disciplinares o documento legal a ser usado era o regulamento das Guardas Municipais conforme Decreto Imperial de 22 de outubro de 1831. Vale destacar que ocorreu a mesma coisa quando da segunda edição da certidão de nascimento da Guarda Municipal no que cerne a ter uma instituição atuando com a nomenclatura de criação quando vemos os feitos das Guardas Municipais na Guerra do Paraguai onde a instituição atuou com brilhantismo e determinação que lhe é de peculiar.

Abaixo a publicação na integra do decreto nº 2.081, de 16 de janeiro de 1858.

> Decreto nº 2.081, de 16 de Janeiro de 1858
>
> Regula a organisação e disciplina do Corpo policial da Côrte.
>
> Hei por bem, em virtude do § 5.º do art. 16 da lei n.º 939 de 26 de Setembro de 1857 decretar o seguinte. Regulamento para o Corpo policial da Corte.

CAPITULO I

Da organisação, alistamento, nomeações, demissões, e disciplina interna.

Art. 1º. O Corpo policial da corte se comporá do numero de praças constante do plano junto sob. n.º 1.º

Esta força poderá ser augmentada com mais huma companhia de infantaria e outra de cavallaria, que terão a mesma organisação do plano geral do Corpo.

As companhias terão a numeração de 1.ª e 2.º de cavallaria, e 1.ª 2.ª 3.ª 4.ª 5.ª e 6.ª de infantaria, pertencendo á 1.ª de cavallaria o Estado Maior e menor.

Art. 2º. Terão praça neste Corpo os individuos que voluntariamente se quizerem alistar; e em falta de voluntarios, a força se preencherá com praças escolhidas do exercito.

Art. 3º. Serão alistados para o serviço do Corpo policial os cidadãos brazileiros que tiverem boa conducta, robustez para o serviço e a idade de 17 a 15 annos.

Poderão ser tambem engajados os estrangeiros de comportamento regular que tiverem dous annos de residencia no Brazil.

Art. 4º. Os voluntarios servirão por 3 annos, e as praças do exercito pelo tempo por que estiverem obrigadas a servir nelle.

Art. 5º. Concluido o prazo do serviço, as praças do Corpo terão baixa precedendo ordem do Commandante geral, com recurso para o Ministro e Secretario de Estado dos Negocios da Justiça, no caso de recusa do Commandante, devendo ellas porêm apresentar em bom estado o armamento e mais objectos que se acharem em seu poder, indemnisando os prejuisos por que forem responsaveis.

Art. 6º. As praças que quizerem continuar a servir e tiverem bom comportamento, poderão renovar o seu engajamento por mais dous annos, depois de competentemente inspeccionadas.

Art. 7º. As que de novo se engajarem, e que durante o primeiro engajamento se acharem nas condições do artigo antecedente, perceberão mais huma quantia igual á quinta parte do soldo.

Art. 8º. Considerão-se novamente engajadas as praças que tendo concluido o tempo de serviço, não requererem baixa no espaço de vinte dias, estando no municipio da corte, e dentro de quarenta, estando fora delle.

Art. 9º. As praças que tiverem servido por cinco annos consecutivos sem que tenhão soffrido pena por effeito de sentença, serão isentas do recrutamento, e do serviço activo da guarda nacional.

Art. 10. Aos Officiaes que contarem dez annos consecutivos de serviço no corpo, sem nota de prisão por effeito de sentença, e que forem de procedimento irreprehensivel, poderão ser conferidas as honras do posto sem nenhum vencimento, quando sejão exonerados de servir.

Art. 11. Os Officiaes do corpo poderão ser tirados d`entre os de quaesquer das classes do exercito por acesso dos inferiores do mesmo corpo.

Os que pertencerem ao quadro effectivo não serão nomeados sem intelligencia e previo accordo do Ministro da Guerra.

Art. 12. Os inferiores e cabos das companhias serão nomeados e promovidos pelo Commandante geral sob proposta dos Commandantes de companhias.

O rebaixamento das sobreditas praças, até quinze dias, será ordenado pelo Commandante geral com, ou sem audiencia dos Commandantes de companhias.

O rebaixamento dos inferiores, por tempo indeterminado, só poderá ter lugar por deliberação do conselho de investigação; e dos cabos, independentemente do conselho, pelo Comandante geral.

Art. 13. O Comandante geral e Officiaes do corpo serão de livre nomeação e demissão do governo, e gozarão das mesmas honras e distincções que competem aos Officiaes do exercito.

Art. 14. Aos individuos que se engajarem, ou que vierem servir, se arbitrará a quantia de 300$ para fardamento, que entrará em prestações annuaes de 60$ para a caixa do corpo a quem incumbe a despeza com o fardamento que houver de ser distribuido ás praças.

CAPITULO II

Da uniforme e fardamento

Art. 15. O uniforme e fardamento serão designados pelo governo, que os poderá alterar quando julgar conveniente.

Os distinctivos do Commandante geral, dos Officiaes e Officiaes inferiores serão os mesmos de que usa a 1.ª linha.

Art. 16. O tempo de duração do fardamento, correame, equipamento, arreios e mais objectos precisos, será regulado pelas tabellas de ns. 3 a 5.

Cada praça fica responsavel pelos objectos a seu cargo e os que tiverem mais de metade da sua duração, valerão metade do seu custo.

Art. 17. Os Officiaes e praças terão os vencimentos indicados na tabella sob n.º 2 os quaes lhe serão pagos mensalmente por meio de relações de todas as praças de companhias assignadas pelos respectivos Commandantes, rubricadas pelo Commandante geral e cobertas com attestado deste sobre a exactidão das observações e mais circunstancias de taes relações, que devem mencionar escrupulosamente todo o movimento pessoal que opuder influir no vencimento.

CAPITULO III

Da escripturação.

Art. 18. Haverá os seguintes livros:

Do Commandante geral.

Hum livro do registro geral das praças effectivas.

Hum dito das ordens do dia do Commandante geral.

Hum dito de registro dos officios dirigidos ao Ministerio da Justiça e ás diversas autoridades.

Hum dito da carga geral e descarga do armamento, equipamento e mais objectos recebidos da Fazenda publica, contendo a distribuição feita ás companhias, e o existente em arrecadação.

Hum dito do juramento dos Officiaes.

Do Major.

Hum livro de registo das ordens do detalhe, e serviço exigido das companhias.

Do Quartel-mestre.

Hum livro de registro das folhas mensaes de todos os dinheiros recebidos do thesouro.

Hum dito do registro de todos os objectos entrados e sahidos nas respectivas arrecadações.

Das Companhias.

Hum livro de registro das ordens do dia do Commandante geral do corpo.

Hum dito de carga e descarga do armamento, equipamento e utensis recebidos e consumidos pela companhia.

Hum dito de registro dos dinheiros recebidos, e de sua applicação.

Hum dito de registro das relações nominaes das praças de companhias para o pagamento mensal.

Art. 19. Os modelos para os differentes livros e mais relações serão dados em hum plano em separado.

§ Unico. Se para a regularidade do serviço e economia do Corpo o Commandante geral necessitar de mais ivros, os pedirá ao Ministerio da Justiça.

CAPITULO IV

Da distribuição do Corpo, e ordem do serviço.

Art. 20. Huma portaria do Ministro e Secretario de Estado dos Negocios da Justiça distribuirá as companhias, ou secções de companhias do Corpo pelas differentes partes da cidade e seus arrabaldes, do modo que mais conveniente fôr para a guarda e policia da mesma cidade.

Art. 21. O corpo policial estará á disposição do Chefe de Policia da corte para todas as diligencias do serviço, mas não poderá mover-se para fora dos limites da cidade sem ordem do Ministro e Secretario de Estado dos Negocios da Justiça.

Art. 22. O Chefe de Policia, calculando o numero de praças diariamente necessarios, para percorrer a cidade e seus contornos, para prender os que moverem desordens e para quaesquer outras diligencias, ordenará com seus delegados e subdelegados as patrulhas e rondas precisas nas ruas e estradas.

Art. 23. Quando qualquer outra autoridade policial precisar de auxilio da força do Corpo deverá requisital-a do Chefe de Policia.

Exceptuão-se os casos urgentes, nos quaes qualquer demora possa prejudicar o bom exito da diligencia, podendo em taes circumstancias ser feita a riquisição verbalmente ou por escripto ao Commandante geral, ou ao Official do dia no quartel, e devendo a autoridade que requisitar a força dar conta posteriormente geral ao Chefe de Policia do numero de praças que empregou e do objecto e fim da diligencia.

Art. 24. O Chefe de Policia, ouvidos os Delegados e Subdelegados, organisará instrucções, pelas quaes se devem reger as rondas e patrulhas no serviço ordinario da policia da cidade dando conhecimento do conteúdo dessas instrucções ao Commandante geral do corpo, depois de approvadas competentemente pelo Ministro da Justiça.

Art. 25. O serviço das rondas e patrulhas poderá tambem ser feito com a força que houver disponivel nas estações em que se achar subdividido o corpo.

Art. 26. O Chefe de Policia determinará patrulhas e rondas para os pontos e bairros ,aois frequentados da Cidade, adoptando neste serviço o systema que lhe parecer mais appropriado, para que não fiquem fora de vigilancia aas localidades menos povoadas.

Art. 27. Em occurrencias imprevistas, sendo necessario o emprego de maior numero de praças, os Commandantes das patrulhas e rondas requisitarão auxilio dos de quaesquer posto de gurda, e este não lhe poderá ser negado, sob as penas a que estiverem os respectivos corpos sujeitos por falta de cumprimento de ordem.

Art. 28. O Commandante geral dará instrucções ás patrulhas e rondas na parte militar. Estas instrucções serão communicadas ao Chefe de Policia depois de approvadas pelo Ministro e Secretario de Estado dos Negocios da Justiça.

CAPITULO V

Dos crimes e penas.

Art. 29. Toda a praça do Corpo que, sem legitima licença faltar ao serviço e ás revistas nos respectivos quarteis, por 8 dias consecutivos, será no fim delles qualificada desertos, assim como a que exceder o prazo da licença por espaço de 30 dias incluido aquelle em que a obteve.

Art. 30. A deserção simples consiste unicamente na falta do individuo a seu quartel, alem dos prazos indicados no artigo antecedente.

A deserção se julgará aggravada quando o réo a tiver commettido:

§ 1.º Estando de guarda , ronda ou patrulha, em marcha ou em diligencia.

§ 2.º Achando-se em destacamento.

§ 3.º Levando armas, munições de guerra, cavallo ou qualquer outro objecto pertencente á Fazenda Publica.

§ 4.º Furtando ou roubando a seus camaradas.

§ 5.º Estando nomeado para marchar.

Art. 31. As penas por crime de deserção serão impostas conforme a gradação seguinte:

§ 1.º Ao réo de primeira deserção simples, 2 a 4 mezes de prisão.

§ 2.º Ao réo de segunda simples ou aggravada se dará praça na 1.ª linha, onde servirá como se recrutado fosse.

§ 3.º Apresentando-se o desertor voluntariamente em qualquer tempo, ficará reduzida á metade a pena que devia soffrer segundo a natureza da deserção.

Apresentando-se antes de qualificada a deserção terá direito aos seus vencimentos.

Art. 32. Ao Commandante do corpo compete punir todas as faltas que não excederem de tres dias, com prisão, dobra de serviço, ou escola de recrutas.

Art. 33. A falta de qualquer praça a seu quartel por mais de tres dias, não estando completos os oitos requeridos para se qualificar deserção, será punida com prisão pelo dobro dos dias que tiver faltado; e sendo Official inferior ou cabo alêm da prisão, terá baixa do posto.

Da mesma sorte serão punidos os que excederem a licença em menos de trinta dias.

Art. 34. A praça que faltar tres vezes dentro do mesmo anno, a contar do dia da primeira falta, quando ella exceda de tres dias e não chegue a qualificar deserção, será considerada, na primeira falta, ré de primeira deserção, e como tal punida com as penas correspondentes.

Art. 35. Em todos os casos em que o réo tenha de cumprir sentença por deserção, perderá o tempo anterior de serviço no Corpo, e se lhe contará o de praça desde o dia em que acabar de cumprir a mesma sentença.

Art. 36. O Official que faltar ao quartel por trinta dias seguidos será qualificado desertor e demitido do posto.

Art. 37. O condenado por crime de deserção, que fugir antes do cumprimento da sentença, soffrerá de castigo o dobro do tempo que lhe faltar para completal-a.

Art. 38. A desobediencia ao superior será punida com hum a seis mezes de prisão, podendo, segundo as circunstancias, ser o réo conservado em prisão solitaria por oito dias em cada mez.

A mesma pena será imposta ao que injuriar seu superior. Se a injuria for de superior para subdito, ou entre iguaes, a pena será de oito a trinta dias de prisão.

Art. 39. Todo aquelle que ameaçar seu superior, soffrerá a pena de quatro mezes a hum anno de prisão.

Se a ameaça for feita servindo-se o subdito de armas de qualquer especie, será elle punido pelas leis militares em vigor.

Art. 40. Todo aquelle que se servir das armas para fazer ou auxiliar algum ajuntamento illicito, será punido com hum a quatro mezes de prisão com trabalho; e com vinte a sessenta dias de prisão o que, desarmado, fizer parte de tas ajuntamentos.

Art. 41. A praça que resistir á prisão será punida segundo as leis militares, e conforme ellas tambem a que ferir ou matar seu camarada.

Art. 42. A que deixar fugir hum preso confiado á sua guarda, sendo por ommissão ou negligencia, penas correspondentes ao crime porque o preso foi condemnado, não excedendo porem a seis annos de prisão; sendo por connivencia ou peita, ou fugindo com o preso, a pena se elevará até dez annos de prisão com trabalho.

Art. 43. A que abandonar o seu posto estando de sentinella, ou ahi for encontrada a dormir, será punida, de cada vez com quinze dias a hum mez de prisão, ou dobras de serviço; e, sendo em cadea ou lugar importante, com o duplo desta pena.

Art. 44. A que desamparar a guarda, ronda ou patrulha, será punida com 8 a 15 dias de prisão.

Art. 45. A que furtar ou roubar alguma cousa á seu camarada, inferior ou Official, será punida com trez mezes a hum anno de prisão com trabalho, sendo obrigada a restituir o objecto de que se apoderou, ou a indemnisar o seu valor.

O réo será expulso do Corpo sempre que for condemnado ainda que o seja no gráo medio ou minimo da pena em que incorrer.

Art. 46. O deleixo, negligencia e faltas de serviço não especificadas neste regulamento serão punidas com quinze dias a dous mezes de prisão, e dobras de serviço.

Art. 47. Todo aquelle que distrahir em proveito proprio ou de terceiro, dinheiros ou objectos do Corpo ou das praças, será condemnado em hum a quatro annos de prisão com trabalho, salvas as acções competentes para a restituição, e em todo o caso será expulso do Corpo.

Art. 48. As penas deste regulamento não isentão os réos daquellas em que incorrerem, e a que possão estar sujeitos pelas leis em vigor e que forem impostos pel autoridade civil.

Art. 49. Todo o condemnado á mais de hum anno de prisão simples, ou com trabalho será entregue á justiça para cumprimento da sentença, ficando expulso do Corpo.

O que for condemnado a hum anno de prisão simples, ou á pena menos, a cumprirá nas prisões do Corpo; e a de trabalho consistirá no serviço que houver de fazer-se nos quarteis, e que lhe for destinado pelo Commandante geral.

Os sentenciados de máo procedimento deverão ser mandados para as prisões militares, ficando neste caso sujeitos aos respectivos regulamentos.

Art. 50. As praças de pret que forem presas para sentenciar perderão, durante o tempo da prisão, metade do soldo, que lhes será entregue se forem a final absolvidas.

Art. 51. As que não conservarem o seu armamento, correame, equipamento, arreios e cavallos limpos e tratados, serão punidas com dobras de serviço, instrucção de recrutas, ou com prisão de oito dias.

Na mesma pena incorrerão as que moverem rixas, contendas ou alterações no quartel, ou entre camaradas.

Art. 52. Todo aquelle que embriagar será punido com hum e quinze dias de prisão e dobras de serviço, ou instrucção de recrutas, não ficando isento das penas em que possa incorrer pelos crimes commettidos po effeito da embriaguez, que se reputará circumstancia aggravante.

No caso de reincidencia será expulso do corpo.

Art. 53. Todo aquelle que jogar no quartel, ou em casas publicas de jogo, ou com seus companheiros, será punido com seis a doze dias de prisão, ou com dobras de serviço e instrucção de recrutas.

Reincidindo será elle expulso do corpo e mandado servir no exercito por hum anno.

Art. 54. Aquelle que vender, empenhar, ou jogar peças do seu fardamento, armamento, e seu cavallo, ou qualquer objecto necessario ao serviço, será punido com hum a seis mezes de prisão.

§ 1.º O que perder, ou deixar destruir por omissão sua taes objectos, sofrerá a pena de oito e quinze dias de prisão.

Em qualquer destes dous casos o deliquente perderá o resto do soldo que ficar, depois de abatido o desconto para o resto do soldo que ficar, depois de abatido o desconto para o rancho, até prefazer o valor do objecto jogado, vendido ou destruido, ou até preencher a quantia por por que o empenhou.

Esta disposição não será applicavel ao caso em que o Corpo tenha sido indemnisado do prejuizo.

§ 2.º O comprador ou aquelle que tomou a penhor, ou ganhou os objectos, ficará obrigado a entregal-os, salvo o direito contra quem os vendeu, empenhou ou jogou.

Art. 55. Todo aquelle que pernoitar fóra do seu quartel sem licença do Commandante geral, ou for encontrado na rua fóra de horas, armado sem ir a serviço, será castigado com prisão de hum a oito dias.

Art. 56. O que faltar ao serviço do proposito, tendo sido nomeado para elle, será castigado com a pena do artigo antecedente, e com maior, nos termos do presente regulamento, se maior falta houver commettido.

Art. 57. Quando qualquer praça não se comportar regularmente no Corpo, o Commandante geral poderá requerer ao Ministro e Secretario d`Estado dos Negocios da Justiça a passagem da mesma praça para qualquer corpo de 1.ª linha, aonde servirá proviaoriamente, ou até completar o tempo do engajamento marcado para as praças do exercito.

Art. 58. As penas de que tratão os arts. 33, 43, 44, 51, 52, 53, 54 § 1.º, 55 e 56 do presente regulamento, serão impostas pelo Commandante geral, que poderá igualmente punir com prisão até quinze dias as faltas ahi não especificadas, e que por sua natureza não possão importar pena mais grave do que a de quinze dias de prisão.

Art. 59. Os Commandantes de Companhias poderão igualmente castigar com reclusão nellas, até oito dias, as praças incursas nas penas do artigo antecedente, participando logo ao Commandante geral para approvar ou alterar o castigo, quando assim lhe pareça justo. Se as faltas forem commetidas em destacamento commandado por Official poderá este impor a pena de prisão até oito dias, e sendo o destacamento commandado por Official inferior dará este parte immediatamente ao Commandante geral, podendo todavia prender o culpado, a fim de po-lo em segurança, o que tambem fará no caso de serem commettidos outros delictos pelos quaes se deva proceder a Conselho.

Commandantes de Companhias ou de destacamentos podem impor penas de prisão, poderão tambem impor as de dobras de serviço, instrucção de recrutas simultanea ou separadamente, sendo ou não com moxilla, em ordem de marcha, limpeza do armamento da reserva, de cavallos ou de utensis do serviço.

Art. 61. O Comandante geral, tendo de punir por algum crime os Officiaes inferiores e cabos das companhias, mandará rebaixal-os temporariamente, se assim julgar conveniente.

Art. 62. As praças condemnadas a prisão em virtude de sentença, quando não tenhão de ser expuld=sas do corpo, só terão direito á meio soldo e etape, e perderão o tempo de serviço durante o cumprimento da sentença.

CAPITULO VI

Do processo

Art. 63.Haverá. hum Conselho de investigação composto de tres Officiaes sob a presidencia do major, que designará o Official que deve escrever no mesmo Conselho; na falta ou impedimento do presidente servirá hum capitão.

Art. 64. A este Conselho compete investigar o autor ou autores de qualquer dilicto; colher todas as provas e circumstancias que possão esclarecer o facto sobre que assentão as averiguações; e, embora pelas primeiras indagações não se descubra o criminoso, perseguirá o Conselho até ser conhecido o delinquente.

Nestas deligencias se observará a mesma fórma de processo adoptada no exercito.

Art. 65. No caso de deserção o Commandante da Companhia a que pertencer a praça tendo feito em tempo a novidade da ausencia nos mappas diarios, dará no dia seguinte ao em que a dita praça tiver completado a deserção, parte circumstanciada ao commandante geral, o qual mandará extrahir do livro-mestre huma nota de todos os assentamentos da mesma praça para ser presente ao Conselho de investigação.

Art. 66. O Conselho de investigação, segundo o depoimento das testemunhas, parte da deserção e assentamentos, do livro-mestre, escreverá o seu parecer qualificando o réo de deserção simples, ou aggravada.

Se durante o Conselho apparecerem provas ou indicios ácerca de qualquer outro delicto, deverá o mesmo Conselho declarar o que a tal respeito houver colhido, a fim de se proceder nos termos ulteriores. Todos os Vogaes assignarão o parecer, e o processo será entregue ao Commandante geral, que, no caso de deserção, mandará averbar o parecer do Conselho ao livro-mestre, e archivar o processo para servir de base ao Conselho criminal, quando houver de installar-se. Nos outros crimes o Conselho seguirá a marcha ordinaria estabelecida pelas leis.

Art. 67. O Conselho criminal será composto de hum Presidente, hum Auditor, e tres Vogaes, dos quaes o mais graduado ou antigo será o interrogante.

Art. 68. O Auditor, nos crimes a que forem applicaveis as leis militares, será o mesmo do exercito, sem que por este serviço tenha direito a maior vencimento do que percebe, e no seu impedimento servirá hum Capitão, nomeado pelo Commandante geral. OPresidente e vogaes serão sempre Officiaes do corpo, cuja falta será substituida pelos do exercito, á requisição do Ministerio da Justiça. Se o réo for Official, o Presidente e vogaes serão de graduação maior, ou pelo menos igual a do mesmo réo.

Art. 69. O Commandante geral fará a nomeação e convocação de todos os Conselhos, marcando-lhes dia, lugar, e hora para a reunião.

Art. 70. Não será Vogal do Conselho o Official que tiver dado contra o réo a parte accusatoria, ou que tenha de depôr no processo. Feita a nomeação do Conselho criminal, o presidente remetterá ao Auditor os papeis pertencentes ao processo para que por escripto faça intimar ao réo, com declaração dos factos por que vai ser processado.

Art. 71. O Conselho criminal se regulará, quanto á fórma do processo, interrogatorios e inquirição de testemunhas, garantias e recursos do réo, funcções do Auditor e mais juizes po Conselho, pelo disposto no Alvará de 4 de Setembro de 1765, e mais leis, usos e disposições por que se regem os Auditores e Conselhos de guerra, e não forem alterados ou revogados. pelo presente regulamento.

Art. 72. He permittido ao réo, por si ou por seu curador ou defensor, pedir que seja adiada a reunião do Conselho, quando para isso apresente motivo justificado. Este adiamento não poderá exceder a dez dias.

Art. 73. Concluida a sentença do Conselho criminal será o processo remettido pelo Commandante geral ao Ministro e Sercretario d`Estado dos Negocios da Justiça, que o fará chegar ao Conselho Supremo Militar e de Justiça, que he competente para confirmar ou revogar as decisões proferidas pelo Conselho criminal.

Art. 74. O Conselho Supremo Militar e de Justiça, no seu julgamento, se regulará pelo que se acha estabelecido no presente regulamento, com applicação ás disposições legislativas por que se rege o mesmo Tribunal.

Art. 75. Baixando ao Corpo o processo com a sentença do Tribunal de superior instancia, o Commandante geral lhe porá o -cumpra-se-, a fará ler o réo, executar, averbar no livro-mestre e publicar em ordem do dia.

Art. 76. Todas as decisões dos Conselhos serão averbadas e publicadas em ordem do dia do Corpo.

Art. 77. Os réos que commetterem algum dilicto em destacamento serão remettidos para o lugar em que se achar o estado maior do corpo, a fim de serem processados, devendo acompanha-los as provas ou instrumentos do crime, assim como as testemunhas que pertencerem ao Corpo e não fizerem falta ao serviço do destacamento, providenciando-se, segundo direito para que todas as outras possão igualmente comparecer perante o Conselho criminal.

Art. 78. Logo que qualquer réo tiver de responder a Conselho, será immediatamente preso.

Art. 79. No caso de ser o réo accusado por dous ou mais crimes dos mencionados neste regulamento, será julgado por todos elles no mesmo Conselho, impondo-se a cada hum a pena respectiva.

Art. 80. Ocorrendo falta ou impedimento de algum dos membros dos Conselhos, durante o tempo de suas sessões, o Commandante geral nomeará outros, ou na falta de Officiaes que possão entrar no Conselho, representará como ficou disposto no Art. 68.

Lavrar-se-ha termo de substituição motivando aquella falta ou impedimento.

Art. 81. Quaesquer Officiaes que estiverem servindo no Corpo, quer addidos ou aggregados, poderão servir nos Conselhos.

Art. 82. No caso de imposição de pena de prisão por qualquer crime, contar-se-ha ao réo o tempo anterior que tiver soffrido pelo dellicto de que for accusado, descontados apenas os dias que estiver no hospital.

CAPITULO VII

Das licenças.

Art. 83. As licenças concedidas aos Officiaes e praças do Corpo serão de tres especies, a saber;

1.ª De favor.

2.ª Registradas.

3.ª Por tempo determinado com vencimento.

Art. 84. As licenças de favor serão concedidas pelo Ministro e Secretario d`Estado dos Negocios da Justiça até trinta dias, e até oito pelo Commandante geral, precedendo pedido justificado.

A licença de favor importa a percepção dos vencimentos ou de parte delles sómente.

Art. 85. As licenças registradas só podem ser concedidas aos Officiaes do Corpo até tres mezes sem vencimento algum.

Art. 86. As licenças por tempo determinado, e com vencimento do soldo, poderão ser obtidas por motivos de molestia até tres mezes, e com soldo por inteiro, quando os Officiaes se tratarem em suas casas, perdendo meio soldo em beneficio da caixa do Corpo quando se curarem no hospital.

Art. 87. O Commandante geral poderá conceder até quatro licenças em cada Companhia ás praças de pret sem prejuizo do serviço; mas nenhum individuo, que tiver licença poderá ser novamente licenciado, sem que todos os outros da Companhia habilitados por sua boa conducta para gozarem deste favor, o tenhão sido. O vencimento das praças que obtiverem taes licenças entrará para a caixa por inteiro, ou em parte conforme for a licença, e será igualmente applicado ás despezas particulares e extraordinarias do Corpo.

Art. 88. O Governo, procedendo inspecção da junta medica, reformará com soldo simples as praças do Corpo que em qualquer acto de serviço se inutilisarem; conservando as honras do posto que tiverem, qualquer que seja o tempo de praça.

Art. 89. As praças e postos deixados por virtude de reforma considerar-se-hão vagos, e serão preenchidos de conformidade com o disposto neste regulamento.

CAPITULO VIII

Da conselho administrativo do corpo.

Art. 90. Haverá hum conselho de administração composto do Commandante geral, que será o Presidente; do Major, que servirá de fiscal; e dos Commandantes de Companhias, que serão Vogaes, sendo hum Thesoureiro.

Art. 91. Haverá mais hum Agente do Conselho que será nomeado d`entre os Officiaes do Corpo, que não fôrem Vogaes.

O Thesoureiro e o Agente serão nomeados annualmente pelo Conselho, por maioria absoluta de votos, até o dia 10 de Janeiro. No caso de empate, decidirá o Presidente do Conselho, lavrando-se de tudo termo, e não poderão ser reeleitos por dous annos consecutivos.

Art. 92. Se por qualquer motivo vagarem os lugares de Thesoureiro ou Agente, o Conselho procederá logo á eleição de outros que o substituão pelo tempo porque cada hum deveria ainda servir.

Art. 93. O impedimento temporario de qualquer dos Vogaes não constitue vaga, salvo o do Thesoureiro ou Agente quando tiver de ser prolongado por mais de trinta dias.

Art. 94. Para que o Conselho possa deliberar, bastará que se reuna metade e mais hum dos membros que o compõem.

O Presidente tem voto no Conselho, e o de qualidade no caso de empate.

Art. 95. Haverá no Conselho hum livro, no qual serão escriptos os termos de suas sessões e as suas deliberações e ordens. Toda a escrituração do Conselho será feita pelo Secretario do Corpo, e os termos assignados por todos os Vogaes presentes.

Art. 96. Haverá tambem hum livro conta corrente de receita e despeza.

Debaixo da rubrica - Receita - se lançarão separadamente as quantias que derem entrada no cofre, com declaração dos titulos porque entrão e do fim a que são destinadas.

Debaixo da rubrica - despeza - em correspondencia aos mesmos titulos de receita, se lançarão as sommas totaes das despezas que em cada hum daquelles se houverem feito.

Cada huma dessas sommas totaes de despezas será demonstrada por huma folha volante, á qual se referirá, assignada pelo Agente, e que deverá declarar especificadamente as despezas feitas, os objectos, suas qualidades, quantidades, preço parcial e total, e cobrirá essa folha os documentos que provem as ditas despezas, os quaes serão exigidos das pessoas que fizerem o fornecimento, exceptuando-se desta regra as despezas miudas, desde que por sua natureza não seja possivel apresentar documentos, e que será julgado pelo Conselho.

Art. 97. Haverá hum cofre em que se guardará todo o dinheiro do Corpo, com tres chaves, as quaes serão confiadas ao Commandante geral, ao Major, e ao vogal Thesoureiro. Se por substituição de emprego acontecer que hum mesmo individuo venha a ficar com duas chaves, passará huma dellas a qualquer dos Commandantes de Companhias por deliberação do Conselho.

O cofre somente será aberto em acto do Conselho.

Art. 98. O Conselho se reunirá ao menos duas vezes em cada mez para fazer-se carga ao Thesoureiro dos dinheiros recebidos, para se tornarem as contas do mez antecedente e pagarem-se as despezas nelle feitas. Alêm disse se reunirá todas as vezes que o Commandante geral julgar necessario, ou houver requisição de hum dos vogaes.

Art. 99. As contas serão tomadas em sessão por hum termo á vista do livro da conta corrente da receita e despeza, da demonstração desta, dos documentos que approvarem, e do saldo existente em cofre, dando-se descarga ao Thesoureiro por cada hum dos titulos da receita e despeza.

Art. 100.Nenhuma. despeza será levada em conta senão quando fôr feita em virtude de deliberação do Conselho ou autorisação do Commandante geral. Far-se-ha hum pedido ou nota do que fôr preciso comprar, declarando-se a qualidade, quantidade e fim para que se precisa do objecto, e o pedido serã rubricado pelo Commandante geral para que se effectue a compra.

Art. 101. Pertence ao Conselho a applicação, a admiração, fiscalisação e economia das quantias destinadas para sustento, ferragem e curativos dos cavallos; para as despezas do Hospital e suas dietas; para o rancho geral, assim como a da quantia de 300$ destinada no art. 14 para fardamento das praças.

Art. 102. O Commandante geral poderá autorisar quaesquer despezas miudas em reconhecido beneficio das praças do Corpo, quando seja preciso, antes da reunião do Conselho, a quem dará parte para a competente approvação.

Art. 103. Aos Vogaes cumpre propôr, para ser tomada em consideração, qualquer medida de melhor economia e proveito para a caixa da administração, assim como em beneficio das praças do Corpo.

Art. 104. Ao Agente compete fazer todos os contractos de compras que pelo conselho forem julgadas necessarias., e apresentará, antes de as ultimar, as amostras e preços no Conselho para serem examinados e approvados.

Estes contractos serão feitos, precedendo hasta publica, com quem melhores condições offerecer.

Art. 105. O recebimento dos dinheiros para o cofre será feito pelo Quartel-mestre ou por qualquer Official que vá ao thesouro com autorisação do Commandante geral.

Art. 106. Recebido do thesouro o dinheiro pertecente ao Corpo, o Quartel-mestre intregará immediatamente a cada Commandante de Companhia a quantia que a ella pertencer, segundo a sua relação do vencimento, a fim de que sejão promptamente pagas aspraças, deduzindo-se o que estas devão dar para o rancho, hospital e dividas para o Corpo, assim como o dinheiro destinado para o sustento dos cavallos, que tudo será, na primeira reunião do Conselho administrativo recolhido ao cofre e lançado em receita ao Thesoureiro, em vista das guias dos mesmos Commandantes de Companhias para cada huma especie de addição da receita.

Art. 107. Semelhantemente fará o Quartel-mestre entrega, com as respectivas guias, de todo o dinheiro que tenha recebido para as diversas despezas do Corpo, ou que por qualquer titulo deva entrar em receita, e tudo será carregado ao Thesoureiro.

Art. 108. Todas as guias dos Commandantes de Companhias para entradas de dinheiros no cofre devem demonstrar a quantia com que cada praça individualmente concorrer, e serão authenticadas com a rubrica do Major como fiscal do Corpo, e conferidos com as alterações que tiverem ocorrido durante o mez em cada Companhia.

As guias do Quartel-mestre serão igualmente rubricadas pelo Major, e contratadas com o registro dos pedidos de dinheiros ao thesouro, e com as ordens do Commandante geral, que provem a existencia de qualquer quantia em mão do mesmo Quartel-mestre.

Art. 109. A importancia das feragens será entregue á caixa do Corpo, para com a sua totalidade se sustentar, ferrar, curar os cavallos e pagar os pastos para onde tenhão de ser mandados quando precisarem.

Art. 110. Das praças que entrarem para o hospital se descontarão e serão recolhidos á caixa do Corpo, para dietas, os seus vencimentos, excepto a quantia de 320 rs. por dia, que ficará em mão do respectivo Commandante de Companhia para quando tiverem alta lhes ser entregue, não tendo dividas a pagar. No caso de fallecer no hospital a praça, a quantia reservada de 320 rs. diarios será applicada para as despezas de seu funeral, e o remanescente entrará para a caixa do Corpo, se se não apresentar pessoa habilitada, segundo direito, a quem deve ser entregue.

Art. 111. O importe dos medicamentos e sanguesugas para o hospital será tirado mensalmente do thesouro, como se pratica actualmente, assim como o necessario para utensis e roupa do mesmo hospital, quando o uso tenha entregado a que estiver em serviço, devendo isto ser exposto pelo Commandante geral ao Ministerio da Justiça.

Todas as despezas de dietas e mais misteres serão feitas á custo do que se descontar ás praças enfermas, na fórma do artigo antecedente; e quando isso não chegue, serão suppridas pela caixa de economias.

Art. 112. Do vencimento de cada praça arranchada se descontará, afim de entrar para a caixa do Corpo, a quantia indispensavel a seu alimento, e que lhe pertencer pro rata, segundo a despeza total com o rancho geral.

Art. 113. O producto da venda dos cavallos, em hasta publica, que tiverem baixa do do Corpo por incapazes, entrará para a caixa, a fim de ser applicado á compra de outros.

Art. 114. Em mão do Quartel-mestre, do Agente, ou do Official encarregado do rancho, haverá huma quantia calculada pelo Conselho para satisfazer as despezas miudas e eventuaes; essa quantia ficará representada no cofre como dinheiro existente, até a apresentação das contas por hum recibo daquelle a quem houver sido entregue.

Todos os pagamentos de quantia maior de 50$ serão feitos em Conselho pelo vogal Thesoureiro.

Art. 115. Com a conta mensal do rancho apresentará o Official que o tiver a seu cargo o mappa demonstrativo da distribuição por companhias dos generos que entrerem nas rações, de modo que se possa facilmente conhecer se o numero das rações consumidas correspondente á quantidade total de cada genero.

Art. 116. Cada Commandante de Companhia dará, no principio do mez, huma nota que mostre quantas praças diariamente arrancharão em sua Companhia, e cuja somma total deverá combinar com os respectivos vales diarios, e com a do mappa geral dado pelo Official rancheiro.

Art. 117. O que fica disposto nos dous artigos antecedentes relativo ao rancho, se praticará com o sustento dos cavallos, de maneira que a distribuição das rações de ferragem combine com o numero de cavallos effectivo. O mesmo se fará conferindo-se o mappa geral das dietas e extras consumidas no hospital com o numero de doentes, confrontadas as respectivas papeletas de enfermaria.

Art. 118. Organisadas as folhas volantes, demonstrativas da despeza com todos os documentos relativos na fórma da despeza com todos os documentos relativos na fórma do art. 96, e presentes as guias das entradas dos dinheiros e ordens do Commandante geral para a compra dos objectos, ou para qualquer despeza; assim como os documentos que demonstrem o consumo dos generos e objectos comprados, será tudo examinado escrupulosamente por huma Commissão de tres membros do conselho, nomeada pelo Presidente para que dê, na sessão da tomada das contas, o seu parecer sobre a certeza de todos os documentos, sua moralidade e mais circunstancias, que possão guiar o Conselho na approvação das contas.

Os membros do Conselho podem examinar de per si todas as contas, as quaes, depois de conferidas e approvadas, serão immediatemente lançadas no livro, lavrando-se o respectivo termo, e serão então archivadas as ordens do Commandante geral para a copra dos generos, bem como todos os mais documentos.

Art. 119. O saldo em favor da caixa da administração depois de feitas as despezas de econominas, e disposições particulares do Corpo, será privativamente empregado em cada anno, em peças de fardamento que serão distribuídas gratuitamentes ás praças mais antigas, e ás que por sua assiduidade de serviço e outras circunstancias se fizerem disso merecedoras.

Art. 120. O Commandante geral estabelecerá os modelos de todos os mappas e mais papeis relativos ao Conselho da administração.

Art. 121. O Conselho determinará a qualidade e quantidade dos generos de que deva ser composta cada ração das praças arranchadas.

Art. 122. O Quartel-mestre será rancheiro, podendo todavia o Commandante geral encarregar do rancho a outro Official, ou nomear mais rancheiros, marcando-lhes suas obrigações e fiscalisando o cumprimento dellas.

Art. 123. O Conselho poderá suspender o Agente e Thesoureiro logo que qualquer delles desmereça da sua confiança.

Art. 124. Depois da eleição do novo Thesoureiro e Agente se tomarão e fecharão todas as contas, fechando-se entrega, po. termo, ao Thesoureiro eleito, das quantias existentes em caixa.

Art. 125. Tendo de sahir do Corpo algum destacamento. o Commandante geral lhe dará as instrucções necessarias para o provimento do rancho, e do mais que fôr preciso, e encarregará ao respectivo Commandante de as pôr em execução, dando conta ao Conselho administrativo nos casos convenientes.

CAPITULO IX

Disposições geraes.

Art. 126. Todas as praças que se alistarem no Corpo policial da Côrte prestarão juramento de felicidade ao Imperador, ao systema jurado, e ás ordens superiores. O mesmo juramento se exigirá dos Officiaes, dispensados porêm os do exercito por já o haverem dado.

Art. 127. O Commandante geral he responsavel pela conservação da disciplina e fiscalisação de todo o serviço do Corpo.

Elle se corresponderá directamente com a Secretaria de Estado dos Negocios da Justiça sobre tudo quanto possa affectar a rerulalidade da disciplina e relativamente á administração do Corpo; devendo entender-se com o Chefe de Policia no que disser respeito ao emprego da força em diligencias ordinarias ou extraordinarias do serviço policial.

Art. 128. O Commandante geral he autorisado a ordenar a passagem da praças de humas para outras Companhias, sempre que o reclamar conveniencia da disciplina ou o bem do serviço.

Art. 129. As praças de pret e Officiaes inferiores, sempre que tiverem de dirigir quaesquer requerimentos ou reclamações, o farão por intermedio e com informação de seus superiores, sob pena de desobediencia.

Exceptua-se o caso de queixa contra qualquer dos superiores, com obrigação porêm de os previnir que tem directamente de apresenta-la, declarando o motivo da mesma queixa.

Art. 130. Não se contará no engajamento o tempo das licenças de favor que excederem a oito dias, as registradas, o de modestia no hospital e o de prisão por virtude de sentença.

Art. 131. Os crimes commettidos pelas praças e Officiaes do Corpo, em serviço, se cosiderarão militares e serão punidos segundo este regulamento ou as leis militares conforme as circunstancias que os revertirem.

Art. 132. No Quartel central se reunirá o estado-maior do Corpo, e nelle tambem se estabelecerão a secretaria, o archivo, o hospital e as arrecadações.

No mesmo Quartel se dará a instrucção de recrutas.

Art. 133. No Corpo se observará a policia regimental interna adoptada nos Corpos do exercito.

Art. 134. Em dias designados haverá revista de armamento, equipamento e munições nos respectivos Quarteis, e exercicios em que serão ensinados os principios da ordenança. em relação á arma de cada huma das praças; e quando as circunstancias permitirem se reunirá, para taes exercicios, toda a força do Corpo, precedendo autorisação do Ministro e Secretario de Estado dos Negocios da Justiça.

Art. 135. Os Officiaes nomeados para qualquer serviço do destacamento fóra da Côrte terão direito ás forragens para huma besta de bagagem.

Art. 136. Nos ultimos dias de Dezembro será o Corpo inspeccionado por hum Official superior do exercito, designado pelo Ministro e Secretario de Estado dos Negocios da Guerra, em virtude de requisição do da Justiça.

Este Official será de patente igual, ou superior á do Commandante geral.

Art. 137. De seis em seis mezes se regulará a tabella das ferragen e forragens dos cavallos.

Art. 138. As praças de pret de cavallaria perceberão, alêm das vantagens que competem ás de infantaria, 20rs. diarios para conservação dos sellins e arreios.

Art. 139. Em todos os casos omissos neste regulamento e concernentes á economia, disciplina e instrucção do Corpo,e ao modo pratico de cumprirem os Officiaes e praças seus deveres, providenciará o Ministro e Secretario de Estado dos Negocios da Justiça com as instrucções e ordens necessarias.

Art. 140. Ficão extinctas as officinas, a musica do Corpo, e as companhias addidas.

Art. 141. Fica revogado o regulamento n.º 191 do 1.º de Julho de 1842.

Francisco Diogo Pereira de Vasconcellos, do Meu Conselho, Ministro e Secretario de Estado dos Negocios da Justiça, assim o tenha entendido e faça executar. Palacio do Rio de Janeiro, em 16 de Janeiro de 1858, trigesimo setimo da Independencia e do Imperio.

Com a Rubrica de Sua Magestade o Imperador.

Francisco Diogo Pereira Vasconcellos.

Este texto não substitui o original publicado no Coleção de Leis do Império do Brasil de 1858, Página 26 Vol. 1 pt II.

Insta informar que a criação do Corpo Policial da Corte segue várias diretrizes alicerçadas pela Guarda Municipal Permanente da Corte e vemos isso na estrutura hierárquica deste Corpo Policial que adota o Decreto Imperial de 22 de outubro de 1831 do Corpo de Guardas Municipais Permanentes onde diz que o Estado-Maior era composto de um Comandante-Geral, com graduação de Tenente-Coronel, um Ajudante, um Cirurgião-Mor e seu Ajudante, um Secretário e um Quartel-Mestre.

Para realizar as atribuições ligadas ao policiamento urbano, o novo regulamento previu a existência de seis companhias de Infantaria que são duas a mais do que havia no regulamento de 22 de outubro de 1831, porém o número de companhias da Cavalaria se manteve em duas. O uniforme, insígnias, armamento e patentes continuaram iguais aos utilizados pela Guarda Municipal Permanente da Corte ratificando a incorporação do efetivo de "Permanentes" ao Corpo Militar Policial da Corte.

Bandeira do Corpo Militar Policial da Corte (Guarda Municipal) criado em 1858

Foto Ilustrativa do Brasão da Prefeitura da Cidade do Rio de Janeiro

Fonte: www.google.com

Brasão da Prefeitura da cidade do Rio de Janeiro que é utilizado no uniforme da Guarda Municipal da cidade do Rio de Janeiro acondicionado na gandola de serviço ou uniforme de gala na altura do peito no lado esquerdo e ainda nas viaturas operacionais onde o brasão fica acondicionado nas portas da frente lado esquerdo e direito.

A seguir, segue foto ilustrativa mostrando o brasão da Prefeitura da Cidade do Rio de Janeiro acondicionado na altura do peito lado esquerdo do uniforme da Guarda Municipal da Cidade do Rio de Janeiro:

Fonte: Faceboock.com

Segue abaixo, foto ilustrativa mostrando o brasão da Prefeitura da Cidade do Rio de Janeiro alocado nas viaturas operacionais da Guarda Municipal da Cidade do Rio de Janeiro, portas da frente lados esquerdo e direito:

Fonte: odia.ig.com.br

É de suma importância registrar que a mudança de nomenclatura para a Guarda Municipal Permanente da Corte, como foi citado anteriormente, não se deu para outros Estados brasileiros e ainda que essa mudança não foi aplicada plenamente por muito tempo na capital do país visto que em vários momentos do Império essa nomenclatura aplicada para a Guarda Municipal Permanente da Corte era alterada e a prova disso é que abaixo temos uma foto onde em 1862 um guarda municipal policiava a área da Praça Tiradentes (centro da cidade/RJ).

Foto ilustrativa da Praça Tiradentes sendo policiada por um guarda municipal em 1862

Fonte: brasilianafotografica.bn.gov.br

A primeira escultura pública do Brasil inaugurada em 30 de março de 1862, situada na antiga Praça da Constituição, depois Largo do Rócio, e atualmente Praça Tiradentes (centro da cidade/RJ), sendo policiada por um guarda municipal que podia efetuar suas atribuições a pé e a cavalo todas as ruas e praças da capital do Império.

As Mudanças com a Chegada da Guerra do Paraguai

Com a Guerra do Paraguai já iniciada o Imperador faz mais uma mudança na nomenclatura da Guarda Municipal e em um decreto que criava duas polícias, a judiciária e a de ordem pública através do Decreto Nº 3.598, de 27 de janeiro de 1866 mais uma vez foi mudado nome e a Guarda Municipal Permanente incorporada a esta nova polícia.

DECRETO Nº 3.598, DE 27 DE JANEIRO DE 1866

Reorganiza a força policial da Côrte, dividindo-a em dous Corpos, um militar e outro civil.

Hei por bem Decretar o seguinte:

Art. 1º A força policial da Côrte será composta de um Corpo militar e de um Corpo paisano ou civil.

Art. 2º A força dos dous Corpos não poderá exceder ao numero de praças e ao quantum da despeza respectiva determinados pelo Decreto nº 2081 de 1858.

A este numero, porém, se addicionará o de 100 pedestres, que ficão supprimidos.

Art. 3º O Corpo militar será o actual Corpo policial, que continuará a ter a mesma denominação e a organização do citado decreto com as seguintes alterações:

§ 1º O numero das companhias e o maximo da sua força ficão reduzidos conforme as tabellas nos 1 e 2.

§ 2º Os estrangeiros não excederáõ ao terço da força effectiva.

§ 3º A idade exigida para o alistamento será de 16 a 50 annos.

§ 4º As praças que quizerem continuar a servir e tiverem bom comportamento poderão renovar o seu engajamento pelo tempo que lhes aprouver.

Todavia ser-lhes-ha permittida a continuação do serviço sem novo engajamento: neste caso terão baixa quando quizerem, excepto se tiverem commettido faltas, porque então só lhes será concedida a baixa depois que forem corrigidas ou punidas.

§ 5º Os actuaes Officiaes e inferiores que, em virtude da nova organização, excederem ao quadro e não tiverem o tempo para reforma ou não se lhes der destino, ficão aggregados para entrarem nas vagas, que possão dar-se.

Art. 4º O Corpo paisano ou civil será denominado - guarda urbana - e ficará sob as ordens immediatas do Chefe de Policia.

Art. 5º A força da guarda urbana não excederá ao maximo determinado nas tabellas nos 3 e 4.

Todavia além desse numero haverá guardas aggregados, os quaes só terão vencimentos quando substituirem aos effectivos, e estes os não perceberem.

Estes aggregados serão alistados nas vagas que os effectivos deixarem.

Art. 6º Incumbe á guarda urbana a vigilancia continua da cidade.

O Corpo policial prestará o auxilio que fôr reclamado pela guarda urbana, e será encarregado das diligencias policiaes.

Art. 7º A guarda urbana será dividida em tantas companhias quantos forem os districtos das subdelegacias. Tabella nº 5.

Os districtos das subdelegacias se subdividiráõ em tantos - postos de vigilancia - quantos forem convenientes, e possiveis em razão do numero dos guardas urbanos.

Os postos de vigilancia terão uma numeração especial em relação ao districto, a que pertencem.

Art. 8º A guarda urbana terá um Commandante geral.

Cada companhia terá um Commandante que se denominará - Commandante de districto.

Em cada posto de vigilancia haverá sempre um guarda urbano encarregado de percorrel-o, indo e voltando continuamente de um extremo ao outro, não parando, e não deixando o espaço do mesmo posto, senão nos casos e pela fórma, que determinar o regulamento especial.

Art. 9º O Chefe de Policia organizará e submetterá á approvação do Governo Imperial um regulamento especial, em o qual declarará minuciosamente as attribuições do Commandante geral e Commandantes dos districtos, assim como o serviço dos guardas urbanos.

Art. 10. Além da estação central, que será na Repartição da Policia, haverá em cada districto uma estação guarnecida por força do Corpo policial sempre prompta para auxiliar a guarda urbana.

Art. 11. Em cada estação estará um medico encarregado de verificar os obitos do districto, e de prestar os certificados necessarios para os enterros.

O Chefe de Policia contractará os medicos das estações mediante um honorario razoavel, e organizará o regulamento deste serviço, submettendo-o á approvação do Governo Imperial.

Art. 12. Nas estações haverá pelo menos uma sala para o Commandante do districto, outra para o medico, um xadrez para os presos; e um corpo de guarda para a força do Corpo Policial.

Art. 13. O Commandante geral será nomeado pelo Governo Imperial, e por elle demittido quando convier ao serviço publico.

Terá as honras e os vencimentos de Major do Corpo Policial.

Art. 14. Os Commandantes de districto terão as honras e vencimentos de Tenentes do Corpo Policial, e serão nomeados, suspensos e demittidos discricionariamente pelo Chefe de Policia.

Art. 15. Os Commandantes dos districtos serão escolhidos ou d›entre os Officiaes reformados do Exercito, do Corpo Policial ou d›entre os Officiaes dos Corpos de Voluntarios que se distinguirem, ou d›entre os cidadãos maiores de 25 annos, de reconhecida intelligencia e moralidade.

Art. 16. Os guardas urbanos serão nomeados pelo Chefe de Policia dos individuos de 21 a 50 annos, que saibão ler e escrever, sadios, robustos, e de reconhecida moralidade.

Serão preferidos os que nas armas e empregos civis tiverem servido ao Estado.

Art. 17. Os guardas urbanos são dispensados da guarda nacional.

Art. 18. Podem ser guardas urbanos os cidadãos que tenhão outra profissão, com tanto que em razão da simultaneidade não seja incompativel com o serviço da vigilancia policial.

Art. 19. O Commandante geral, os Commandantes dos districtos,. e guardas urbanos, usaráõ do uniforme e armas constantes das tabellas nos 6, 7 e 8.

Art. 20. Cada urbano vencerá mensalmente 40$.

No caso de molestia este vencimento fica reduzido á metade.

Além do soldo terá fardamento.

Art. 21. O Chefe de Policia poderá conceder aos Commandantes dos districtos e guardas urbanos licença que não exceda a 30 dias.

Art. 22. O Commandante geral e Commandantes dos districtos residiráõ o mais perto que fôr possivel das respectivas estações, e nunca fóra dos seus districtos.

Art. 23. Os guardas urbanos, sempre que fôr possivel, serão moradores nos postos respectivos.

Não podem, porém, morar fóra do districto da Companhia.

Podem, querendo, residir na estação, e neste caso sómente se lhe dará cama.

Art. 24. Além das penas em que os Chefes de districtos e guardas incorrerem, segundo a legislação em vigor, serão correccionalmente punidos pelo Chefe de Policia:

1º Com reprehensão.

2º Com suspensão dos vencimentos até 15 dias.

3º Com demissão do emprego.

Estas penas serão impostas por infracção do regulamento e por deleixo na execução de seus deveres ou das ordens que lhes forem dadas pelos superiores legitimos.

Os guardas, além destas penas, poderão tambem soffrer a de prisão de um a cinco dias.

Art. 25. Pelo facto de haver roubo ou desordem, que não fôr reprimida pelo guarda urbano, no posto da sua vigilancia, poderá ser elle suspenso de suas funcções, até que justifique o não ter podido evital-o; se esta justificação não proceder, será punido de conformidade com as penas acima mencionadas, e entregue á autoridade competente a fim de ser processado, quando, e como no caso couber.

Art. 26. O serviço da guarda urbana começará em cada districto logo que ahi estiverem alistados os guardas urbanos necessarios para preencher os postos de vigilancia marcados e numerados pelo Chefe de Policia.

Art. 27. Só depois de preenchida a guarda urbana, e á medida que ella se fôr preenchendo serão despedidos os pedestres que ora servem.

Art. 28. Emquanto o numero dos guardas urbanos não fôr elevado pelo Corpo Legislativo, a guarda urbana não será constituída senão nas freguezias centraes, a saber:

Sacramento.

S. José.

Candelaria.

Santo Antonio.

Santa Anna.

Santa Rita.

Art. 29. Fica assim alterado o Regulamento nº 2081 de 1858.

José Thomaz Nabuco de Araujo, do Meu Conselho, Ministro e Secretario de Estado dos Negocios do Justiça, assim o tenha entendido e faça executar. Palacio do Rio de Janeiro em vinte sete de Janeiro de mil oitocentos sessenta e seis, quadragesimo quinto da Independencia e do Imperio.

IMPERADOR com guarda.

José Thomaz Nabuco de Araujo.

Palacio do Rio de Janeiro em 27 de Janeiro de 1866. - José Thomaz Nabuco de Araujo.

ste texto não substitui o original publicado no Coleção de Leis do Império do Brasil de 1866, Página 45 Vol. 1 pt. II.

Mais uma vez as diretrizes e atribuições aplicadas na Guarda Municipal Permanente da Corte são utilizadas na plenitude para a criação de uma nova nomenclatura de polícia que incorporou os "Permanentes".

A Guerra do Paraguai (1865 – 1870)

Mais uma passagem histórica com a brilhante participação do Corpo de Guardas Municipais Voluntários foi o conflito iniciado em 1865 contra o Paraguai. Na época não tínhamos um contigente militar numeroso e instruído suficiente para combater os quase 80 mil soldados paraguaios e com parcos recursos bélicos bem como sem condições de revidar adequadamente a ofensa recebida, o Imperador D. Pedro II expediu o Decreto Imperial nº 3.371, de 07 de Janeiro de 1865 que conclamava os sentimentos do povo brasileiro a irem para guerra e criava os «*Voluntários da Pátria*".

DECRETO Nº 3.371, DE 7 DE JANEIRO DE 1865

Crêa Corpos para o serviço de guerra em circumstancias extraordinarias com a denominação de - Voluntarios da Patria -, estabelece as condições e fixa as vantagens que lhes ficão competindo.

Attendendo ás graves e extraordinarias circunstancias em que se acha o paiz, e a urgente e indeclinavel necessidade de tomar, na ausencia do Corpo Legislativo, todas as providencias para a sustentação, no exterior, da honra e integridade do Imperio, e Tendo Ouvido o Meu Conselho de Ministros, Hei por bem Decretar:

Art. 1º São creados extraordinariamente Corpos para o serviço de guerra, compostos de todos os cidadãos maiores de dezoito e menores de cincoenta annos, que voluntariamente se quizerem alistar, sob as condições e vantagens abaixo declaradas.

Art. 2º Os voluntarios, que não forem Guardas Nacionaes, terão, além do soldo que percebem os voluntarios do Exercito, mais 300 rs. diarios e a gratificação de 300$000 quando derem baixa, e um prazo de terras de 22.500 braças quadradas nas colonias militares ou agricolas.

Art. 3º Os Guardas Nacionaes, praças de pret, que se apresentarem, serão alistados na primeira Linha com as mesmas vantagens do art. 2º, passando nos postos, que tiverem nos corpos da mesma Guarda, a que pertencerem.

Art. 4º Os voluntarios comprehendidos nos artigos anteriores terão baixa logo que fôr declarada a paz, dando-se-lhes immediatamente passagem para onde a solicitarem, no caso que tenhão de se transportar per mar.

Art. 5º As baixas não dependerãõ de ordem do Governo, ficando os Commandantes dos respectivos Carpos autorisados a dal-as, logo que forem reclamadas pelos individuos que tiverem direito.

Art. 6º Os voluntarios terão todas as regalias, direitos e privilegios das praças do Exercito para serem reconhecidos Cadetes ou Particulares, sem que por isso percão as vantagens do art. 2º, e possão ser promovidos a Officiaes quando se distinguirem. Os que tiverem direito a ser reconhecidos Cadetes ou Particulares, poderão usar logo dos respectivos distinctivos até se proceder aos Conselhos de Direcção e Averiguação, quando o Quartel General o faculte; ficando dispensados da apresentação de escriptura de alimentos.

Art. 7º Aquelles que desistirem da baixa, depois de feita a paz, e continuarem a servir por mais tres annos, receberãõ, além das outras vantagens, trezentos mil réis, sendo cem mil réis nesse acto, e o resto no fim dos tres annos.

Art. 8º Os voluntarios de que tratão os arts. 2º e 3º ficarãõ isentos do serviço do Exercito e Marinha, assim como do serviço activo da Guarda Nacional, quando não se queirão prestar voluntariamente. Os do art. 3º, quando se prestem, terão preferencia na promoção aos postos de Officiaes, dada igualdade de circumstancias com outros.

Art. 9º Os voluntarios terão direito aos Empregos Publicos, de preferencia, em igualdade de habilitações, a quaesquer outros individuos.

Art. 10. As familias dos voluntarios que fallecerem no campo de batalha, ou em consequencia de ferimentos recebidos nella, terão direito á pensão ou meio soldo, conforme se acha estabelecido para os Officiaes e praças do Exercito. Os que ficarem inutilisados por ferimentos recebidos em combate, perceberáõ, durante sua vida, soldo dobrado de voluntario.

Art. 11. Todos os voluntarios de que trata este Decreto trarão no braço esquerdo uma chapa de metal amarello com a Corôa Imperial, tendo por baixo as seguintes palavras - Voluntarios da Patria -, da qual poderão usar mesmo depois da baixa.

Art. 12. O Governo concederá, em attenção aos serviços relevantes prestados pelos ditos voluntarios, graduações de Officiaes honorarios do Exercito; e solicitará do Corpo Legislativo autorisação para conceder-lhes vitaliciamente o soldo por inteiro, ou em parte correspondente aos seus postos.

Art. 13. As praças dos Corpos Policiaes do Imperio, e os individuos que ,já tiverem obtido baixa desses Corpos e dos de primeira linha, terão todas as vantagens concedidas aos voluntarios Guardas Nacionaes.

Art. 14. Gozaráõ de todas estas vantagens aquelles que na Côrte e Provincia do Rio de Janeiro se apresentarem dentro do prazo de sessenta dias, nas Provincias mais proximas no de tres, e nas mais remotas de quatro mezes, contados da data da publicação deste Decreto, nas respectivas Capitaes; os Guardas Nacionaes aos Commandantes Superiores, e, onde os não houver, aos Commandantes dos Corpos, e os outros voluntarios ás Autoridades que o Governo designar.

Art. 15. Ficão provisoriamente revogadas as disposições em contrario.

Os Meus Ministros e Secretarios de Estado dos Negocios das diversas Repartições, assim o tenhão entendido e fação executar. Palacio do Rio de Janeiro em sete de Janeiro de mil oitocentos sessenta e cinco, quadragesimo quarto da Independencia e do Impero.

Com a Rubrica de Sua Magestade o Imperador.

Francisco José Furtado.

José Liberato Barroso.

Carlos Carneiro de Campos.

João Pedro Dias Vieira.

Henrique de Beaurepaire Rohan.

Francisco Xavier Pinto Lima.

Jesuino Marcondes de Oliveira e Sá.

Este texto não substitui o original publicado no Coleção de Leis do Império do Brasil de 07/01/1865, Página 5 Vol. 1 pt I.

Estrutura do Corpo de Voluntários da Pátria

Comandante - Tenente-Coronel

Estado-Maior

01 Fiscal / Major - Subcomandante;

01 Ajudante / Capitão - responsável pelo pessoal;

01 Quartel-mestre / Capitão - responsável pelo material;

01 Secretário Tenente - auxiliar e escrivão.

Estado Menor

01 Sargento ajudante - auxiliar do capitão ajudante (sargenteante);

01 Sargento quartel-mestre - auxiliar do capitão quartel-mestre (almoxarifado);

01 sargento espingardeiro - armeiro;

01 Sargento coronheiro - carpinteiro;

01 Sargento corneta-mor - responsável pelos músicos;

Companhias

Oito Companhias, contendo cada uma:

01 Capitão - Comandante da companhia;

01 Tenente - Subcomandante da companhia;

02 Alferes - Comandantes dos pelotões;
01 1º Sargento - auxiliar do comandante da companhia;
02 2º Sargentos - auxiliares dos comandantes dos pelotões;
01 Furriel;
08 Cabos de esquadra;
08 Anspeçadas;
02 Corneteiros;
78 Soldados.

Foto ilustrativa de um Cabo de Esquadra do 1º Corpo de Voluntários da Pátria, em 1865.

Fonte: www.wikipedia.com

O governo assegurava vantagens aos voluntários como prêmio de trezentos mil réis; lotes de terra com vinte e duas mil braças em colônias militares; preferência nos empregos públicos; patentes de oficiais honorários; liberdade a escravos; assistência a órfãos, viúvas e mutilados de guerra. Neste diapasão de várias partes do país, Guardas Municipais, escravos, donos de terra e homens em idade para alistar-se integraram a este corpo. Com o passar do tempo, visto que a guerra não findava, o entusiasmo popular diminuiu, o governo imperial passou a exigir dos Presidentes das Províncias cotas de voluntários que estes deveriam recrutar e cada Província deveria recrutar no mínimo, 1% da sua população. Haviam várias formas de se escapar da convocação, por exemplo, os que tinham dotes faziam doações de recursos, equipamentos, escravos e empregados para lutarem em seu lugar e ainda conseguiam patentes como se estivessem lutado no campo de batalha e tudo isso graças aos esforços dos seus empregados e principalmente escravos; os de menos posses alistavam seus parentes, filhos, sobrinhos ou agregados; aos pobres só restava a fuga para o mato. Os Índios de várias Províncias também participaram desta guerra.

O Rio de Janeiro não ficaria de fora até porque a Guarda Municipal da capital já havia participado de revoltas e rebeliões internas sendo bem sucedidas o que fez a instituição da capital do Brasil ceder 73% de seu efetivo para atuar na Guerra do Paraguai e em 10 de julho de 1865, partiram 510 oficiais e praças do Quartel dos Barbonos da Corte, a este grupo foi dado o nome de 31º Corpo de Voluntários da Pátria. LEAL, PEREIRA, MUNTEAL FILHO, 2010, p. 69-71.

O 31º Batalhão de Voluntários da Pátria participou das vitoriosas batalhas do Tuiuti, Esteiro Belaco, Estabelecimento, Sucubii, Lomas Valentinas e Avaí.

Foto ilustrativa de Voluntários da Pátria:

Fonte: www.saopauloinfoco.com.br

"Os voluntários da Pátria tomaram a mais brilhante parte na campanha, já combatendo nos seus corpos, organizados ao primeiro chamamento do país em perigo,..." (História Militar do Brasil – Capítulo VI – p. 74).

Foto ilustrativa do distintivo de Voluntários da Pátria usado do lado esquerdo do braço

Fonte: www.wikipedia.com

Estimou-se que a Guerra do Paraguai seria um conflito rápido, porém, isso não aconteceu e o que se sucedeu foram longos seis anos de combate que dizimaram dois terços da população Paraguaia e milhares de brasileiros perderam a vida, tendo sido o conflito mais sangrento da América do Sul onde morreram mais de 650.000 pessoas. As perdas brasileiras sofridas por mortes, ferimentos, doenças e invalidez alcançaram a 40% do efetivo. No total fizeram parte do contingente militar 37.928 Voluntários da Pátria, divididos em 60 Batalhões de Voluntários da Pátria (632 homens por batalhão) que defenderam bravamente as nossas fronteiras, na sua maioria Guardas Municipais Permanentes e Voluntários.

Fotos ilustrativas mostrando o cenário da Guerra do Paraguai

Fonte: wikipedia.com

Os Corpos de Voluntários da Pátria tiveram numeração quando de sua criação na data de 20 de dezembro de 1866 e posteriormente o Marquês de Caxias, realizou uma reorganização das forças brasileiras. Como Comandante Geral, fez valer o ordenamento jurídico vigente na época avocando o Decreto nº 782, datado de 19 de abril de 1852, que determinava aos corpos militares terem oito companhias com o fito de evitar que as numerações dos Corpos de Voluntários fossem confundidas com as dos Corpos de Infantaria do Exército (a numeração era de 1 até 21), foi determinado que os primeiros vinte e um do Corpo de Voluntários da Pátria reordenassem sua numeração.

Por necessidade de manter as unidades com as oito companhias regulamentares, alguns Corpos de Voluntários da Pátria que foram criados com determinada numeração ao se apresentarem para guerra foram dissolvidos e seus efetivos incorporados em outras unidades. Desta forma outras unidades foram formadas com as numerações das que deixaram de existir.

Foto ilustrativa do uniforme dos vários Batalhões de Voluntários da Pátria

Fonte: http://www.vonregium.com

Os Voluntarios da Pátría no Estado do Paraná foram quantificados conforme texto abaixo descrito:

"Com população de 87.491 habitantes, o Paraná contribuíra até o fim do primeiro ano de guerra, com 1.239 soldados, sendo 517 voluntários da pátria, 416 guardas nacionais, 221 soldados de linha e 85 recrutas, o que correspondia a 1,42%

da sua população" (O Paraná na História Militar do Brasil – XXIII – p. 224).

Foto ilustrativa da recepção aos Voluntários da Pátria do Paraná em frente à Igreja Matriz de Curitiba, em abril de 1870.

Fonte: www.catedralcuritiba.com/historico

No Rio Grande do Norte, os irmãos Fócio Joaquim do Rêgo Barros e Joaquim José do Rêgo Barros, integraram ao Corpo Voluntários da Pátria sendo ambos Comandantes do Corpo Policial da Província do Rio Grande do Norte. Destaco ainda que os irmãos foram veteranos da Guerra do Paraguai.

Fonte: http://acaopopular.net/jornal/voluntarios-da-patria

É salutar registrar que tal como ocorreu no Rio de Janeiro onde em 1865 o efetivo da Guarda Municipal Permanente mudou sua nomenclatura e passou a ser chamado de Corpo de Policial da Província do Rio de Janeiro o mesmo aconteceu em algumas Províncias como é o caso do Rio Grande do Norte. O governo imperial usava as transformações que fazia no Rio de Janeiro com relação principalmente às forças de segurança pública e de defesa nacional e as aplicava também nas demais Províncias, claro que sabemos que em algumas delas as mudanças não aconteceram até porque sabemos das dimensões continentais desta nação e a dificuldade de fiscalizar o cumprimento de leis e decretos e isso é uma recorrência contemporânea.

Ainda sobre a família Rego Barros, verificamos que eles comandaram as forças policiais (Guarda Municipal Permanente) e posteriormente ingressaram na política tanto da Província do Rio de Janeiro com Sebastião do Rego Barros bem como no Rio Grande do Norte através dos irmãos Fócio Joaquim do Rêgo Barros e Joaquim José do Rêgo Barros.

Voltando a falar sobre a Guerra do Paraguai, o Presidente da Província do Rio Grande do Norte, Olinto Meira, organizou pessoalmente o recrutamento sendo um grande incentivador pelo voluntariado onde cadastrou nominalmente oitocentos (814) potiguares que integraram ao 28º Batalhão de Voluntários da Pátria.

Para alguns autores, a convocação do Presidente Olinto Meira no início do conflito foi respondida plenamente e isso se deu por conta da Invasão do Mato Grosso e do Rio Grande do Sul pelas forças militares do paraguaio Solano Lopez.

Segundo o escritor, Sérgio Luiz Bezerra Trindade em sua obra, **Subsídios para o estudo da história do Rio Grande do Norte**, na Página 77, quinhentos (500) Voluntários da Pátria da Província do Rio Grande do Norte morreram durante a guerra no Paraguai.

De acordo com Paulo Duarte de Queiroz (1983). Op. Cit,.p.217, uniram-se ao Exército Brasileiro na campanha contra o Governo de Francisco Solano López na Guerra do Paraguai os efetivos de Voluntários da Pátria por Províncias como segue: Amazonas= 367; Pará= 2.084; Maranhão= 2.385; Goiás= 275; Mato Grosso= 1.417; Piauí= 1.420; Ceará= 2.037; Rio Grande do Norte= 814; Paraíba= 1.472; Pernanbuco= 5.793; Alagoas= 1.591; Sergipe= 1.405; Bahia= 9.164; Minas Gerais= 2.158; Espírito Santo= 625; Rio de Janeiro= 4.667 e Corte= 7.128; São Paulo= 4.824; Paraná= 613; Santa Catarina= 1.103 e Rio Grande do Sul= 3.200. Chegamos ao total de 54.542 Voluntários da Pátria dentre estes inúmeros efetivos dos Corpos de Guardas Municipais Permanentes que fizeram belíssima campanha na Guerra do Paraguai.

Comporam o efetivo que atuou com o Exército membros da Guarda Nacional, recrutados da sociedade e um grande número de pretos que foram de suma importância durante a Guerra do Paraguai e um exemplo retratado pela História foi a campanha dos Zuavos Baianos num total de 638, negros lanceiros e exímios montadores de cavalos sendo estes temidos pelos soldados paraguaios. Outra informação importante sobre os Zuavos Baianos é que dos soldados aos capitães todos eram pretos.

D. Pedro II incentivou a adesão de pretos aos Batalhões de Voluntários da Pátria libertando os escravos de fazendas imperiais que participassem da guerra.

Foto ilustrativa de uma gravura pintada por Jacobus Hendrik durante visita ao Rio de Janeiro em 1867.

Fonte: https://br.pinterest.com

Os Comandantes e Líderes brasileiros, destaque na Guerra do Paraguai, foram o Imperador D. Pedro II, Marquês de Caxias, Marquês de Herval, Barão do Amazonas, Conde d´Eu entre outros e a empreitada contou ainda com o argentino Bartolomeu Mitre e o uruguaio Venancio Flores. Pelo lado paraguaio os destaques foram o Ditador Francisco Solano López, José E. Díaz e Domingo Sánchez.

O Brasil foi para guerra com o efetivo de 200.000 (Exército, Armada (Marinha), Voluntários da Pátria (Guardas Municipais integravam esta força) e Guarda Nacional). A Argentina atuou com um efetivo de 30.000 soldados e o Uruguai com 5.538 soldados. O Paraguai enfrentou esses três países com um efetivo de 150.000 soldados e existem relatos que alguns destes eram crianças.

Este cruel conflito vitimou 100.000 brasileiros, 30.000 argentinos e 10.000 uruguaios. Vale destacar que estes números são compostos de militares e civis. No Paraguai foram mortos aproximadamente 300.000 entre militares e civis. Decididamente o maior conflito ocorrido nas Américas e sem dúvidas o mais impiedoso com um total de 440.000 mortos.

O Cerco a Solano López

No dia 01 de março de 1870, dois destacamentos perseguiam o Presidente do Paraguai, Francisco Solano López, que se escondia nas matas do norte do país acompanhado de 200 soldados. As tropas comandadas pelo General José Antônio Correia da Câmara, o Visconde de Pelotas, surpreenderam Solano López em seu acampamento na mata em Cerro Corá, onde o Ditador foi ferido à lança pelo Cabo José Francisco Lacerda, vulgo **"Chico Diabo"**, era Cabo da Esquadra de Pedestres do Corpo de Guardas Municipais Permanentes da Província do Rio Grande do Sul, Ajudante de Ordens do Coronel Joca Tavares e Integrante do 10º Batalhão de Voluntários da Pátria.

Foto ilustrativa do Presidente do Paraguai Francisco Solano López.

Fonte: www.cliccamaqua.com.br

Segue abaixo, foto ilustrativa onde temos sentados, da esquerda para a direita: Major Joaquim Nunes Garcia, Coronel João Nunes da Silva Tavares "Joca Tavares" Comandante do 10º Batalhão de Voluntários da Pátria, Coronel Francisco Antonio Martins e Alferes Firmo da Silveira Castro. Em pé, da esquerda para a direita: Capitão João Pedro Nunes, Capitão Antonio Cândido de Azambuja, Cabo José Francisco Lacerda "Chico Diabo" integrante da Esquadra de Pedestres do Corpo de Guardas Municipais Permanentes da Província do Rio Grande do Sul e o Soldado Zacarias Pacheco (Corneteiro) e a fotografia faz parte do Acervo da Biblioteca Nacional. Essa identificação é muito rara nos livros sobre a Guerra do Paraguai.

Fonte: cafehistoria.com.br

A histórica lança usada para ceifar a vida de Solano López está exposta no **Museu Nacional, na Capital Rio de Janeiro.**

O **Museu Histórico da Biblioteca Pública Pelotense** guarda o revólver Lefaucheux de 12 tiros e a ponta de lança de meia lua que pertenceram ao Cabo José Francisco Lacerda **"Chico Diabo"** que podem ter participado dos momentos finais da Guerra da Tríplice Aliança (1865-1870). Estas armas foram doadas ao Museu em 1941 por José Bulamaque da Silva Tavares, sobrinho-neto do Coronel João Nunes da Silva Tavares, também conhecido como Joca Tavares.

Figura 2 e 3: Fotos das armas do Cabo Francisco Lacerda retiradas do catálogo fotográfico do Museu Histórico da Biblioteca Pública Pelotense. Autor: Luis Felipe Ribeiro.

O Emblemático Cabo "Chico Diabo"

Foto ilustrativa do Cabo da Esquadra de Pedestres do Corpo de Guardas Municipais Permanentes da Província do Rio Grande do Sul, José Francisco Lacerda, vulgo "Chico Diabo" empunhando sua lança montado num cavalo.

Fonte: www.wikipedia.com

Foto ilustrativa de José Francisco Lacerda, vulgo "Chico Diabo"

Fonte: almanaque cultural brasileiro

José Francisco Lacerda nasceu numa família de parcos recursos, quando ainda menino trabalhava em uma carniçaria onde o proprietário era um italiano, na cidade de em São Lourenço do Sul, Município ao lado de Camaquã, local de seu nascimento. Quando tinha 15 anos em 1863, "Chico" que fazia a vigilância da carniçaria por um descuido permitiu que um cachorro adentrasse no local e este como alguns pedaços de carne que ali estavam, fato que deixou o dono da carniçaria furioso ao ponto de este agredir "Chico" que para se defender usou uma faca de trabalho e matou o seu patrão. Em ato contínuo fugiu para casa de seus pais caminhando a pé por um dia e uma noite sem descanso.

Ao ver um vulto, ao longe, a mãe de Chico exclamou:

"Garanto que é aquele diabinho que vem vindo".

Por conta desta frase, o menino recebeu o apelido de "Chico Diabo" que o acompanharia pelo resto da vida.

Temendo que seu filho recebesse represálias vindas da família do patrão assassinado, "Chico Diabo" foi enviado para morar na cidade de Bagé na casa de seu tio chamado Vicente Lacerda.

No ano de 1865, José Francisco Lacerda que integrava o Corpo de Guardas Municipais Permanentes da Província do Rio Grande do Sul, passa a fazer parte do 10º Batalhão de Voluntários da Pátria, que era comandado pelo Coronel João Nunes da Silva Tavares, que todos chamavam de Coronel Joca Tavares. Este contingente atuou junto com o Exército na guerra do Paraguai.

Alguns historiadores dizem que ao matar o ditador Solano López, "Chico Diabo" teria descumprido ordens superiores, pois queria ele capturado e vivo. Não há um consenso entre os historiadores sobre o ocorrido visto que alguns autores afirmam que havia uma recompensa em ouro para quem o matasse. Segundo fontes da época, o Imperador não autorizou que Lacerda recebesse a medalha por bravura em combate, porque temia que os europeus pensassem que a morte do ditador Solano Lopez teria acontecido após ser preso.

O Cabo da Esquadra de Pedestres do Corpo de Guarda Municipal Permanente da Província do Rio Grande do Sul, "Chico Diabo", recebeu como recompensa cem vacas. Como espólio de guerra ficou com a faca de prata e ouro que Solano López levava quando foi morto e nesta estava gravado em ouro as iniciais **FL**, que por coincidência são as mesmas do nome de Chico Diabo.

Vale destacar que o nome de Chico Diabo ficou marcado popularmente em uma quadrinha (trova de cunho popular) muito destacada na época: "O Cabo Chico Diabo, do diabo Chico deu cabo".

Foto ilustrativa do Cabo José Francisco Lacerda, integrante da Esquadra de Pedestres, do Corpo de Guardas Municipais Permanentes da Província do Rio do Grande do Sul efetuando um golpe com sua lança no ditador paraguaio Francisco Solano Lopez.

CHICO DIABO
atravessando com uma lança o monstro mais barbaro e hediondo, que tem visto o mundo—o execrando *Francisco Solano Lopez*, destruidor de sua propria patria!...

Fonte: aventurasnahistoria.uol.com.br

Quando retornou do Paraguai por volta de 1873, José Francisco Lacerda casou com Isabel Vaz Lacerda, sua prima, e com ela tiveram quatro filhos. "Chico Diabo" atuava como capataz em várias estancias após guerra. José Francisco Lacerda faleceu no Uruguai em 1893, estando lá a serviço de Joca Tavares. A viúva só conseguiu receber os restos mortais anos depois e segundo fontes da época teve que contratar um uruguaio para furtar os restos mortais de seu marido e assim o corpo de "Chico Diabo" pode ser sepultado no Cemitério da Guarda na Cidade de Bagé, Rio Grande do Sul, lugar onde cresceu.

Por iniciativa do Núcleo de Pesquisas Históricas da cidade de Bagé, em 2002 sob seu túmulo foi colocado uma lápide.

Foto ilustrativa mostra o mausoléu no Cemitério da Guarda onde estão enterrados os restos mortais do Cabo da Esquadra de Pedestres da Guarda Municipal Permanente, da Província do Rio Grande do Sul, José Francisco Lacerda, mais conhecido como "Chico Diabo".

Fonte: www.wikipedia.com Fonte: Arquivo/Jornal Folha do Sul Gaúcho

Havia naquela época divisões ideológicas sobre a Guerra do Paraguai dentro do Exército a ponto de o Marechal Deodoro da Fonseca achar que Solano López tenha sido seu único benfeitor. Existia um grupo que considerava a Guerra do Paraguai um desastre e na Escola Militar para alguns a Medalha Militar era motivo de deboche. Talvez seja um desses o motivo para que até hoje os feitos do Cabo da Esquadra de Pedestres do Corpo de Guardas Municipais Permanentes da Província do Rio Grande do Sul, integrante do 10º Batalhão de Voluntários da Pátria, que deu fim a Guerra do Paraguai seja mantido no anonimato. Vejam que as Guardas Municipais foram protagonistas em mais esta importante passagem de nossa História onde a defesa da soberania nacional foi assegurada com a ajuda direta desta instituição que é a pioneira em segurança pública no Brasil atuando em benefício desta nação desde 1742 conforme transcrito no Livro das Ordenações Filipinas.

A Guarda Municipal Permanente no Estado de São Paulo

O governo imperial buscando manter a ordem pública nas suas províncias reorganiza as Guardas Municipais por todo o Império e, em 15 de novembro de 1831, atendendo um Decreto Imperial, baixado pelo Regente Feijó, o conselho da presidência se reuniu e deliberou a criação em São Paulo da Guarda Municipal Permanente tendo essa corporação como primeiro Comandante o Presidente da Província de São Paulo, Brigadeiro Rafael Tobias de Aguiar. Essa Guarda Municipal foi composta de cem praças a pé e trinta a cavalo com um comandante, totalizando assim 131 guardas municipais permanentes.

Foto ilustrativa do Brigadeiro Rafael Tobias Aguiar, primeiro comandante da Guarda Municipal Permanente de São Paulo.

Fonte: memoriasdeumveterano.blogspot.com

A Guarda Municipal Permanente de São Paulo era muito demandada devido às revoltas que atingiam a todas as Províncias do Império atuando não só no policiamento urbano e rural, preservação da ordem e na defesa nacional.

Foto ilustrativa da Guarda Municipal Permanente de São Paulo em 1831.

Fonte: www.ssp.sp.gov.br

A menor subunidade da Guarda Municipal Permanente em 1831 era a esquadra composta por um cabo e 24 soldados.

Foto ilustrativa da sede da Guarda Municipal Permanente em 1832.

Fonte: www.wikipedia.com

Em março de 1832, a instituição Guarda Municipal Permanente que não tinha sede própria foi instalada no Convento do Carmo na ala térrea. O Convento era situado no quadrilátero da Sé e, atualmente, demolido.

A Lei nº 16 de 11 de abril de 1835, sancionada pelo Presidente da Província de São Paulo como aduz:

> **Art. 1.°** - O Governo fica autorisado a despender o que for necessario para a redacção e impressão da estatistica da provincia, a qual deve conter o seguinte:
>
> 7.° - Numero de guardas municipaes; sua actual organisação, e vencimentos; e o emprego em que se occupão.

A lei acima descrita em seu 7º número trata da organização institucional da corporação.

Neste período os comandantes da Guarda Municipal Permanente de São Paulo enviavam mensalmente ao Presidente da Província, mapas estatisticos de controle do contingente da instituição sendo esses mapas estruturados no formato de tabela constando os nomes dos componentes da Guarda, suas funções, o soldo e as atividades que desempenhavam. No gráfico a seguir observamos a descrição do efetivo no ano de 1835.

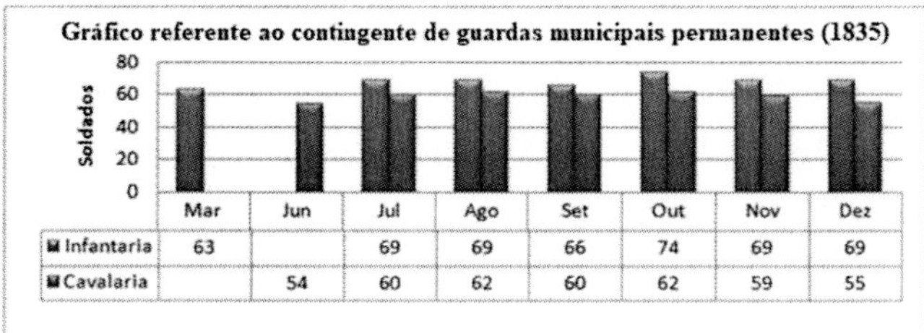

Gráfico 01: Fontes: APESP. Corpo de Municipais Permanentes. Cód. C02263 e C02263a.

Fonte: TCC Polícia(s) na província de São Paulo: a Guarda Municipal Permanente e as Guardas Policiais (1834-1850).

Segue abaixo os gráficos dos anos subsequentes relativos às atividades da Guarda Municipal Permanente da cidade de São Paulo.

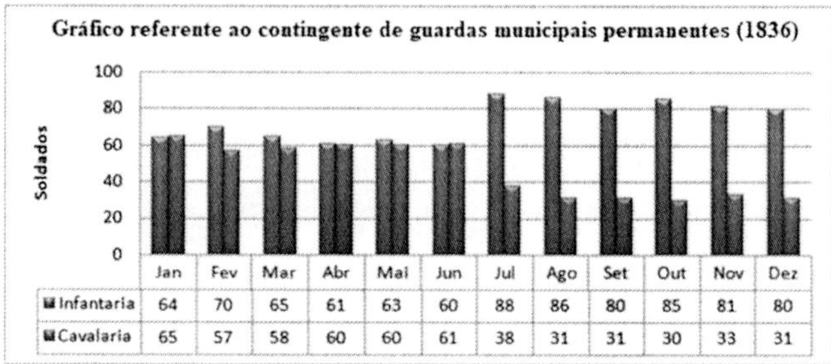

	Jan	Fev	Mar	Abr	Mai	Jun	Jul	Ago	Set	Out	Nov	Dez
Infantaria	64	70	65	61	63	60	88	86	80	85	81	80
Cavalaria	65	57	58	60	60	61	38	31	31	30	33	31

Gráfico 02: Fontes: APESP. Corpo de Municipais Permanentes. Cód. C02263a.

Fonte: TCC Polícia(s) na província de São Paulo: a Guarda Municipal Permanente e as Guardas Policiais (1834-1850).

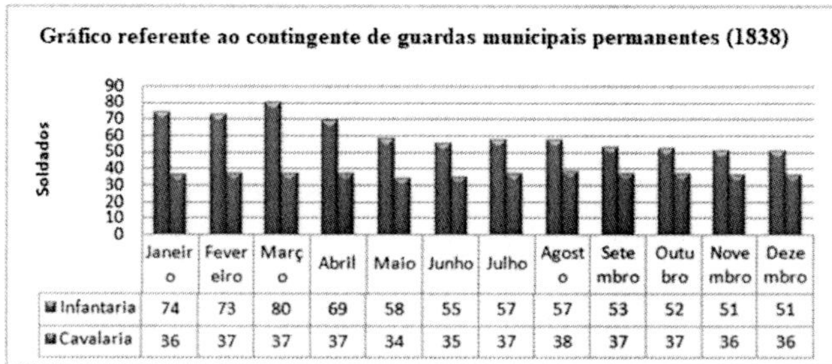

	Janeiro	Fevereiro	Março	Abril	Maio	Junho	Julho	Agosto	Setembro	Outubro	Novembro	Dezembro
Infantaria	74	73	80	69	58	55	57	57	53	52	51	51
Cavalaria	36	37	37	37	34	35	37	38	37	37	36	36

Gráfico 04: Fontes: APESP. Corpo de Municipais Permanentes. Cód. C02264.

Fonte: TCC Polícia(s) na província de São Paulo: a Guarda Municipal Permanente e as Guardas Policiais (1834-1850).

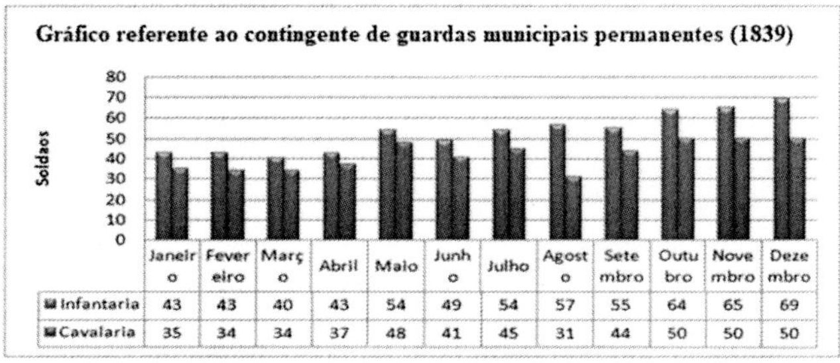

Gráfico 05: Fontes: APESP. Corpo de Municipais Permanentes. Cód. C02264.

Fonte: TCC Polícia(s) na província de São Paulo: a Guarda Municipal Permanente e as Guardas Policiais (1834-1850).

A Guarda Municipal Permanente da capital de São Paulo era composta por uma companhia de infantaria com cerca de 100 soldados e uma de cavalaria integrada por 50 soldados conforme aduz a Lei Provincial nº 13 de 06 de março de 1837 onde se destaca os três primeiros artigos desta lei:

> "Art. 1.º - Subsistirá a companhia do infanteria do muinicipaes permanentes composta de um 1.º e um 2.º commandante, 1 cirurgião-mór, 3 sargentos, 1 furriel, 6 cabos d'esquadra, 100 soldados, e 1 corneta.
>
> Art. 2.º - Subsistirá igualmente a companhia de cavallaria, composta do 1 sargento, 1 furriel, 3 cabos, 50 soldados e um clarim.
>
> Art. 3.º - Assim tambem uma companhia para estacionar-se na estrada da Matta, que se comporá de 1 commandante, 1 sargento, 4 cabos, e 45 soldados, e 1 corneta; e outra para ser estacionada nos campos das Palmas, com a mesma organisação."

No quadro abaixo, verificamos o quantitativo de guardas municipais permanentes da cidade de São Paulo no ano de 1837.

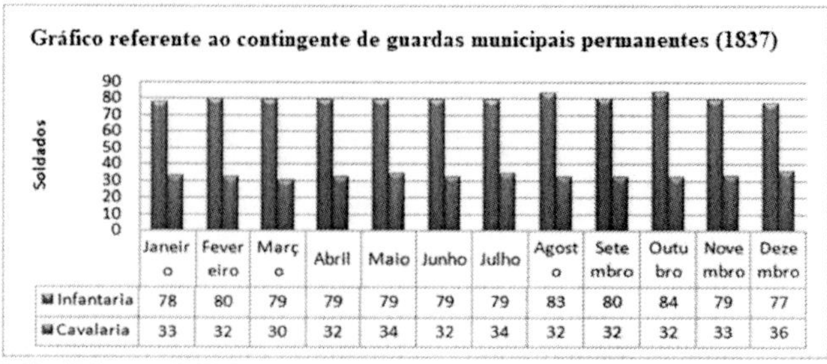

	Janeiro	Fevereiro	Março	Abril	Maio	Junho	Julho	Agosto	Setembro	Outubro	Novembro	Dezembro
Infantaria	78	80	79	79	79	79	79	83	80	84	79	77
Cavalaria	33	32	30	32	34	32	34	32	32	32	33	36

Gráfico 03: Fontes: APESP. Corpo de Municipais Permanentes. Cód. C02264.

Fonte: TCC Polícia(s) na província de São Paulo: a Guarda Municipal Permanente e as Guardas Policiais (1834-1850).

No dia 06 de Março de 1837, a Guarda Municipal Permanente da cidade de São Paulo foi reformulada e uma companhia destacada para atuar na Estrada da Mata (área entre São Paulo e Rio Grande do Sul) onde passou a funcionar com um comandante, um sargento, quatro cabos, quarenta e cinco soldados e um corneteiro. Ainda na mesma medida, criou-se outro corpo destacado que deveria permanecer no Campo das Palmas e ambas as companhias tinham como objetivo a contenção de índios.

No discurso em 07 de janeiro de 1838 na Assembleia Legislativa da Província de São Paulo, o então Presidente Gavião Peixoto reconhece:

> O zelo e o patriotismo do Tenente Coronel João da Silva Machado, na organização das companhias de Permanentes destinadas a conter índios selvagens no Campo das Palmas e na Estrada da Mata.

Foto a seguir do Tenente Coronel João da Silva Machado comandante do destacamento que atuava na Estrada da Mata (área entre São Paulo e Rio Grande do Sul).

Fonte: https://wikie.com.br/Jo%C3%A3o_da_Silva_Machado

A seguir temos a foto do Mausoléu Barão de Antonina onde o Tenente Coronel João da Silva Machado foi sepultado, no Cemitério da Consolação, capital paulista, em capela de mármore carrara século XIX, com brasão de armas em bronze, tombada pelo CONDEPHAAT.

Fonte: https://pt.wikipedia.org/wiki/João_da_Silva_Machado

Segue no quadro abaixo o quantitativo de guardas municipais permanentes da cidade de São Paulo no ano de 1840.

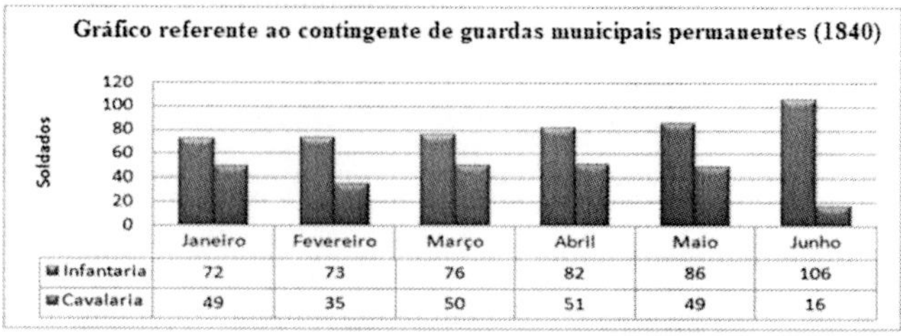

Gráfico 06: Fontes: APESP. Corpo de Municipais Permanentes. Cód. C02264.

Fonte: TCC Polícia(s) na província de São Paulo: a Guarda Municipal Permanente e as Guardas Policiais (1834-1850).

Ao efetuarmos a média anual das duas companhias para o ano de 1840, baseada no gráfico acima, temos um efetivo institucional de 125 guardas municipais, constando assim, um aumento de 32% em relação aos 95 praças registrados em 1839. Esse aumento foi percebido e registrado pelo Presidente da Província de São Paulo Rafael Tobias de Aguiar que buscou a expansão do contingente de guardas municipais permanentes. Tobias Aguiar ratificou isso através de um discurso no dia 07 de janeiro de 1841 em que ele afirmou o seguinte: **"Este Corpo [Guarda Municipal Permanente] está quase completo, e continua a desempenhar satisfatoriamente os importantes fins de sua criação."**

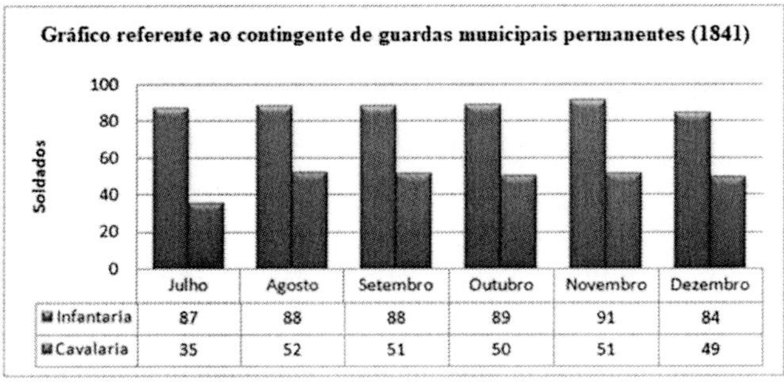

Gráfico 07: Fontes: APESP. Corpo de Municipais Permanentes. Cód. C02264.

Fonte: TCC Polícia(s) na província de São Paulo: a Guarda Municipal Permanente e as Guardas Policiais (1834-1850).

O crescimento do efetivo institucional ainda é apresentado em 1841 com uma média de 136 guardas municipais permanentes o que representa um aumento de 9% em relação ao ano de 1840.

Em maio de 1842 eclodiu a Revolução Liberal de São Paulo e Minas Gerais que consistia na insatisfação política de elites paulistas e mineiras com relação às leis aprovadas na reforma do Código de Processo Criminal. Segundo Erick Hörner, esta revolução foi de grandes proporções onde várias localidades da Província de São Paulo tais como: Pirapora, Capivari, Limeira, Constituição, Porto Feliz, Itapetininga, Sorocaba e Itu fizeram parte.

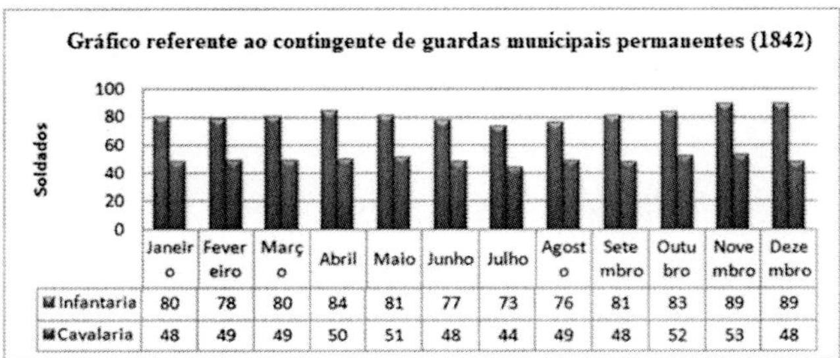

Gráfico 08: Fontes: APESP. Corpo de Municipais Permanentes. Cód. C02265.

Fonte: TCC Polícia(s) na província de São Paulo: a Guarda Municipal Permanente e as Guardas Policiais (1834-1850).

O Presidente da Província de São Paulo, Miguel de Sousa Melo e Alvim, em discurso na Assembleia Provincial em 1842, retrata a questão acerca do contingente que é diminuto e ele diz:

> O corpo de municipais permanentes continua a fazer o serviço que é obrigatório d´uma maneira satisfatória e torna-se recomendável por sua subordinação e disciplina. É porém preciso recomendar que o número de praças que elle se compõe é insuficiente para o serviço.

O Presidente Miguel de Souza Mello e Alvim em 1842 dizia o seguinte sobre o destacamento de Guarda Municipal Permanente que atuava no Campo das Palmas:

> Hoje o Campo das Palmas é uma riqueza para a província, pois já se acha todo povoado por fazendeiros que ahi se vão estabelecendo, ao abrigo do destacamento que muito sabiamente alli se mandou colocar.

No ano seguinte, já sob comando do Presidente José Carlos Pereira de Almeida Torres, é apresentada pela primeira vez a proposta de duplicar a infantaria e aumentar a cavalaria. De acordo com o discurso do presidente:

> Para poder, portanto, ser feito o serviço com a necessária regularidade, e preencherem-se aos fins para que foi creado este Corpo, indispensável é elevar sua força ao número de 250 Praças, com a organização (...) a qual é necessária para boa disciplina, e economia do mesmo, vindo assim a ter duas Companhias de Infantaria e uma de Cavallaria, cada um com Oficial Subalterno, e os Inferiores respectivos.

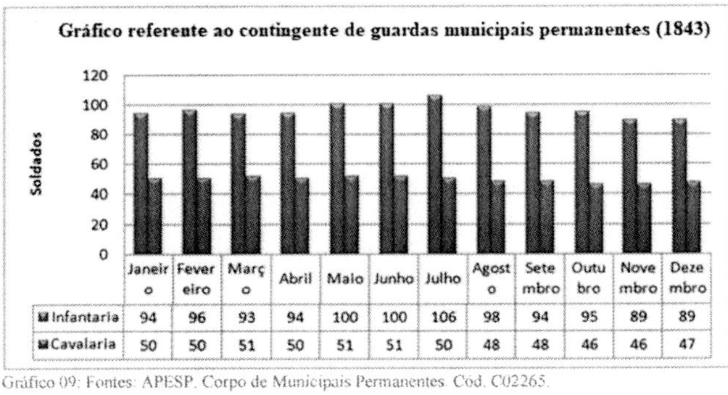

Fonte: TCC Polícia(s) na província de São Paulo: a Guarda Municipal Permanente e as Guardas Policiais (1834-1850).

Havia também uma preocupação do governo central provincial em ter maior controle sobre a Guarda Municipal e para isso a Assembléia Legislativa de São Paulo promulgou de 1834 a 1850, 17 leis referentes à atividade policial da Província, das quais dezesseis eram sobre a Guarda Municipal Permanente.

Segundo o art. 4º da Lei Provincial nº 19, de 27 de janeiro de 1844, aduz:

> "O Comandante do Corpo de Municipais Permanentes será um oficial Superior de qualquer das quatro classes do Exército, ou de 2.ª Linha: em caso de necessidade, porém poderá ser um Capitão com a graduação de Major. Os Comandantes de Companhias, e Ajudante serão tirados d'entre os Oficiais de qualquer das quatro classes do Exército, da 2.ª Linha, ou d'entre os Oficiais honorários, e da Guarda Nacional. O Presidente da Província requisitará do Governo Central os que lhe forem necessários; e poderá despedi-los do serviço quando convenha." Ainda de acordo com a referida lei, o comandante deveria ser nomeado pelo Presidente da Província mediante proposta dos prefeitos.

Em fevereiro de 1844, foi criada mais uma companhia de infantaria onde a instituição passou a contar com duas companhias de infantaria integrada por 106 soldados cada, e uma de cavalaria com 80 praças de acordo com a medida legislativa:

LEI N. 19, DE 27 DE FEVEREIRO DE 1844.

Manoel Felisardo de Souza e Mello, Presidente etc.

Art. 1.° - A Força Policial da Provincia desde a data d'esta Lei até 30 de Junho de 1845 constará de duas Companhias d'Infanteria de 106 praças cada uma, e d'uma de Cavallaria de 80 praças, formando o Corpo de Municipaes, e mais da Companhia existente no Campo de Palmas, que constará de 61 praças.

Art. 2.° - O Corpo de Municipaes Permanentes será organisado pela fórma seguinte:

Estado-maior.

Commandante em Chefe..1

Ajudante com graduação de Tenente..........................1

Sargento Secretario..1

Sargento Quartel-Mestre..1

1.ª Companhia d'Infanteria.

1.° Commandante com graduação de Capitão..........1

2.° Dito com graduação de Tenente..........................1

1°Sargento..1

Segundos Sargentos..2

Furriel...1

Cabos...6

Soldados..92

Cornetas...02

2.ª Companhia d'Infanteria.................................106

212

Companhia de Cavallaria.

1.° Commandante com graduação de Capitão........ 1

2.° Dito com graduação de Tenente........................ 1
Sargentos..2
Furriel.................................... 1
Cahos.. 4
Soldados.. 70
Clarim... 1
80
Companhia do Campo de Palmas........................ 61
Somma total.. 357

Art. 3.° - O Presidente da Provincia fica auctorisado para dar a Companhia existente no Campo de Palmas a organisação que julgar mais conveniente, e a empregal-a tanto no serviço que aponta a Lei de sua criação, como no destacamento em qualquer ponto da 5.ª Comarca que fôr necessario.

Art. 4.° - O Commandante do Corpo de Municipaes Permanentes será um official Superior de qualquer das quatro classes do Exercito, ou de 2.ª Linha : em caso de necessidade porém poderá ser um Capitão com a graduação de Major. Os Commandantes de Companhias, e Ajudante serão tirados d'entre os Officiaes de qualquer das quatro classes do Exercito, da 2.ª Linha, ou d'entre os Officiaes honorarios, e da Guarda Nacional. O Presidente da Provincia requintará do Governo Central os que lhe forem necessarios; e poderá despedil-os do serviço quando convenha. Estes Officiaes ficão subjeitos, quanto á disciplina, ás leis militares. **Art. 5.°** - Estes Officiaes vencerão :

Gratificação mensal.
Commandante (incluida uma forragem)..60$000

Ajudante (idem idem).. 40$000
1.° Commandante de Companhia d'Infanteria......................35$000
2.º Dito de dita de dita.......... ....30$000
1.° Commandante de Companhia de Cavallaria (incluida uma forragem)........ ....45$000
2.° Dito de dita (idem idem)..40$000

Art. 6.° - O Sargento Secretario, e o Sargento Quartel-Mestre vencerá cada um 800 réis diarios. Os outros primeiros Sargentos 740 réis. Os segundos Sargentos 680 réis. Os Furrieis 620 réis. Os Cabos, Cornetas, e Clarins 560 réis. Os soldados 500 réis.

Art. 7.° - Os cavallos das praças de pret da Companhia de Cavallaria vencerão forragens diarias, e as mesmas se darão aos que sahirem em diligencia ou destacamentos, segundo fôr determinado no Regulamento do Governo.

Art. 8.° - A's praças de pret d'Infantcria, e Cavallaria se fornecerão, a custa do Cofre Provincial, as peças d'armamento, e equipamento, que se julgarem necessarias, e forem marcadas no Regulamento do Presidente ; e serão ellas obrigadas a apresental-as em revista, assim como as peças de fardamento, que no mesmo Regulamento se determinarem.

Art. 9.° - O fornecimento e curativo das praças do Corpo Municipal continuarão como até aqui. A's praças da Companhia do Campo de Palmas se continuará á fornecer botica, e á dar Cirurgião; assim como Capellão, achando-se ella em logar onde não haja Sacerdote para os Officios Divinos.

Art. 10. - O Presidente da Provincia fica auctorisado para completar toda a força decretada pelo modo que achar mais conveniente. Os voluntarios servirão por tres annos, os outros por cinco.

Art. 11. - As praças existentes que tiverem servido sem nota, e completarem o tempo de seus engajamentos, poderão ser reengajadas com a vantagem de mais 60 réis diarios.

Art. 12. - Em quanto a Força decretada se não achar completa, o Presidente da Provincia poderá fazer destacar nas Povoações, segundo as urgencias do serviço, um numero de Policias, igual ao que faltar, com vencimentos, que não excedão aos do Corpo Municipal; e dará á estes destacamentos a organisação que julgar mais conveniente, subjeitando-os á mesma disciplina d'este.

Art. 13. - Em caso de reconhecida urgência, depois mesmo de preenchida a Força decretada, poderá ainda o Presidente da Provincia pelo mesmo modo fazer destacar até100 praças de Policias debaixo das mesmas condições e organisação.

Art. 14. - O Presidente da Provincia fica auctorisado á fazer a despeza necessaria com o expediente do Corpo, com a compra de cavallos para remontas, e dos arreios, e armamentos necessarios; e à dar a esta Força um Regulamento, em que marque os casos puniveis de disciplina, modo de processal-os, e penas correspondentes, salva a disposição final do art. 4.° N'elle dará mais as regras para os alistamentos, fixará as épochas dos fornecimentos das peças d'armamento, e equipamento, da instrucção, exercicios, e revistas; a escripturação, a contabilidade, o quanto mais conveniente seja á boa disciplina e ordem. Este Regulamento fica dependente d'approvação d'Assembléa Provincial, pondo-se com tudo desde logo em execução.

Art. 15. - As despezas com a Companhia do Campo de Palmas, e com os destacamentos de Policias correrão por conta e adminis- traçam do Corpo Municipal, a quem ficam subordinados.

Art. 16. - O Presidente da Provincia fica auctorisado para empregar a Força decretada nos diversos serviços que aponta a Lei Provincial n. 13 de 1841, e em quanto mais se offereça á bem da ordem e tranquilidade publica na Provincia.

Art. 17. - Ficam revogadas as disposições em contrario.

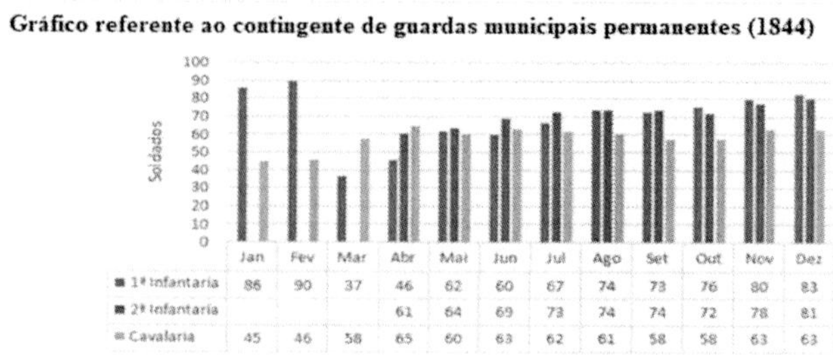

	Jan	Fev	Mar	Abr	Mai	Jun	Jul	Ago	Set	Out	Nov	Dez
1ª Infantaria	86	90	37	46	62	60	67	74	73	76	80	83
2ª Infantaria				61	64	69	73	74	74	72	78	81
Cavalaria	45	46	58	65	60	63	62	61	58	58	63	63

Gráfico 10. Fontes: APESP. Corpo de Municipais Permanentes. Cód. C02265.

Fonte: TCC Polícia(s) na província de São Paulo: a Guarda Municipal Permanente e as Guardas Policiais (1834-1850).

Segundo o quadro acima, o efetivo proposto ainda não está de acordo com a lei sancionada o que foi normatizado nos anos seguintes.

Insta informar que a Guarda Municipal Permanente era incumbida de efetuar o policiamento da capital e, por conseguinte, a instituição moldada como a polícia da cidade de São Paulo. Os guardas municipais permanentes paulistas tinham por atribuição, manter a ordem de todos os estabelecimentos públicos da capital e neste diapasão realizarem a guarda do quartel; da prisão; cadeia; casa de prisão com trabalho; cofres públicos; palácio do governo; teatro; entre outros. Era competência dos guardas municipais solucionar casos de incêndios; capturar indivíduos em decorrência de mandatos judiciais; auxiliar na busca de sequestros e penhoras; recolher bêbados; pessoas com problemas psicológicos e vagabundos; efetuar escolta de dinheiro, de presos e de condenados às galés (eram penas em que os condenados cumpriam trabalhos forçados, sendo uma antiga sanção criminal composta do Código Criminal Brasileiro de 1830, elencada no seu artigo 44, onde os réus andavam com correntes de ferro nos pés efetuando trabalhos públicos onde ocorreu o delito, ficando assim, à disposição do governo).

O Presidente da Província de São Paulo , poderia criar destacamentos de Guardas Municipais Permanentesquando julgasse necessário para servirem em outras localidades, porém, esses destacamentos eram provisórios e com missões específicas que após completarem o objetivo traçado retornavam as suas atividades centradas na capital.

Diante do exposto, fica claro que havia problemas que culminavam em sobrecarga da Guarda Municipal Permanente e mesmo assim a instituição cumpria fielmente suas atribuições e prerrogativas a ponto de ser bastante elogioso em todo o período de sua existência, tanto que em 1850 o então Presidente Vicente Pires da Mota elenca o seguinte:

> A força de que dispõem o Governo Provincial para a representação dos criminosos, diligencias da policia, e outras do serviço publico. São o Corpo fixo da provincia, o Corpo de Municipal permanente, a Guarda Nacional e a Guarda Policial. O corpo fixo esta dividido em destacamentos por vários pontos, e faz guarnição desta capital conjunctamnete com os Municipaes permanentes. Este último corpo constantemente se tem portado como é da honra, e dever daqueles a quem se confião armas para a defesa da sociedade, está sobrecarregado de serviço. Dando o devido elogio, ou para melhor diser, fazendo a merecida justiça ao Corpo de Municipaes Permanentes esta longe de minha intenção diminuir o conceito do Corpo Fixo, no qual tenho a mais ilimitada confiança e estou certo, que se distinguira sempre na fidelidade jurada ao Monarca e na observância da mais exacta disciplina, e sobordinação. Fallo particularmente do corpo de municipaes permanentes por ser uma milícia provincial.

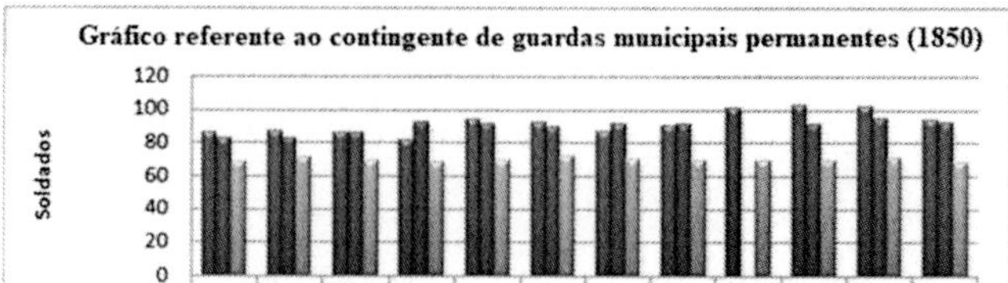

	Janeiro	Fevereiro	Março	Abril	Maio	Junho	Julho	Agosto	Setembro	Outubro	Novembro	Dezembro
1ª Inantaria	86	87	86	81	94	92	87	90	101	103	102	94
2ª Infantaria	82	82	86	92	91	89	91	91		91	95	92
Cavalaria	68	71	69	68	69	72	70	69	69	69	71	68

Gráfico 16: Fontes: APESP. Corpo de Municipais Permanentes. Cód. C02268.

Fonte: TCC Polícia(s) na província de São Paulo: a Guarda Municipal Permanente e as Guardas Policiais (1834-1850).

O gráfico anterior retrata que em 1850 a Guarda Municipal Permanente de São Paulo atinge uma média de integrantes do que foi proposto pela Legislação.

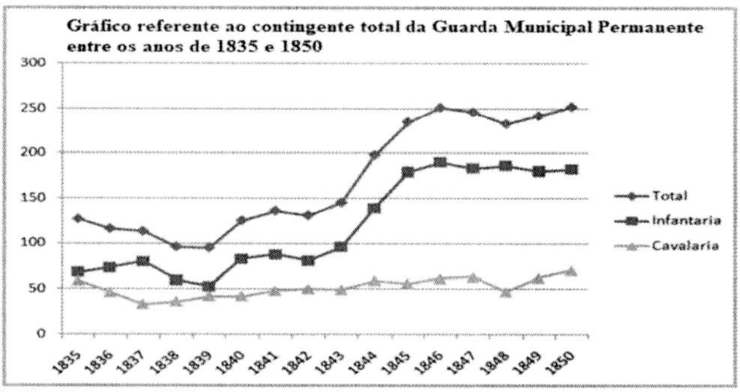

Gráfico 17: Fontes: APESP. Corpo de Municipais Permanentes. Códs. C02263, C02263A, C02264, C02266, C02267 e C02268.

Fonte: TCC Polícia(s) na província de São Paulo: a Guarda Municipal Permanente e as Guardas Policiais (1834-1850).

O gráfico acima é analisado dessa forma por Bruna Prudencio Teixeira: "A linha azul representa as médias encontradas a partir da análise mensal dos contingentes de todas as companhias que formaram a Guarda Municipal Permanente no período analisado. A vermelha representa a infantaria como um todo e a verde, a cavalaria. Curiosamente esta última linha é a mais equilibrada do gráfico, isso porque, embora tenha sido a companhia que mais oscilou ao longo dos meses, a média de seu contingente anual quase não sofreu grandes alterações, em 1835 a cavalaria contava com 59 soldados e ao final de nosso recorte, funcionava com uma média de 70 praças. Olhando para as duas outras linhas, fica evidente que o aumento da instituição como um todo está relacionado diretamente com a curva da infantaria, ou seja, embora se possa observar um tímido aumento entre os anos de 1839 e 1840, o boom do contingente da Guarda se dá a partir de 1844; justamente no ano em que a infantaria foi duplicada. Observando a linha azul, nota-se que, mesmo com a medida legislativa de 1845, que praticamente retomou o contingente prescrito em 1837, o contingente total da instituição não apresentou consideráveis quedas, pelo contrário, a linha sobe de 1845 para 1846, cai bem ligeiramente de 1847 para 1848, quando finalmente retoma o crescimento, justamente no ano em que há a medida legislativa mais compatível com o cenário prático da Guarda. A crescente se mantém até 1850. Analisar a curva das médias anuais atrelada aos dados mensais do contingente da Guarda Municipal Permanente nos permite entrever a maneira com que a instituição se estruturou ao longo dos dezesseis primeiros anos em que funcionou sob administração direta do governo da província de São Paulo. Assim, concluímos que em todo o período analisado, mas, sobretudo nos primeiros anos, a força esteve submetida ao intenso fluxo de entrada e saída de guardas, os dados oscilavam bastante, mês a mês, o que a nosso ver é bem característico, dado o pouco tempo de existência da instituição, atrelado ao fato de que as condições de trabalho não eram das melhores. Além disso, olhar as companhias ao longo dos meses nos possibilitou perceber que mesmo nos anos em que a instituição não atingiu a média estipulada por lei, houve meses em que funcionou de maneira completa. Tudo isso indica que, embora seja possível afirmar que, de acordo com os presidentes da província, o corpo não fosse suficiente para todas as tarefas que se exigia para o policiamento da província, é inegável que a Guarda Municipal Permanente tornou-

-se mais populosa; foi ganhando forma e certa estabilidade ainda na primeira metade do século XIX."

"Analisada a maneira com que se estruturaram as companhias de Guardas Municipais Permanentes, nos focaremos em entrever agora, o funcionamento e, sobretudo a distribuição desses guardas na província de São Paulo."

Vale destacar que na cidade do Rio de Janeiro, bem como nas demais cidades, as Guardas Municipais Permanentes viviam situação semelhante no tocante ao quantitativo de efetivo bem como as atribuições e compêtencias descritas anteriormente e mesmo assim eram de igual forma muito exaltadas e respeitadas por sua lealdade e fidelidade ao Império nas demandas a esta instituição destinada.

Podemos verificar isso em três discursos proferidos na Assembleia Legislativa onde o primeiro é datado de janeiro de 1842 pelo Presidente da Província de São Paulo Manoel de Souza Mello e Alvim que aduz:

> O corpo de municipais permanentes continua a fazer o serviço que é obrigatório d´uma maneira satisfatória e torna-se recomendável por sua subordinação e disciplina. É porém preciso recomendar que o número de praças que elle se compõe é insuficiente para o serviço. Vós sabeis que é indispensável manter destacamentos em diversas Villas quando ocorre alguma alteração do sossego público, e que as barreiras e a Fabrica de Ferro do Ypanema, exigem destacamentos permanentes; e sendo tão limitado o número de praças d´este corpo, o que resta d´este serviço não pode chegar para as inúmeras diligencias extraordinárias e para o contingente da guarnição.

Em 07 de janeiro de 1847, Manoel da Fonseca Lima e Silva, Presidente da Província de São Paulo na abertura da sessão da Assembleia Legislativa discursou:

> A força componente d´este Corpo [Guarda Municipal Permanente] acha-se hoje elevada a maior escala; esta elevação todavia ainda não esta

> precisamente a par das necessidades; Bem que o serviço prestado na Capital não é já tão terrível, e incomodo, o mesmo não acontece a respeito do que se exige em muitos destacamentos fora d´ella.

Dois anos depois, em 15 de fevereiro de 1849, o Presidente da Província de São Paulo, Vicente Pires da Mota explanava na sessão da Assembleia Legislativa:

> O corpo de municipais permanentes, cujo número não esta preenchido, existe distribuído quase todo pelas diversas barreiras e pelas Povoações, em que é mais indispensável a presença de alguma força, e com dificuldade pode suprir o serviço das rondas policiais desta capital.

Foto ilustrativa do Corpo de Guarda Municipal Permanente de São Paulo atuando na Guerra dos Farrapos em 1838.

Fonte: www.ssp.sp.gov.br

O período Imperial foi marcado por inúmeras revoltas e as Guardas Municipais Permanentes participaram destas, visto que como falamos anteriormente, o Exército não tinha contingente suficiente para cessar sozinho esses levantes que pipocavam em todos os pontos do Império e sendo assim, o emprego das Guardas Municipais Permanentes era muito requisitado. Uma dessas requisições ocorreu em 13 de abril de 1838, quando o Presidente da Província de São Paulo, Venâncio José Lisboa, envia a Guarda Municipal Permanente, sob o comando do Major João Feliciano, do 6º Batalhão de Caçadores (Exército) para preservar suas fronteiras dos avanços dos rebeldes gaúchos da República de Piratini que estava estendendo suas terras invadindo Santa Catarina que pertencia a São Paulo na época. Este conflito foi chamado de Guerra dos Farrapos.

Foto ilustrativa do Corpo de Guarda Municipal Permanente de São Paulo nos Campos de Palmas do Sul do Paraná em 1838.

Fonte: www.ssp.sp.gov.br

No decorrer da Guerra dos Farrapos, no Sul do país, que já se perdurava por mais de sete meses, em 20 de novembro de 1839, o Governo da Província de São Paulo nomeia o Capitão Hermógenes Carneiro Lobo Ferreira, que foi incumbido de comandar um destacamento da Guarda Municipal Permanente para combater os índios Coroados nos Campos de Palmas, no Sul do Paraná.

Em 1º de maio de 1842, a Assembléia Geral dos Deputados do Partido Liberal foi dissolvida e neste ato foi desencadeada uma luta armada onde o Brigadeiro Rafael Tobias de Aguiar, comandando sua Guarda Municipal Permanente e com a ajuda de Diogo Antonio Feijó tentavam acabar com o conflito, mas não obtiveram êxito. Visando cessar a então chamada Revolução Liberal de Sorocaba foi enviado do Rio de Janeiro a Guarda Municipal Permanente com um efetivo de oitenta homens sob o comando de «Barão de Caxias» que conseguiu acabar com o conflito e trazer paz para a Província de Sorocaba.

Foto ilustrativa de Diego Antonio Feijó

Fonte: www.ssp.sp.gov.br

A Guarda Municipal Permanente de São Paulo, no ano de 1850, contava com o efetivo de 419 homens, sendo 123 de cavalaria, 286 de infantaria e 10 oficiais e suboficiais do quartel-general. Em sua maioria os oficiais vinham do Exército e as patentes inferiores eram recrutadas entre as camadas mais pobres da sociedade, sem discriminação de cor, renda ou mesmo nacionalidade, desde que o estrangeiro residisse há dois anos no Brasil, estrangeiros de qualquer origem podiam se alistar na polícia. Os escravos não podiam alistar-se, mesmo assim, alguns se apresentavam, visto que esta era uma maneira de escapar do cativeiro e de receber um pagamento diário de 800 réis acrescido de casa, comida e assistência médica, tudo isso fornecido aos guardas municipais.

Foto ilustrativa da Banda de Música do Corpo de Guardas Municipais Permanentes de São Paulo em 1857.

Fonte: www.ssp.sp.gov.br

O Corpo de Guardas Municipais Permanentes de São Paulo instituiu em 07 de abril de 1857, a sua Banda de Música tendo sua promulgação através da Lei nº 575, em seu artigo 5º, que dizia:

> "Fica aprovada desde já a criação da Banda de Música existente no Corpo de Municipais Permanentes, sendo ela composta de um mestre, com graduação de 1º sargento e salário correspondente ao mesmo, e 17 músicos com salário e mais vantagens dos soldados."

A Lei nº Lei nº 575 de 07 de abril de 1857, em seu art. 5º aduz:"Fica aprovada desde já a banda de musica existente no corpo de municipaes permanentes, sendo ella composta de um mestre, com graduação e soldo de primeiro sargento, e deesete músicos com o soldo emais vantagens dos soldados, não podendo ser empregados em serviços estranhos a musica..."

Foto ilustrativa do Chafariz do Largo de Santa Rita, em frente à igreja homônima, vigiada pelos guardas municipais permanentes no século XIX.

Fonte: http://mapa.an.gov.br r

São Paulo crescia e por volta de 1864, trinta mil habitantes residiam na cidade, o que tornava fluxo viário lento e era utilizado naquela época o veículo puxado por tração animal (burros). As ações para o controle do fluxo viário e assegurar o ir e vir dos que transitavam a pé foram bem desempenhadas pelo Corpo de Guarda Municipal Permanente e através de seu bom rendimento, outros Municípios além da capital criaram seus Corpos de Guardas Municipais Permanentes.

Foto ilustrativa de bondes puxados por burros em São Paulo no ano de 1864.

Fonte: www.ssp.sp.gov.br

Foto ilustrativa da Guarda Municipal Permanente de São Paulo na Guerra do Paraguai

Fonte: www.ssp.sp.gov.br

O Paraguai queria incorporar ao seu território as províncias de Corrientes e Entre Rios, o Uruguai, e as províncias de Mato Grosso e Rio Grande do Sul. Visando concretizar suas intenções, Carlos Antonio Lopes e seu filho Francisco Solano Lopes prepararam um grande contingente do Exército em meados de 1865. Forças militares brasileiras foram preparadas. A notícia chegou aos quartéis dos Corpos de Guardas Municipais Permanetes de São Paulo causando indignação e os bravos guerreiros queriam ajudar a nação na defesa da soberania nacional. Diante dos fatos e do clamor de seu efetivo o Tenente Coronel José Maria Gavião Peixoto, endereçou ao Presidente da Província um ofício solicitando a participação de sua instituição como segue abaixo descrito:

> "Illmo.º Exm.º Sr. Conselheiro João Crispiniano Soares.
>
> Digm.º Presidente da Provincia.
>
> Deus guarde a V. Ex.ª
>
> Não sendo até o presente satisfatórios as noticias que se tem visto, a respeito da guerra do Rio da Prata para com o Brasil, eu, a oficialidade e mais praças do Corpo, a V. Ex.ª nos apresentamos, oferencendo nossos ser-

viços para o Campo de Batalha, desejando que V. Ex.ª faça ver ao Governo Imperial este nosso desejo.

A força atual do Corpo é de 278 praças, faltando para o completo 122 e seja-me licito então pedir a V. Ex.ª o aumento do efetivo, armamento, correame e mais objetos preciosos, visto que o existente acha-se em mau estado e do antigo padrão, de sorte que nada pode servir.

a) José Maria Gavão Peixoto

Tenente Coronel Comandante

Em resposta, o Conselheiro Crispiniano comunicou ao Comandante haver, imediatamente, levado ao conhecimento do Governo de Sua Majestade, o Imperador, o desejo e oferecimento do Comandante e seus subordinados, e em seguida que, pelo Ministerio da Justiça, tinha sido declarado em Aviso de 19 do mesmo mês, ter sido aceio o oferecimento, recomendando o Governo Imperial para que o Corpo Permanente estivesse pronto para receber ordens as a respeito."

Texto entre aspas postado no Blog Memórias de um Veterano por Cel. Edilberto de Oliveira Melo.

Foto abaixo retirada do Seminário humorístico chamado CABRIÃO, pág. XXXIII, editado por Ângelo Agostini, Américo de Campos e Antônio Manoel dos Reis, 1866 - 1867.

Capitão Antônio Bernardo Quartim, Síndico do Seminário de Educandas da Glória;
Frei Eugenio de Rumilly, Reitor do Seminário Episcopal;
Sr. Benedito Antônio da Luz, Administrador Geral dos Correios;
Brigadeiro José Joaquim Machado de Oliveira, Delegado do Diretor Geral da Repartição de Terras Públicas;
Dr. Afonso Cordeiro de Negreiros Lobato, Juiz de Direito da Capital;
Dr. Frederico Dabney de Avelar Brotero, Promotor Público da Capital;
Dr. José Pedro de Azevedo Segurado, Juiz Municipal e do Comércio;
Dr. José Pereira da Silva Moraes, Chefe de Polícia;
Dr. Francisco Maria de Souza Furtado de Mendonça, Delegado de Polícia;
Dr. Antônio Carlos Ribeiro de Andrada Machado e Silva, Subdelegado do Norte da Sé;
Dr. Antônio Pereira Pinto, Subdelegado da Freguesia de Santa Ifigênia;
Dr. João Tobias de Aguiar e Castro, Subdelegado da Freguesia do Brás;
Cel. Francisco Antônio de Oliveira, Diretor da Casa de Correção;
Cel. Dr. Inácio José de Araújo, Comandante Superior da Guarda Nacional da Capital;
D. Sebastião Pinto do Rego, Bispo de São Paulo;
Rev. Joaquim Alselmo de Oliveira, Arcipreste;
Rev. Fidelis José de Moraes, Arcediago.

As *Atas da Câmara da Cidade de São Paulo* registravam ainda[67]:

Ten. Cel. Antônio José Osório da Fonseca, Presidente da Câmara Municipal (1865-1869);
Dr. Joaquim Inácio Ramalho, Presidente da Assembléia Legislativa Provincial;
Dr. Francisco Antônio Dutra Rodrigues, Promotor Público da Comarca;
Dr. Carlos Rath, Engenheiro da Câmara Municipal;
Dr. José Maria d'Andrade, Empresário da Praça do Mercado;
Ten. Cel. José Maria Gavião Peixoto, Comandante do Corpo Municipal Permanente;
Ten. Cel. Antônio Fernandes Braga, Comandante do Corpo Policial Provisório;
Sr. José Gomes de Faria, Administrador do Cemitério (da Consolação);
Frei Joaquim da Purificação Araújo, Abade do Mosteiro de São Bento;
Padre João Vicente Valadão, Vigário da Freguesia da Conceição dos Guarulhos;
Pastor A. L. Blackford, Ministro da Igreja Presbiteriana;
Engenheiro Daniel Makinson Fox, Superintendente da Estrada de Ferro Inglesa;
Engenheiro Francisco Pereira Passos, engenheiro-fiscal da Estrada de Ferro Inglesa[68].

Eram artistas da Companhia Dramática em São Paulo, a essa época[69]:

Atrizes — Balbina Montani, Benedita Maria dos Santos, Julia Carlota de Azevedo, Maria Lima, Maria Velutti Ribeiro de Souza, Minelvina Rosa Gonçalves, Philadelpha Louro.

---

(67) v. LII, 1866, São Paulo, Departamento de Cultura, 1946.
(68) Divisão de Arquivo do Estado de São Paulo, ofício de 14-9-1867, C-138, P-2, D-38.
(69) J. R. de Azevedo Marques, obra cit., pp. 123, 124.

Por sua contribuição na Guerra do Paraguai, o Tenente Coronel José Maria Gavião Peixoto, Comandante do Corpo de Guardas Municipais Permanentes de São Paulo (1829-1912) recebeu do Imperador D. Pedro II, o título de Comendador.

Foto ilustrativa do Tenente Coronel José Maria Gavião Peixoto.

Fonte: Brazil Imperial

São Paulo promulgou uma Lei Provincial de nº 23, de 26 de março de 1866, sancionada por Joaquim Floriano de Toledo, então Presidente da Província de São Paulo, criando as guardas municipais, órgãos cuja finalidade era garantir a segurança pública. O art. 4º dessa lei do século passado, dizia:

> "Os guardas policiais farão, nos municípios e freguesias, todo serviço de polícia e segurança e tomarão o nome de Guardas Municipais".

Devemos observar que havia uma Lei Imperial que criava os Corpos de Guardas Municipais Permanentes e o que São Paulo neste caso acima fez, foi ratificar e alicerçar o ato que preceituava a Lei Imperial.

No ano de 1888, o então Presidente da Província de São Paulo, Pedro Vicente de Azevedo, contrata o arquiteto Ramos de Azevedo para dar inicio à construção do imponente Quartel da Luz. Essa construção foi necessária para que fossem instaladas nesta edificação as sedes do Corpo de Guardas Municipais Permanentes, a Guarda Local e a Guarda Urbana. A obra foi concluída em 1892. O edifício seguiu as convenções da arquitetura da época buscando o mesmo padrão das edificações militares francesas que foram construídas no norte da África. Atualmente quem ocupa esta edificação histórica tendo como sua sede é o 1º Batalhão de Polícia de Choque – Rondas Ostensivas Tobias Aguiar – ROTA, nome este dedicado ao Brigadeiro Rafael Tobias Aguiar, Presidente da Província de São Paulo em 1831, período em que também criou e comandou a Guarda Municipal Permanente de São Paulo com data mais precisa de 15 de dezembro de 1831.

Foto ilustrativa do Quartel do Corpo de Guarda Municipal Permanente de São Paulo em 1888 e atualmente sede do1º Batalhão de Polícia de Choque – Rondas Ostensivas Tobias Aguiar – ROTA.

Fonte: https://www.policiamilitar.sp.gov.br/institucional/historia-da-pm

Foto ilustrativa e atualizada da sede do 1º Batalhão de Polícia de Choque – Rondas Ostensivas Tobias Aguiar – ROTA.

Fonte: https://pt.wikipedia.org/wiki/Quartel_da_Luz

ASSEMBLEIA LEGISLATIVA DO ESTADO DE SÃO PAULO
Secretaria Geral Parlamentar
Departamento de Documentação e Informação

LEI N. 16, DE 13 DE NOVEMBRO DE 1891

Organiza os municipios do Estado:

O Presidente do Estado de S. Paulo:

Faço saber que o Congresso do Estado decretou e eu promulgo a lei seguinte:

CAPITULO IV

Das funcções e attribuições das municipalidades

Artigo 58. - As municipalidades organizarão, conforme os regulamentos que expedirem, sua guarda e policia municipal, dirigida por auctoridade eleita pelas mesmas camaras...

Mando, portanto, a todas as auctoridades a quem o conhecimento e execução da referida lei pertencer, quer a cumpram e façam cumprir tão inteiramente como nella se contém.

O Secretario do Estado a faça publicar, imprimir, e correr. São Paulo, treze de Novembro de mil oitocentos e noventa e um, terceiro da Republica dos Estados Unidos do Brasil.

AMERICO BRASILIENSE DE ALMEIDA MELLO
Carlos Augusto de Freitas Villalva.

Publicado na Secretaria do Governo do Estado de São Paulo, aos treze dias do mez de Novembro de mil oitocentos e noventa e um, - João de Souza Amaral Gurgel."

A Guarda Municipal de Piracicaba/SP

No início do século passado, Piracicaba já convivia com a problemática da violência oriunda do rápido crescimento populacional que se instalava no município. Seus cidadãos clamavam por maior controle da violência local, foi então que a Câmara Municipal, através de seu presidente Dr., Paulo de Moraes Barros apresentou um projeto de criação do Corpo de Guarda e Polícia Municipal, baseado no artigo 58 da Lei n. 16, de 13 de novembro de 1891, que foi aprovado no dia 25 de abril de 1903.

A Guarda Civil Municipal de Piracicaba desde a sua criação atuou voltada para defesa da cidadania estando sempre ao lado da comunidade na defesa legal de seus interesses fazendo com que as ações de Segurança Pública no âmbito municipal fossem ratificadas pela população.

Sua história está entrelaçada com a evolução histórica, cultural e industrial da cidade de Piracicaba e neste diapasão tornou-se protagonista no processo de reestruturação da cidadania municipal. Desde sua criação a Guarda Municipal de Piracicaba passou por inúmeras transformações assumindo denominações como: Guarda Noturna de Piracicaba, Corpo de Vigilantes Noturnos, Guarda Noturna Municipal de Piracicaba, Guarda Municipal e Guarda Civil do Município de Piracicaba.

Foto ilustrativa do efetivo da Guarda Civil Municipal de Piracicaba/SP

Fonte: http://osmunicipais.blogspot.com

É importante destacar que a Guarda Civil Municipal de Piracicaba/SP foi uma entre poucas que conseguiram passar pelo regime ditatorial alicerçado pelo Ato Institucional nº 5, sem ter que se transformar em outro órgão, viver no anonimato ou ser extinta, visto que durante o período ditatorial, muitas Guardas Municipais foram incorporadas a outras forças de segurança pública tais como Polícia Civil, Corpo de Bombeiros, Força Pública e/ou extintas como foram muitas. A Guarda Civil Municipal de Piracicaba/SP conseguiu passar ilesa porque se transformou em Banda de música e desta forma não causava preocupação para as forças militares da época. Destacamos ainda que tal como foi no passado, é hoje em dia, num país de dimensões continentais como o Brasil, o regime militar da época não tinha braços e olhos para fiscalizar toda a nação e neste sentido muitas Guardas Municipais sobreviveram, principalmente, as do interior dos Estados e lá prosperaram, atuando ativamente na missão que foi atribuída desde o Brasil colonial.

A Guarda Municipal de Porto Alegre/RS

Em Porto Alegre a Guarda Municipal foi criada em 03 de novembro de 1892, pelo Ato nº 6, do intendente (prefeito) de Porto Alegre, Alfredo Augusto de Azevedo e tinha como atribuição proteger o patrimônio público, escolas, postos de saúde e repartições.

No Ato Normativo nº 20, de 10 de outubro de 1896, o novo Intendente, João Luiz de Farias Santos, organiza a Polícia Administrativa do Município e em 17 de novembro de 1896, o então Intendente interino Cherubi Febeliano da Costa, decreta a extinção da Guarda Municipal e o Corpo de Fiscais, incorporando a Guarda Municipal à Polícia Administrativa até 1928.

Foto ilustrativa retrata O prefeito José Montaury e o governador Júlio de Castilhos no final do século 19 na Rua Uruguai, com a Guarda Municipal ao fundo.

Fonte: https://gauchazh.clicrbs.com.br

A Guarda Municipal de Igarassu/PE

A Guarda Municipal de Igarassu nasce da necessidade do Prefeito em criar uma Força Municipal para atuar na segurança pública da cidade e neste diapasão o Major Lui Scipião de Albuquerque Maranhão, eleito alcaide de Igarassu no dia 21 de fevereiro de 1892, edita a Lei Municipal nº 04, que tratava do orçamento municipal para o exercício 1892, onde fixava os vencimentos bem como o quantitativo do efetivo a ser integrado na Guarda Municipal de Igarassu.

A Lei do Conselho Municipal de Igarassu nº 06, datada de 22 de janeiro de 1893, cria oficialmente a Guarda Municipal de Igarassu tendo seu primeiro Comandante o Alferes Antônio Moreira que comandava 10 praças e 1 cabo.

O primeiro guarda municipal alistado conforme escrito no Livro de Detalhes da Guarda Municipal do Município de Igarassú (1893/1899), pagina 01, na ordem do dia, para o dia 12 de Março de 1893, foi Antônio José Pereira de Lima Lial, filho legítimo de Antônio José Pereira, natural da Parahiba do Norte, idade 25 anos, estado casado, cor branca, cabelos pretos escorridos, olhos pardos, profissão marceneiro. Vale ainda destacar que Antônio também foi o primeiro a galgar carreira na instituição, como consta na nota de página 03 do Livro de Detalhes da Guarda Municipal de Igarassú:

> ..."Elevo ao posto de 2º Sargento o Cabo de Esquadra desta Guarda Municipal, sob meu commando, Antônio José Pereira de Lima Lial,... Assinado Antônio Moreira Alferes Comandante."

Ao chegar ao posto de 1º Sargento comandou a Guarda Municipal de Igarassu no período de Junho de 1893 a Janeiro de 1894 e por motivos de saúde teve sua baixa decretada a pedido, no dia 22 de Julho de 1894, como descreve o contido na página 13 do Livro de Detalhes:

> "Attendendo a suplica do Sargento desta Guarda Municipal, Antonio José Pereira de Lima Lial, que provou achar-se doente, impossibilitado de continuar a presentar serviços militares o que foi reconhecido pelo seu comandante na informação que deu em sua petição por isso usando da atribuição que me confere a Lei nº 9 hei por bem dar-lhe a baixa que solicitou devendo elle, porem, fazer entrega das armas e das peças dos fardamentos que estiverem em bom estado, visto que ainda não esta totalmente paga.
>
> Seja isto apresentado ao Alferes Commandante para que cumprindo-a mande registrar-la no Livro competente.
>
> Eu, José de Arruda Fraga. Secretário a subescrevi, Iguarassu 22 de Julho de 1894.
>
> O Prefeito João Francisco do Amaral Assignado.
>
> Francisco Xavier Dias De Albuquerque Jr. Alferes Commandante"

Na mesma época alistou-se Julio Deodoro de Caldas Brandão, filho legítimo de José Domingues de Caldas Brandão, natural deste município, idade 22 anos, Estado solteiro, cor branca, cabelos pretos escorridos, olhos pretos, profissão pescador. Foi promovido ao posto de cabo de Esquadra, Graduado em 20 de março de 1894, e ao posto de Cabo Efetivo em 13 de Abril de 1894 conforme respectivamente está escrito nas páginas 09 e 10 bem como sua baixa a pedido em 08 de Outubro de 1894. Fatos registrados no Livro de Detalhes da Guarda Municipal de Igarassú.

O Livro de Detalhes da Guarda Municipal do Município de Igarassu na página nº 05 traz a primeira referência a respeito de intercâmbio entre Instituições:

> "Detalhe para o dia 8 de maio de 1893
>
> Por portaria do Cidadão Prefeito deste município de 8 de maio do corrente anno, foi alistado na forma da Lei, por dois annos, o Ex praça do

Exercito Manoel Antonio de Araújo, filho de Antonio Thomé de Araújo, natural de Pernambuco, idade 45 annos, Estado casado, cor parda, cabellos pretos, olhos castanhos, profissão agricultura, a vinte e oito de setembro foi excluído desta Guarda Municipal, por ser desertor do Recife, e nesta dacta foi levado por uma escorta para sua Corporação."

Segue registro no Livro de Detalhes da Guarda Municipal de Igarassu em sua pagina nº 09, uma importante informação sobre uniforme:

"Detalhe do dia 1º de Março de 1894

No dia 1º de Março do corrente anno, forão pago as praças deste município, de dois fardamentos pardos, um bonete, e par de botinas: Assigno o Alferes Commandante: Francisco Xavier de Albuquerque Júnior"

Consta também neste mesmo Livro, na página 19, a informação acerca da redução de efetivo da Guarda Municipal de Igarassu:

"Detalhe do dia 11 de Agosto de 1895

O Sub-Prefeito em exercício Considerando que são extraordinárias as dispesas feitas com a Força Pública Municipal e considerando ainda que o governo do Estado mandou por a disposição dele neste município seis praças e um inferior do Corpo de Polícia Resolve reduzir temporariamente do numero das praças da Guarda Municipal e dispensar do serviço, concedendo-lhes as respectivas baixas a contar de hoje, as de nome João Davino da Cruz, Amaro Bernardo de Sá, Manoel Marcolino de Oliveira, José Ferreira da Costa, com quem serão alistados as respectiva contas. Sendo me apresentados os armamentos de cada um deles, para fins covinientes José Benigno do Amaral

Sub-prefeito

Francisco Xavier Dias de Albuquerque Junior

Alferes Comissário"

O Capitão do Exército Francisco Xavier Dias de Albuquerque Júnior, quando no posto de Alferes, de onde se originou a alcunha de "Chico Alferes", comandou a Guarda Municipal do Município de Igarassu, no período de Fevereiro de 1894 a Abril de 1899, ocupou vários cargos importantes no âmbito Municipal.

A seguir, veja a publicação do jornal "A União" em seu volume V, número 506, página 02, datado de 13 de novembro de 1852 que faz menção ao Alferes Francisco Xavier Dias de Albuquerque.

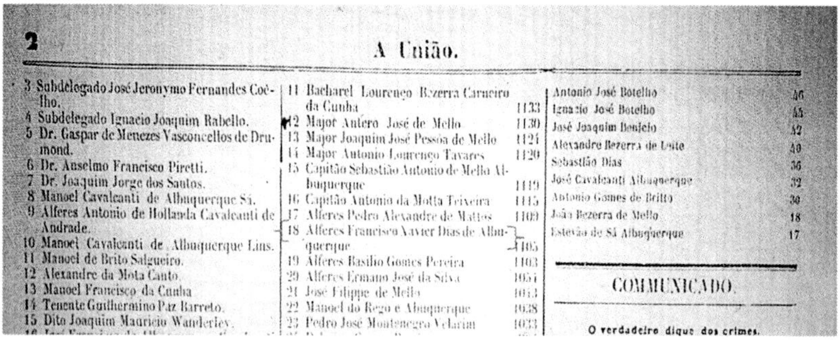

2 A União.

3 Subdelegado José Jeronymo Fernandes Coêlho.
4 Subdelegado Ignacio Joaquim Rabello.
5 Dr. Gaspar de Menezes Vasconcellos de Drumond.
6 Dr. Anselmo Francisco Piretti.
7 Dr. Joaquim Jorge dos Santos.
8 Manoel Cavalcanti de Albuquerque Sá.
9 Alferes Antonio de Hollanda Cavalcanti de Andrade.
10 Manoel Cavalcanti de Albuquerque Lins.
11 Manoel de Brito Salgueiro.
12 Alexandre da Mota Canto.
13 Manoel Francisco da Cunha
14 Tenente Guilhermino Paz Barreto.
15 Dito Joaquim Mauricio Wanderley.

11 Bacharel Lourenço Bezerra Carneiro da Cunha 1133
12 Major Antero José de Mello 1130
13 Major Joaquim José Pessôa de Mello 1124
14 Major Antonio Lourenço Tavares 1120
15 Capitão Sebastião Antonio de Mello Albuquerque 1119
16 Capitão Antonio da Motta Teixeira 1115
17 Alferes Pedro Alexandre de Mattos 1109
18 Alferes Francisco Xavier Dias de Albuquerque 1105
19 Alferes Basilio Gomes Pereira 1103
20 Alferes Ermano José da Silva 1054
21 José Filippe de Mello 1043
22 Manoel do Rego e Albuquerque 1038
23 Pedro José Montenegro Velarim 1033

Antonio José Botelho 46
Ignacio José Botelho 45
José Joaquim Bonicio 42
Alexandre Bezerra de Leite 40
Sebastião Dias 36
José Cavalcanti Albuquerque 32
Antonio Gomes de Britto 30
João Bezerra de Mello 18
Estevão de Sá Albuquerque 17

COMMUNICADO.

O verdadeiro dique dos crimes.

Fonte: http://memoria.bn.br

Na construção da Força Pública de Pernambuco para cidade de Igarassú, a Guarda Municipal deste Municipio cedeu 2 agentes garantidores da lei e da ordem conforme diz a Lei de Orçamento para 1903, datada de 17/12/1902.

Seguindo nesta esteira o Livro de Caixa Despesa da Prefeitura Municipal de Igarassú de 1908/1909 em sua página nº 28 F escreve o valor do soldo recebido por um guarda municipal naquele ano;

"Importância paga ao Guarda Municipal Francelino Augusto, a quantia de trinta mil reis, do soldo do mez de março findo, conforme o cheque nº 207..."

A Guarda Municipal de Igarassu/PE assumiu diversas denominações e transformações durante sua brilhante história e passou por todos os modelos de governo deste país sem ser extinta como muitas Guardas Municipais.

A Guarda Municipal de Recife/PE

Em 22 de fevereiro de 1893, a Guarda Municipal da cidade de Recife/PE foi criada através do Decreto Lei nº 3 e em 24 de fevereiro de 1893 o alcaide Manoel Pinto Damasco assinou a referida lei publicada no Diário Oficial. Por incrível que pareça o ato de criação só foi regulamentado em 1954, pelo então prefeito José do Rego Maciel.

A Guarda Municipal de Passo Fundo/RS

Fonte: www.facebook.com/FotosAntigasDePassoFundo/photos/guarda-municipal-também-chamada-de-treme-t

Em Cruz Alta (RS) o chefe federalista Prestes Guimarães, então alcaide do Munícipio diante das pressões em meio a Revolução Federalista resolveu pacificamente entregar o governo ao Coronel Gervasio Annes que apoiado pelo Tenente-Coronel Pinto de Moraes e do Major Pedro Lopes de Oliveira reuniram em Passo Fundo (RS) o efetivo de mil homens que eram integrantes da Guarda Municipal Permanente de Passo Fundo para atuar no apoio ao governo republicano contra a revolução.

A Guarda Municipal de Passo Fundo/RS apelidada de **"Treme – Terra"** teve como primeiro Comandante o Professor Eduardo Brito e seu batismo de fogo foi no Combate do Boqueirão em 04 de junho de 1893, a primeira grande batalha de Passo Fundo.

As armas de fogo utilizadas pela Guarda Municipal de Paso Fundo/RS neste período eram as raras Comblains e Remington, bem como espadas bem trabalhadas.

Figura ilustrativa da Carabina Comblain

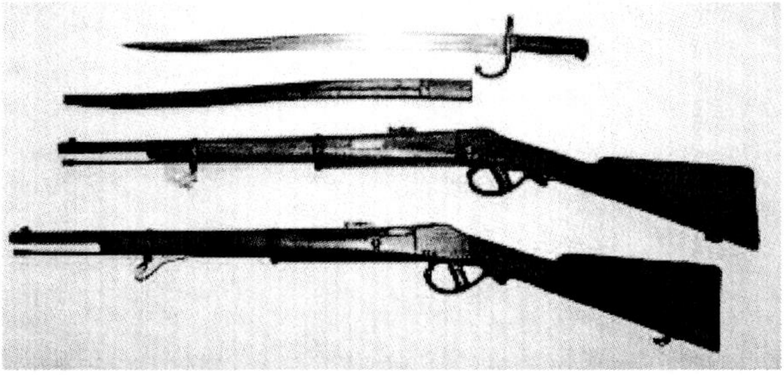

Fonte: http://www.armasbrasil.com

Figura ilustrativa do Fuzil Remington

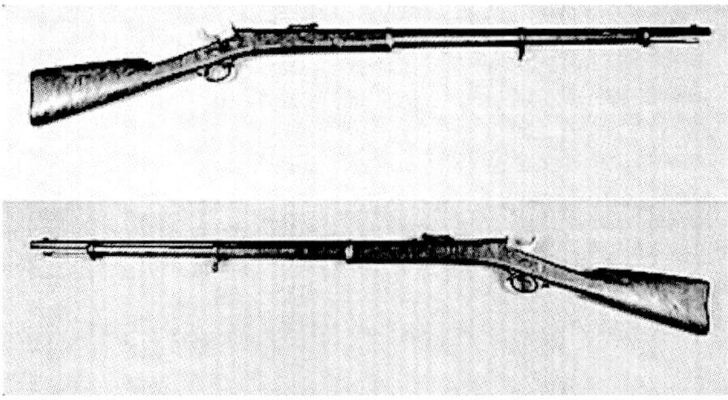

Fonte: https://pt.wikipedia.org

REVOLUÇÃO FEDERALISTA

A Revolução Federalista (1893 – 1895) aconteceu no sul do país, Rio Grande do Sul e depois foi espraiada para o Estado do Paraná e Santa Catarina. O Presidente do Rio Grande do Sul, Júlio de Castilhos, foi eleito e os Federalistas não aceitaram sua eleição se rebelando. Eles também eram chamados de "Maragatos" (um termo pejorativo, usado por Republicanos que significava povo mercenário) e dominaram a fronteira com o Uruguai exigindo a deposição de Júlio de Castilhos do poder. Diante do fato, o Presidente da República, Marechal Floriano Peixoto, enviou efetivos para apoiar seu aliado republicano. Os Republicanos eram chamados de "Pica-Pau" ou "Ximangos" pela cor do uniforme usado durante a revolução sendo também a cor de um pássaro da região.

Este conflito durou (02) dois anos onde os Federalistas (Marigatos) defendiam a descentralização do poder e a instalação do parlamentarismo no Brasil sendo liderados por Gaspar Silveira Martins e os Republicanos (Pica-Pau ou Ximangos) que buscavam o fortalecimento do Presidente da Republica, o Marechal Floriano Peixoto.

A estratégia dos "Maragatos" era colocar o grupo revolucionário em São Paulo e assim avançar para a capital do país (Rio de Janeiro) porém, o Presidente da República, Marechal Floriano Peixoto, com apoio das forças republicanas derrotam os revoltosos e Floriano Peixoto recebe a alcunha de "Marechal de Ferro".

A Revolução Federalista terminou em 23 de agosto de 1895, onde a Presidência da República era comandada por Prudente de Moraes que foi apelidado de "Pacificador" por ter assinado o tratado de paz e anistiado os envolvidos nesta revolta.

A Revolução Federalista também ficou conhecida como "Revolta da Degola" porque o degolamento era comum com o fito de poupar armas e munições. Esta prática matou mais de (02) dois mil combatentes. Durante esta revolta mais de 12 mil combatentes entre "Pica-Paus" e "Maragatos" morreram.

Insta mais uma vez, retratar que a Guarda Municipal, mesmo depois da Proclamação da República, continuou sendo muito empregada pelas forças governamentais e atuando de forma destacada sempre que era acionada quer seja para defesa da soberania nacional, segurança pública e/ou conflitos internos. Uma instituição que mesmo com a mudança de regime governamental onde outras instituições de defesa da soberania nacional e de segurança pública se rebelaram contra o governo, mas a pioneira em segurança pública no Brasil manteve sua essência em respeitar as instituições, ser fiel ao governo bem como seguir fidedignamente suas atribuições, competências e prerrogativas constitucionais / institucionais.

A Guarda Municipal Permanente de Curitiba/PR

Ilustração abaixo retrata a primeira página do Livro de Qualificações das Guardas Municipais 1835-1846 e pertence ao acervo da Câmara.

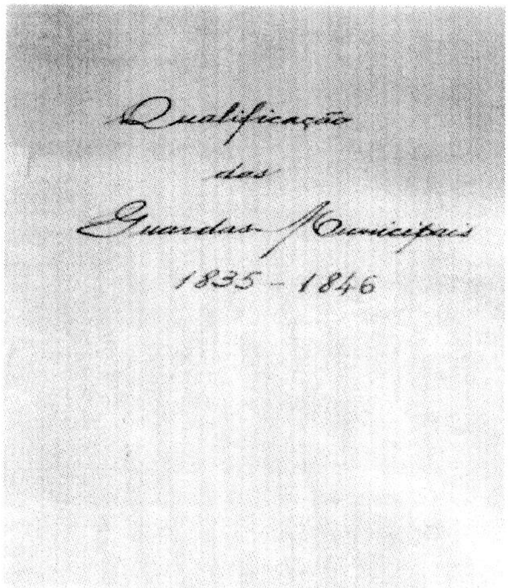

Fonte: Acervo Câmara Municipal de Curitiba

A lei provincial de 10 de março de 1836 cria a Companhia de Municipais Permanentes.

Em 1866, através do Decreto nº 3.598, a força policial da Corte foi reorganizada, sendo dividida em dois Corpos, um militar e outro civil. Conforme o Art. 1º:

> "A força policial da Côrte será composta de um Corpo militar e de um Corpo paisano ou civil."
>
> Ainda em seu artigo 3º encontramos a Guarda Municipal como o corpo militar, com a seguinte citação: "será o atual Corpo policial, que continuará a ter a mesma denominação e a organização do citado decreto".

A Guarda Municipal de Curitiba, em 1892, era composta por um contingente equivalente a uma brigada e por esse motivo passou a ser conhecida não mais como Corpo Militar, mas sim, Brigada Militar em razão do seu batalhão ter adquirido este status.

O Código de Posturas Municipais de 23 de novembro de 1895 em seus artigos 341, 346, 347, 350 e 355, atribuía aos guardas municipais a competência de verificar se os comerciantes pagavam ou não os impostos devidos, e ainda, determinava os guardas a fazer a exata correção trimestral com o fito de verificar se eram observadas ou não as Posturas Municipais. Competia-lhes, ainda, a aplicação de multas para os infratores com previsão de punição de multa, caso ocorresse a omissão por parte dos guardas e não viessem a autuar os infratores. E por fim, preconizava que "todo aquele que desobedecer ou injuriar os guardas municipais, quando em exercício de suas funções, sofrerá a multa de 30$000, além das penas em que incorrer". Fonte: Biblioteca Nacional

Mudanças de Nomenclatura Impostas à Corporação Municipal

A sucessão de nomenclatura começou em 1858, por intermédio do Decreto Imperial nº 2.081, de 16 de janeiro, quando o Corpo de Guardas Municipais passou a se chamar Corpo Policial da Corte. Já em 1866, por conta da Guerra do Paraguai, o Decreto Imperial nº 3.598, de 27 de janeiro, reorganizou essa força policial municipal e a dividiu em dois corpos onde era um militar e o outro civil que ficou subordinado ao Chefe de Polícia com a denominação de Guarda Urbana.

O Decreto Presidencial nº 155, de 14 de janeiro de 1890, altera a organização da Força Policial da Capital Federal e esta passa a ser denominada Regimento Policial da Capital Federal que era composta de 1.705 agentes encarregados da aplicação da lei e da ordem divididos em 1º, 2º e 3º Batalhões de Infantaria e um de Cavalaria o qual integravam 414 agentes. Estavam sob ordens diretas do Ministro de Negócios e Justiça e do Chefe de Polícia.

Decreto nº 155, de 14 de Janeiro de 1890

Altera a organização da força policial da Capital Federal.

O Marechal Manoel Deodoro da Fonseca, Chefe do Governo Provisorio da Republica dos Estados Unidos do Brazil, constituido pelo Exercito e Armada, em nome da Nação, resolve:

Art. 1º A força policial da Capital Federal se comporá de 1.705 praças, inclusive officiaes, e de 426 cavallos.

Art. 2º A referida força será dividida em quatro corpos, sendo um de cavallaria com 414 praças, incluidos os officiaes, e tres batalhões de infantaria com as designações de 1º, 2º e 3º, os quaes terão a mesma organização dos do Exercito.

Art. 3º Toda a força, que se denominará Regimento Policial da Capital Federal, terá um commando geral e ficará sob as ordens immediatas do Ministro dos Negocios da Justiça e do Chefe de Policia.

Art. 4º O estado-maior do Regimento Policial da Capital Federal pertencerá á 1ª companhia do 1º batalhão de infantaria.

Art. 5º O referido estado-maior se comporá:

§ 1º Do commandante do regimento;

§ 2º De um capitão quartel-mestre;

§ 3º De um capitão ajudante;

§ 4º De um tenente secretario geral;

§ 5º De um cirurgião-mór, que terá a graduação de cirurgião-mór de brigada do Exercito, e de dous cirurgiões ajudantes, que terão a graduação de 1ºs cirurgiões.

Art. 6º Os commandantes dos diversos corpos do Regimento Policial terão a graduação de tenentes-coroneis e perceberão os seguintes vencimentos:

Soldo	200$000
Gratificação	120$000

Etapa	45$000
Forragem	45$000
Somma	410$000

Art. 7º O estado-maior de cada um dos corpos se comporá:

§ 1º De um tenente-coronel commandante;

§ 2º De um major fiscal;

§ 3º De um capitão ajudante;

§ 4º De um alferes ou tenente secretario.

Art. 8º O estado-maior de cada corpo pertencerá á respectiva primeira companhia, assim como o estado-menor.

Art. 9º O commandante geral do regimento terá a graduação de coronel ou de brigadeiro.

Art. 10. O regimento só terá um quartel-mestre, com a graduação de capitão.

Art. 11. Revogam-se as disposições em contrario.

Sala das sessões do Governo Provisorio, 14 de janeiro de 1890, 2º da Republica.

Manoel Deodoro da Fonseca.

M. Ferraz de Campos Salles.

Este texto não substitui o original publicado no Coleção de Leis do Brasil de 1890, Página 48 Vol. 1 fasc. 1º.

Nesta esteira a mudança de nomenclatura foi alterada mais uma vez quando foi editado o Decreto Republicano nº 958, de 06 de novembro de 1890, onde a denominação passa a ser Brigada Policial da Capital Federal, e esta corporação foi composta de 2.010 praças com um regimento de Cavalaria e três batalhões de Infantaria. Esta corporação recebia ordens diretas do Ministério da Justiça e atuava promovendo a segurança pública, manutenção da ordem pública, posturas municipais entre outras referentes a municipalidade.

A Revolta da Armada

Em 10 de fevereiro de 1893, através do Decreto Presidencial nº 1.263-A, a Brigada Policial da Capital Federal que era composta de 137 officiaes, um veterinário e 2.362 praças (1 estado Maior, 1 regimento de Cavalaria e 1 regimento de Infantaria) ficou subordinada diretamente ao Ministério da Guerra devido às rivalidades entre o Exército e a Armada (Marinha) que desembocaram na Revolta da Armada iniciada no Rio de Janeiro e da Revolução Federalista no Rio Grande do Sul.

A Revolta da Armada (Marinha) ocorreu entre os anos de 1891 a 1894 quando unidades da Marinha sob a liderança do Almirante Custódio José de Melo e apoio do também Almirante Eduardo Wandenkolk se sublevaram e ameaçaram bombardear o Rio de Janeiro. A revolta teve início após a promulgação da Constituição de 1891 quando o primeiro Presidente da República, Deodoro da Fonseca, não aceitou ter poderes limitados porque dizia precisar consolidar a República no restante do país.

O autoritarismo de Deodoro da Fonseca o fez romper com os seus maiores aliados que eram os republicanos e o fez se isolar no governo. Mesmo assim, ele não mediu esforços para fechar o Congresso Nacional e impor o estado de sítio, limitando as liberdades individuais. A Marinha que já estava insatisfeita com os rumos tomados pelo governo e agravado ao desprestígio sentido pelos marinheiros em relação aos militares do Exército bem como os baixos salários, fez com que a Armada se rebelasse a primeira vez em 1891 e a segunda de 1892 até 1894.

O movimento foi sufocado e seus líderes presos onde parte deles foi mandada para a cidade de Tabatinga, no interior do Estado do Amazonas.

Diante dos fatos acima narrados, vários Batalhões foram formados no Rio de Janeiro em apoio ao Governo (tanto de Deodoro da Fonseca como de

Floriano Peixoto que o sucedeu após sua renúncia) e dentre estes tivemos o Batalhão Municipal / Policial que teve participação importante na proteção dos fortes e na retomada/manutenção da lei e da ordem na cidade do Rio de Janeiro.

Batalhão Municipal / Policial do Rio de Janeiro

Registro importante onde oficiais do Batalhão Municipal que atuaram na Revolta da Armada (Marinha), Rio de Janeiro RJ, 1893 posaram perfilados para uma foto.

Fonte: https://enciclopedia.itaucultural.org.br

Após a Proclamação da República, a cidade do Rio de Janeiro passou por reformas visando atender às necessidades de uma metrópole que vinha sofrendo alterações estruturais, tais como o crescimento demográfico devido em parte à imigração estrangeira e o fim da escravidão e isso tudo adicionado às ideias positivistas coordenadas pela elite onde figuravam os Magistrados, políticos e outros membros da sociedade fizeram mais uma vez da cidade do Rio de Janeiro palco de turbulências que só cessaram na segunda década do século XX e, por conseguinte, os agentes encarregados da aplicação da lei e da ordem foram utilizados para trazerem a manutenção da ordem e o sossego público.

Durante o governo presidencial de Campos Sales (1898-1902), foi instituída uma política de contenção orçamentária que reduziu o efetivo da Brigada Policial da Capital Federal, porém o treinamento e seleção foram aprimorados e melhor estruturados, houve a redução da idade máxima para o recrutamento de 45 para 40 anos e a alfabetização passava a ser exigida conforme o Decreto Presidencial nº 4.272, de 11 de dezembro de 1901. O regulamento previa ainda que a Brigada composta de 1 Estado Maior com 23 oficiais, 1 regimento de Cavalaria e 1 regimento de Infantaria, embora esta fosse diretamente subordinada ao Ministro da Justiça, estaria à disposição das autoridades policiais para o serviço que estas requisitassem em nome da ordem e da segurança pública no Distrito Federal.

No governo de Rodrigues Alves, que durou de 1902 até 1906, ocorreu um crescimento do efetivo da Brigada Policial da Capital Federal por conta dos enfrentamentos entre o governo e a população, visto que neste período aconteceu a primeira greve geral na capital federal, em 1903, e a Revolta da Vacina, em 1904. Vale lembrar que desde a criação das Guardas Municipais, o governo sempre utilizou esta força de segurança pública para auxiliar o Exército em suas operações quando da ocorrência de revoltas, rebeliões, revoluções e em caso de guerra.

Em 1905, o governo federal muda mais uma vez a nomenclatura da Brigada Policial da Capital Federal que passou a se chamar Força Policial do Distrito Federal e sendo ainda subordinada ao Ministro da Justiça, porém, ficaria à disposição das autoridades policiais para garantir a manutenção da ordem, segurança pública, posturas municipais e demais demandas da municipalidade no Distrito Federal.

No ano de 1910 através de regulamento a Força Policial passa a ter a competência de atuar em conflitos internos e guerras.

Considerações Finais

Em vista de tudo que foi posto, concluímos que a tendência de centralização articulada pelas autoridades, primeiro no período colonial/imperial e posteriormente na Proclamação da República, observamos a centralização da segurança pública com o fito de obter informações sobre o que acontecia nas vilas, freguesias e municípios provinciais e de como era administrada as polícias das localidades. É salutar ter em mente que as instituições policiais estavam inseridas dentro do contexto econômico, político e social da província. Consequentemente, ao mesmo tempo em que baseado na polícia local eram instituídas as novas polícias que eram criadas nas províncias por conta do crescimento da agricultura (cultivos de café e açúcar); do adensamento populacional e principalmente das diversas disputas territoriais decorrentes desses avanços. Em vista disso, conforme abordamos ao longo dos capítulos, a expansão do território e a reformulação das barreiras estabelecidas até então garantiram uma série de violentos conflitos, revoluções, revoltas e até guerra interna como foi o caso da Revolução Federalista que foi uma guerra civil violentíssima e externa como foi a Guerra do Paraguai que foi a que mais ceifou vidas na América Latina.

É notório que as Guardas Municipais que foram criadas para zelarem pela ordem dentro de seus Municípios foram deveras utilizadas com o fito de abafarem e darem fim a diversas ações contra a ordem legal e também na Guerra do Paraguai e o mais importante disso tudo foi a atuação precisa e sempre de apoio ao governo quer seja colonial/imperial quer seja o governo republicano no pós Proclamação da República.

Várias instituições policiais foram criadas a partir das Guardas Municipais e na verdade se fizermos um comparativo com os demais países do planeta Terra, muitas outras corporações de segurança pública deveriam existir para que este país com dimensões continentais onde possuímos 5. 570 Municípios dos quais 800 destes fazem froneiras com outros países latino-americanos e infelizmente como no passado distante não possuímos um efetivo de defesa da soberania nacional que tenha capilaridade para estarem espraiados por toda nossa fronteira seca e na litoral, sendo sim, é necessário que mais policias com suas atribuições predefinidas sejam criadas e, principalmente, que verdadeiramente, os mais de 140 mil agentes encarregados da aplicação da lei e da ordem (Guardas Municipais) que só não estão presente no Estado do Acre por conta do patrimonialismo enrraiado na segurança pública sejam mais e melhor empregados para poderem proporcionar a percepção de segurança que a sociedade tanto almeja.

Observamos também que as Guardas Municipais tiveram outras nomenclaturas e também foram adençadas ao Exército sempre que o Império achava necessário para a defesa da soberania nacional ou ainda para repelir insurgências contra o governo. Notamos também que mesmo em momentos onde ocorriam as mudanças de nomenclatura, muitas das vezes se mantinham em municípios Guardas Municipais, como ocorreu após 1865. Com o início da República, essa mudança de nomenclatura ficou mais latente e podemos verificar isso na edição de leis da época.

O que fica claro também é que até o início do período republicano, o Município era integrado ao governo federal no que cerne a celeridade para apuração do que contrariava as leis vigentes onde o poder Judiciário era acionado diretamente sem a interlocução de órgãos estaduais e hoje, como não existe judiciário nos Municípios, a criação de interlocutores faz com que a apuração, por exemplo, de um crime, possa durar anos sem solução.

A interpretação histórica evolutiva mostra que no passado o clamor por segurança pública era grande a tal ponto de ser indispensável a criação das Guardas Municipais por todos os Municípios onde esta instituição atuava plenamente protegendo, resguardando, garantindo, a dignidade da pessoa humana, os direitos coletivos e individuais, sempre dentro da legalidade, legitimidade, lealdade ao governo e desta forma servindo como molas propulsoras para garantia e manutenção da paz social inclusive entre nações latino-americanas, pois, também atuavam na defesa da soberania nacional. A lealdade ao governo era tamanha que chegou a causar ciúmes com relação ao Exército e Marinha, visto que o Imperador D. Pedro II tinha muito apreço as Guardas Municipais e em especial a da cidade do Rio de Janeiro que durante todo período regencial esteve ladeada com os Regentes e o Imperador menino dando fim a revoltas, rebeliões e revoluções dentre estas até as advindas do Exército e Marinha.

O Rio de Janeiro, mais precisamente a capital, foi palco das atenções, primeiro por ter sido a grande capital do Império e da República e também por ser a idealizadora de ferramentas de gestão pública em várias áreas do conhecimento onde sua aplicação direta foi em grande maioria sucesso e assim sendo, multiplicado para os demais Municípios, como foi o caso clássico das Guardas Municipais.

É indiscutível que a criação das Guardas Municipais (Polícias Municipais) como ocorreu nos demais países do planeta Terra foi primordial e acertiva para o crescimento e organização do Brasil e justamente por isso que esta obra foi elaborada para que as pessoas possam conhecer e não só isso, mas também entenderem o quão importante para a criação de uma nação é ter uma força de segurança municipal na 'célula máter' de qualquer país que é o Município.

"Para que alguma coisa se perpetue na História, faz-se necessário o seu resgate, salvaguardar a sua origem, blindar o seu passado, para que todos saibam de onde veio, como veio, porque veio e para onde irá."

Carlos Henrique S. dos Santos

Referências Bibliográficas

ALESP. Colleções de leis do Império do Brasil. Assembleia Legislativa de São Paulo. .

APESP. Sessão: Manuscritos; Coleção do I*mpério do Brasil, série: Governo –enc*adernado. Cód. E00470.

APESP. Sessão: Manuscritos; Coleção do Império do Brasil, série: Governo – encadernado. Cód. E00471.

APESP. Sessão: Manuscri*tos; Coleção do Império do Brasil, sé*rie: Governo – encadernado. Cód. E00509.

APESP. Sessão: Manuscritos; Coleção do Império do Brasil, série: Justiça-polícia – encadernado. Cód. E00586.

AP*ESP. Sessão: Manuscritos; Coleção do* Império do Brasil, série: Polícia – caixa. Cód. C02436.

APESP. Sessão: Manuscritos; Coleção do Império do Brasil, série: Polícia – caixa. Cód. C02437.

ARQUIVO *PÚBLICO DO ESTADO DE SÃO PAULO. Seçã*o: Manuscritos. Coleção do Império do Brasil, série: Corpo de Municipais Permanentes – caixa. Códs. C02263; C02263A; C02264; C02265; C02267; C02268.

ARQUIVO PÚBLICO DO ESTADO DE SÃ*O PAULO. Seção: Manuscritos. Coleção* do Império do Brasil, série: Governo/Registro da correspondência do governo com as Câmaras Municipais e prefeitos – encadernado. Cód. E00397.

ARQUIVO *PÚBLICO DO ESTADO DE SÃO PAULO. Seção*: Manuscritos. Coleção do Império do Brasil, série: Governo/Registro da correspondência do governo com as Câmaras Municipais e prefeitos – encader*nado. Códs. E00396; E00509; E00470; E*00471.

ASSEMBLEIA LEGISLATIVA DO ESTADO DE SÃO PAULO. Lei nº 12, de 23 de fevereiro de 1836. Disponível em: http://www.al.sp.gov.br/*repositorio/legislacao/lei/1836/lei-12-23.02.1836.html Acesso em: 17 ago.* 2021.

ASSEMBLEIA LEGISLATIVA DO ESTADO DE SÃO PAULO. Lei nº 19, de 27 de fevereiro de 1844. Disp*onível em: http://www.al.*sp.gov.br/repositorio/legislacao/lei/1844/lei-19-27.02.1844.html Acesso em: 18 ago. 2021.

Brasil. Lei de 10 de outubro de 1831. Autoriza a criação de corpos de Guardas Municipais *voluntários nesta cidade e províncias. Cole*ção das leis do Império do Brasil, Rio de Janeiro, parte 1, p. 129-130, 1875a.

CABRAL, Dilma. Intendente/Intendênci*a de Polícia da Corte e do Estado do Brasil. In: Di*cionário Online da Administração Pública Brasileira do Período Colonial (1500-1822). Disponível em: <https://goo.gl/E8vT1t> Acesso em: 14 set. 2015.

COSER, Ivo. O debate entre cent*ralizadores e federalist*as no século XIX: a trama dos conceitos. Revista Brasileira de Ciências Sociais, v. 26, n. 76, p. 191-227, mar. 2011.

COSER, Ivo. Visconde do Uruguai: centralização e federalismo no Brasil, 1822-1866. Belo Horizonte: Editora UFMG, 2008.

Decreto de 22 de outubro de 1831. Dá regulamento ao Corpo das Guardas Municipais permanentes da Corte. Coleção das leis do Império do Brasil, Rio de Janeiro, parte 2, p. 48-51, 1875b.

Decreto n. 10.222, de 5 de abril de 1889. Dá novo Regulamento para o Corpo Militar de Polícia da Corte. Coleção das leis do Império do Brasil, Rio de Janeiro, v. 1, parte 2, p. 399, 1889.

Decreto n. 2.081, de 16 de janeiro de 1858. Regula a organização e disciplina do corpo policial da corte. Coleção das leis do Império do Brasil, Rio de Janeiro, v. 1, parte 2, p. 26-49,1858.

Decreto n. 3.598, de 27 de janeiro de 1866. Reorganiza força policial da corte, dividindo-a em dois corpos, um militar outro civil. Coleção das leis do

Império do Brasil, Rio de Janeiro, v. 1, parte 2, p. 45-55,1866.

Decreto n. 9.395, de 7 de março de 1885. Dá novo Regulamento para o Corpo Militar de Polícia da Corte. Coleção das leis do Império do Brasil, Rio de Janeiro, v. 1, p. 301-328, 1885.

DOLHNIKOFF, Miriam. O pacto imperial: origens do federalismo no Brasil. São Paulo: Globo, 2005.

FERNANDES, Renata Silva. As províncias do Império e o governo por conselhos: o Conselho de Governo e o Conselho Geral de Minas Gerais (1825-1834). 2018. Tese (Doutorado em História) – Universidade Federal de Juiz de Fora, Juiz de Fora, 2018.

Fonte: In Pursuit of Honor and Power: Noblemen of the Southern Cross in Nineteenth-century Brazil

GOUVÊA, Maria de Fátima Silva. O império das províncias: Rio de Janeiro, 1822-1889. Rio de Janeiro: Civilização Brasileira, 2008.

HOLLOWAY, Thomas H. Polícia no Rio de Janeiro: repressão e resistência numa cidade do século XIX. Rio de Janeiro: Editora Fundação Getúlio Vargas, 1997.

HÖRNER, Erik. Até os limites da polícia: a "Revolução Liberal" de 1842 em São Paulo e Minas Gerais. São Paulo: Alameda, 2014.

HÖRNER, Erik. Cidadania e insatisfação armada: a "Revolução Liberal" de 1842 em São Paulo e Minas Gerais.

LEAL, Ana Beatriz; PEREIRA, Íbis Silva, MUNTEAL FILHO, Oswaldo (Org.). 200 anos – Polícia Militar do Rio de Janeiro. Rio de Janeiro: PUC-Rio, 2010.

MOREL, Marco. O período das regências (1831-1834). Rio de Janeiro: Jorge Zahar, 2003.

O Duque de Caxias e a integridade do Brasil – página 30. Silvio Romero, 1903.

OLIVEIRA, Carlos Eduardo França de. Construtores do Império, defensores da província: São Paulo e Minas Gerais na Formação do Estado Nacional e dos poderes locais, 1823- 1844. (Doutorado em História), FFLCH--USP, 2014.

OSÓRIO, Lígia. Terras Devolutas e Latifúndios: efeitos da lei de 1850. São Paulo: Editora Unicamp, 2008.

PONCIONI, Paula. Tornar-se policial: a construção da identidade profissional do policial no estado do Rio de Janeiro. Tese (Doutorado) – Programa de Pós-Graduação em Sociologia, Departamento de Sociologia da Faculdade de Filosofia, Letras e Ciências Humanas, Universidade de São Paulo, 2004.

QUEIROZ, Suely Robles Reis de Queiroz. Escravidão Negra em São Paulo. Um estudo das tensões Provocadas pelo Escravismo no século XIX. Rio de Janeiro: José Olympio/MEC, 1977.

Regulamento n. 191, de 1º de julho de 1842. Regula a organização e disciplina da Guarda Municipal Permanente. Coleção das leis do Império do Brasil, Rio de Janeiro, tomo V, parte 2, p. 353-375, 1842.

ROSEMBERG, André. De chumbo e festim: uma história da polícia paulista no final do império. São Paulo: Editora da Universidade de São Paulo: FAPESP, 2010.

SILVA, José Luiz Werneck da. A polícia no município da Corte. In: NEDER, Gizlene. A polícia na Corte e no Distrito Federal, 1831-1930: estudo das características histórico-sociais das instituições policiais brasileiras. Rio de Janeiro: Departamento de História/PUC, 1981. p. 1-227.

SOARES, Carlos Eugênio Líbano. A negregada instituição: os capoeiras no Rio de Janeiro 1850-1890. Rio de Janeiro: Secretaria Municipal de Cultura, Departamento Geral de Documentação e Informação Cultural, Divisão de Editoração, 1994.

TEIXEIRA, Bruna Prudêncio. Polícia(s) na província de São Paulo: a Guarda Municipal Permanente e as Guardas Policiais (1834-1850). 2019. Dissertação (Mestrado em História) – Universidade Federal de São Paulo, São Paulo, 2019.

Vida do grande brasileiro Luís Alves de Lima e Silva de autoria do Padre Joaquim Pinto de Campos, 1878.

Notas Sobre o Autor

Nascido na Cidade do Rio de Janeiro no bairro de Botafogo, criado na Cidade de Deus em Jacarepaguá. Filho de pai e mãe muito batalhadores e alicerçadores de uma família humilde e alegre. Nesta esteira foi bem orientado e sempre mantendo sua mente focada na busca por um futuro promissor como objetivo.

Casado, pai de um filho de 17 anos. Atualmente Subinspetor de carreira da Guarda Municipal da cidade do Rio de Janeiro com 26 anos de serviço público na área de segurança e ordem pública, e sempre em movimento na busca incessante por novos conhecimentos.

Cursos de Graduação, Pós-Graduação e Extensão Universitária:

- Graduação em Gestão de Recursos Humanos (UCB) - 2012;

- Pós-Graduação e Especialização em Administração Pública (CEPERJ/UFRJ) - 2015;

- Pós-Graduação em Segurança Pública (FAVENE-ES) - 2016;

- Pós-Graduação em História e Cultura Afro-Brasileira (FUTURA--SP -) - 2018;

- Pós-Graduação em Jornalismo (FAVENE-ES) - 2020;

- Pós-Graduação em Ciências Criminais (FAVENE-ES) - 2021;

- Curso de Extensão Universitária em Planejamento e Gestão Municipal de Segurança Pública com Ênfase em Comando de Guardas Municipais (CESDH) - 2013;

-Curso de Extensão Universitária em Prevenção para o Uso de Drogas/ Capacitação para Conselheiros e Lideranças Comunitárias (Universidade Federal de Santa Catarina - UFSC) - 2013;

- Curso de Extensão Universitária em Sistema para detecção do Uso abusivo e dependência de substâncias Psicoativas: Encaminhamento, intervenção breve, Reinserção social e Acompanhamento, realizado a partir da parceria entre a UNIFESP (Universidade Federal de São Paulo) e a SENAD (Secretaria Nacional de Políticas sobre Drogas) - 2017;

- Curso de Extensão Universitária em Educador Policial, realizado pelo Programa de Educação Policial Continuado–PEPCEX/CEDHS e Faculdades Integradas IPEP - 2017;

- Pesquisador sobre a historicidade das Guardas Municipais.

Cursos de Especialização:

-Curso Técnicas de Almoxarifado (SENAC / RJ) - 1997;

-Curso de Emergências Pré-Hospitalar I (ANATEM) - 2000;

-Curso de Ações de Controle Urbano (GMRIO/1º GE/GAE) 2002;

-Curso Imobilizações Táticas (C.A.T.I) 2006;

-Curso de Busca em Floresta Urbana (UN.MONT.- RJ) - 2006;

-Curso Intensivo de Técnicas e Táticas Especiais (GMRIO/1º GE/GAE) - 2007;

-Curso Operações Táticas em Combate com Facas (C.E.T.T.A.) - 2008;

-Curso de Tonfa Tática - PR-24 (ISA BRASIL) - 2010;

-Curso de Instrutor de Recurso de Defesa Operacional (RDO) – 2010;

-Curso de Instrutor de Ações de Controle de Distúrbios Sociais (RDO) – 2011;

-Curso de Observador Militar das Nações Unidas (POTI) - 2012;

-Curso de Polícia das Nações Unidas (POTI) – 2015;

-Curso de Tiro (CIATA Tática Forte) – 2015;

-Curso de Instrutor/Multiplicador de T N L – IMPO (CONDOR) – 2015;

-Curso de Comandando Operações de Manutenção de Paz das Nações Unidas (POTI) – 2016;

-Curso de Instrutor de Armamento e Tiro (CS3/CETG) – 2016;

-Curso de Instrutor de Armamento e Tiro Desportivo (CBTC) – 2016;

-Curso de Recarga de Munições para Armas de Fogo (CATE VALENTI) – 2017;

-Curso de Educador Policial – (IPEP/CEDSH) – 2017;

-Curso de Instrutor com Tecnologias Não Letais/Atualização (CONDOR) – 2018;

-Curso de Instrutor de Técnicas Operacionais Policiais (CS3/CTEG) – 2019;

-Curso de Técnicas e Táticas para Confronto Armado (TEES BRAZIL) – 2020;

-Curso de Formação em Mecânico de Armas (CS3/CTBCT) – 2021;

-Curso de Administração de Conflitos e Negociação (FAVENI) – 2021;

-Curso de Didática para Instrutores de Formação de Vigilantes (ANP) - 2022.

Palestras Ministradas:

-Palestrante da matéria **"Poder de Polícia das Guardas Municipais"** no Seminário de Segurança Privada do Vale do Paraíba-SP / março 2014;

-Palestra com o tema: **"Equipamentos Não Letais e sua aplicabilidade"** no Curso de Instrutor de Tiro Desportivo – CTCB – Barueri/SP – 2016;

-Palestra com o tema: **"Equipamentos Não Letais e sua aplicabilidade"** no Curso de Instrutor de Armamento e Tiro – CS3 – Embu Guaçu/SP – 2016;

-Palestra com o tema: **"Historicidade das Guardas Municipais"** no 1º SEDCSEG – Cruzeiro/SP – 2017;

-Palestra com o tema: **"História da GMRIO"** para o efetivo da Ronda Escolar da GMRIO – 2017;

-Palestra com o tema: **"Historicidade das Guardas Municipais"** para o efetivo do Grupamento Tático Móvel da GMRIO – 2017;

-Palestra com o tema: **"A GM do Rio de Janeiro na linha do tempo"** no

Mini Fórum de Segurança Pública realizado pelo Conselho Comunitário de Segurança do Centro Histórico e Lapa – 2017;

-Palestra com o tema: **"Historicidade das Guardas Municipais"** para o efetivo do 1º e 2º Grupamento Especial de Praia da GMRIO – 2017;

-Palestra com o tema: **"Polícia Municipal: Da Inglaterra para o planeta Terra"** no II Fórum de Segurança Pública realizado pelo Conselho Comunitário de Segurança do Centro Histórico e Lapa no auditório da GMRIO – 2018;

-Palestra com o tema: **"Historicidade das Guardas Municipais"** para os guardas municipais que participaram do Curso "um toque especial no olhar do cidadão" na Academia da GMRIO – 2018/2019;

-Palestra com o tema: **"Historicidade das Guardas Municipais"** para os guardas municipais que participaram do Curso "Perturbação do Sossego" ministrado pela Academia da GMRIO – 2018/2019;

-Palestra com o tema: **"Historicidade das Guardas Municipais"** para os alunos do Curso de Formação da GMRIO, ministrado pela Academia da GMRIO – 2019;

-Palestra com o tema: **"Guarda Municipal da Cidade do Rio de Janeiro derrubando o muro invisível"** para o evento III Fórum sobre a Guarda Municipal – CCS/5ª AISP Centro Histórico/Lapa – 2019;

-Palestra com o tema: **"Historicidade das Guardas Municipais"** para o Curso de Ambientação dos Servidores Administrativos da GMRio – 2020;

-Palestra com o tema: **"A vocação das Guardas Municipais para o policiamento orientado para as comunidades locais"** no XI Ciclo de Estudos Aplicados em Liderança, Gestão e Comando na UNICESDH – 2021;

-Palestra com o tema: **"A vocação das Guardas Municipais para o policiamento orientado para as comunidades locais"** no Fórum Comemorativo dos 74 anos da GMM – 2021;

-Palestra com o tema: **"Historicidade das Guardas Municipais: Um legado para o Brasil"** no 1º Seminário Independente de Guardas Municipais – 2022;

-Palestra com o tema: **"Polícia Municipal: da gênese ao seu ápice na Guarda Municipal da cidade do Rio de Janeiro"** no IV Fórum sobre a Guarda Municipal – CCS/5ª AISP Centro Histórico/Lapa – 2022.

Trabalhos Publicados:

-Guarda Municipal Realidade Sem Utopia – Parte I e II – Blog "Os Municipais" – 2011;

-Segurança Pública e as Contradições de seus Órgãos – Blog "Recursos de Defesa Operacional" – 2011;

-Instituição que se reergue X Problemas Recorrentes – Blog "Recursos de Defesa Operacional" – 2013;

-Segurança Pública e o Poder de Polícia da Guarda Municipal – Blog "Recursos de Defesa Operacional" – 2013;

-Municipalização da Segurança Pública com a Inclusão das Guardas Municipais – Blog "Recursos de Defesa Operacional" – 2013;

-Descaso com a Ducentenária Guarda Municipal – Blog "Recursos de Defesa Operacional" – 2013;

-Guardas Municipais: Resistência ou Inovação? – Blog "Recursos de Defesa Operacional" – 2013;

-Guardas Municipais podem notificar infrações de trânsito? Blog "Abordagem Policial" – 2013.

-Os Municípios e a importância das Guardas Municipais – Revista Ponto de Vista CESDH – 2021;

-A furtividade dos "Direitos Humanos" para os agentes encarregados da aplicação da lei e da ordem - Revista Ponto de Vista CESDH – 2021;

-Classificação Brasileira de Ocupação, a égide das Guardas Municipais - Revista Ponto de Vista CESDH – 2021;

Impressão e acabamento
Gráfica da Editora Ciência Moderna Ltda.
Tel: (21) 2201-6662